新世纪普通高校工商管理类统编教材编委会

编委会主任

  王性玉 河南大学商学院 博士 教授 博导

编委会委员

  王 伟 郑州大学商学院 博士 教授 硕导
  冯海龙 河南大学商学院 博士 教授 硕导
  唐华仓 河南农业大学经济管理学院 博士 教授 硕导
  任鸣鸣 河南师范大学经济与管理学院 博士 教授 硕导
  褚晓飞 河南科技大学经济学院 博士 副教授 硕导
  王定迅 河南财经政法大学会计学院 教授 硕导
  程云喜 河南工业大学管理学院 教授 硕导
  何 楠 华北水利水电学院管理与经济学院 博士 教授 博导
  田 军 郑州航空工业管理学院经贸学院 博士 教授 博导
  李保红 信阳师范学院经济与管理学院 博士 教授 硕导
  赵志泉 中原工学院经济管理学院 博士 副教授 硕导
  刘玉来 洛阳师范学院商学院 博士 教授 硕导
  史保金 河南科技学院经济与管理学院 教授
  赵国栋 商丘师范学院经济与管理学院 教授
  张振江 平顶山学院经济与管理学院 教授

编委会秘书

  任 乐 河南大学商学院

河南省"十二五"普通高等教育规划教材
新世纪普通高校工商管理类统编教材

人力资源管理教程
Human Resource Management

主　编　任　乐　冯常生
副主编　谢周亮　徐本华　武辉芳

河南大学出版社
·郑州·

图书在版编目(CIP)数据

人力资源管理教程/任乐,冯常生主编. —郑州:河南大学出版社,2015.9
ISBN 978-7-5649-2194-1

Ⅰ.①人… Ⅱ.①任… ②冯… Ⅲ.①人力资源管理—教材 Ⅳ.①F241

中国版本图书馆 CIP 数据核字(2015)第 240098 号

责任编辑　张雪彩
责任校对　张亚如
封面设计　郭　灿

出版发行	河南大学出版社		
	地址:郑州市郑东新区商务外环中华大厦 2401 号	邮编:450046	
	电话:0371-86059712(高等教育出版分社)		
	0371-86059713(营销部)	网址:www.hupress.com	
排　版	郑州市今日文教印制有限公司		
印　刷	河南文华印务有限公司		
版　次	2016 年 2 月第 1 版	印　次	2016 年 2 月第 1 次印刷
开　本	787mm×1092mm　1/16	印　张	16
字　数	379 千字	定　价	29.00 元

(本书如有印装质量问题,请与河南大学出版社营销部联系调换)

总　　序

　　始于18世纪英国的工业革命(Industrial Revolution)对管理学产生了极为重要的影响。工业革命带来了生产方式的巨大变革,计划、组织、领导和控制等职能成为工厂管理和企业生产运营的主要手段。以"科学管理"为代表的一系列管理理论,为工商管理(Business Administration)学科的建立奠定了坚实的理论基础。而管理学和商学的标准化教育由美国开始,以1881年宾夕法尼亚大学沃顿商学院(The Wharton School of the University of Pennsylvania)的建立为标志,产生了现代意义上的商学院。第二次世界大战结束后,由于企业对管理人才的需求迅速膨胀,管理教育开始蓬勃发展。工商管理教育至20世纪90年代趋于成熟,并向国际化、综合化和现代化的方向迈进。

　　中国的工商管理随着洋务运动由西方引入。1839年,洋务运动的倡导者张之洞在武昌创立了湖北自强学堂,其下设的商务门堪称我国最早的商科专业。1912年"中华民国"成立后,商科被单列为独立学科,保证了它的自由发展。1949年中华人民共和国成立后,国家对院系进行调整,由综合性大学与财经院校共同培养财经类人才。国家教委在1997年颁布了新的《普通高等学校本科专业目录》,把管理学设置为独立的学科门类,工商管理划归为管理学门类下的一级学科。

　　经初步统计,目前全国1 200多所本科院校中,有85%的院校设置了工商管理或相近的专业,它们已成为我国十大热门招生和就业的专业,培养出了一批经济建设人才。与资本主义市场经济相比,中国社会主义市场经济有其独特的性质,中国的工商管理学科的发展不仅要向西方的同类学科理论学习,更要结合中国国情,形成适合中国社会主义经济建设的理论方法和知识体系。

　　从我国普通高校工商管理类教材的情况来看,经过改革开放30多年的建设,商科教育知识体系已逐步完善,如国内教材在知识点宽度指标上普遍高于国外教材,但还存在若干需要解决和创新的问题。一是国内教材比较侧重于对理论框架的介绍,即"是什么、为什么",而对具体方法"怎么做"介绍较少。二是国内教材一般在书后不列或列出为数不多的参考文献,且多以同类教材和相关专著为主,对学术期刊、原版书参考较少;主要理论来源于同类教材,导致内容和结构趋同,难以体现出特色。三是国内教材有的缺乏案例,即使有相应案例,其篇幅也很短,基本为文字描述,没有详尽的背景资料和数据,编写案例的目的主要是加深对某些知识点的理解,而不是通过案例分析提高实际操作的能力。四是很多国内教材对适用人群进行说明时,定位过于宽泛,不少教材不仅适用于相关专业的本科生、研究生,MBA以及管理培训,还可以作为实际工作者的参考资料,这样定位过于宽泛,必然导致失去特色。

鉴于此,我们根据作者多年的教学经验和教学体会,按照教育部《关于积极推进"高等教育面向21世纪教学内容和课程体系改革计划"》的要求,组织编写了这套"新世纪普通高校工商管理类统编教材"。为解决或部分解决上述国内教材存在的若干问题,达到编写目的,我们认真组织编写力量,单本教材的主编和副主编均具有博士学位或副教授以上职称,并长期坚持在教学第一线,就该门课程课堂讲授过五遍以上。我们还聘请知名专家担任主审,与主编共同定稿。

本套教材在编写过程中力求体现以下五点特色。

一、内容系统全面

根据工商管理类专业人才培养目标及其对知识体系的要求,本套教材内容系统全面,涵盖了工商管理类各主要专业,如工商管理、会计学、财务管理、市场营销、人力资源管理、供应链管理、电子商务等,较大限度地满足了这些专业课程的教学需要。

二、定位明确,编写理念特色化

工商管理各个层次的教学目的和要求不同,必然要求其教材的侧重点不同。本套教材基于这样的编写理念,主要面向大学本科生的专业教学,为学生搭建一个专业学习平台。本套教材的编写者除大学教师外,还有具有丰富实践经验的业界管理人员、咨询专家和研究人员等,他们为教材注入了许多新的理念和观点,突破了传统单本教材"大而全"的结构体系。

三、反映前沿,力求创新

工商管理的理论和实践发展十分迅速,一本教材如不能及时地跟上理论与实践的发展,必然会在几年后被其他同类教材所取代,因此,优秀的工商管理教材应该不断地更新内容,体现与时俱进的思想。本套教材在编写过程中,力求既能够反映已经成熟或公认的理论与学术思想,又能够反映具有代表性的工商管理各专业领域的最新理论、技术和方法。

四、采用本土化案例,提高案例质量

案例教学是工商管理的学科特色。在国外,尤其是美国的工商管理教材对案例十分重视。本套教材在编写过程中,立足于国情,采用了大量的真实案例,包括经典案例和最新案例,以及实际咨询工作中的经验总结,并对背景资料和各种数据做了比较详尽的介绍。通过对这些来自业界的真实案例进行分析讨论,有助于学生识别问题、分析问题和解决问题能力的提高。

五、理论联系实际,做到学以致用

本套教材在编写过程中,不仅对"是什么、为什么"的概念、原理等进行阐述,而且还着重介绍"怎么做",并设计了大量的方法讲解和过程分析,使学生在接触新知识的同时了解相关理论在现实社会中如何运用。

本套教材在编写过程中,得到了河南大学出版社以及许多高校和研究机构的专家学者的大力支持,在此一并致谢。由于编者想局部突破并有所创新,各方面对这套教材的期望与要求都很高,这无疑加大了编写的难度,加之编者水平有限和时间紧促,书中难免存在一些不足和疏漏,恳请专家和广大读者提出宝贵意见,以期日臻完善。

王性玉

2012年教师节于河南大学

前 言

人力资源是企业的第一资源,是企业生存和发展的根本,是企业竞争优势和核心竞争力的最终来源。企业的竞争归根到底就是对优秀人力资源的竞争,任何企业要想获取持续的竞争优势,构建自己的核心竞争力,首先必须要有一支高素质的人力资源队伍。企业的使命、战略、目标、任务等所有事情和活动都必须依靠人来完成,只有充分调动人的积极性、主动性和创造性,充分利用好人力资源,激励好人力资源,开发好人力资源,企业才能保证产品和服务质量,才能赢得客户和市场,才能最终获取利润。

人力资源在现代企业和其他类型组织中的重要性和作用已不言而喻,越来越多的企业也逐渐重视和加强人力资源管理,加大对优秀人才引进的力度,加强对人力资源的开发与培训,重视人力资源的战略性管理,建立科学的员工绩效评价系统,设计激励性的薪酬制度,把人才吸引来、保留住、激励好。因此,可以说,人力资源管理是管理类专业的一门重要专业课,既有一定的理论性又具有极强的实践性,需要综合管理学、心理学、经济学、社会学等学科知识。

本书编写者是在多年的教学和企业调研、咨询知识积累的基础上完成编写工作的,在编写过程中参阅了大量国内外教材和著作,在吸收近几年来人力资源管理理论研究成果和管理实践的基础上,力求为读者提供最新的人力资源管理理论、技术和方法。全书共分为九章,涉及人力资源管理概论、工作分析、人力资源规划、人员招聘、培训与开发、职业生涯管理、绩效管理、薪酬管理、劳动关系管理等人力资源管理主要内容。

本书是河南省"十二五"普通高等教育规划教材立项项目成果,在前一版的基础上,编者更正了其中存在的一些瑕疵,并根据高校任课老师和本专业学生使用教材的体会和反馈,对一些讲述不够清晰的内容做了更为准确的讲解,同时对前一版的某些内容进行了完善。主要修订内容如下:

(1)对第一、五、六、七、八、九章的内容进行了补充完善,并对章节进行了调整,使其更具有逻辑性;

(2)把第十章关于人力资源管理前沿问题的介绍归入第一章进行讲解,使本书的内容更为紧凑;

(3)除了对部分章节的开篇案例和案例讨论进行更新外,各章节增加了"资料阅读"这一内容,主要列举一些成功案例和实践经验,有助于理论部分的理解,从而增加趣味性;

(4)各章节在重点和难点部分增加了图表说明,便于学生对知识的理解和掌握,增加了可读性。

参加本书编写的人员有冯常生(第一章),谢周亮(第八、九章),徐本华(第二、七章),武辉芳(第三、四章),任乐(第一、五、六、九章)。全书由任乐总纂定稿。本书如存在缺点和疏漏,敬请专家和读者批评指正。

编　者
2015 年 12 月

目 录

总　序 …………………………………………………………………… （1）

前　言 …………………………………………………………………… （1）

第一章　人力资源管理概论 …………………………………………… （1）
　　第一节　人力资源与人力资源管理 ………………………………… （3）
　　第二节　人力资源管理的产生与发展 ……………………………… （10）
　　第三节　人力资源管理的学科基础与理论基础 …………………… （13）
　　第四节　人力资源战略的制定与实施 ……………………………… （15）
　　第五节　人力资源管理的发展趋势与前沿问题 …………………… （23）

第二章　工作分析 ……………………………………………………… （28）
　　第一节　工作分析概述 ……………………………………………… （29）
　　第二节　工作分析的程序 …………………………………………… （33）
　　第三节　工作分析的方法 …………………………………………… （36）
　　第四节　工作设计 …………………………………………………… （43）
　　第五节　工作说明书的编写 ………………………………………… （46）

第三章　人力资源规划 ………………………………………………… （54）
　　第一节　人力资源规划概述 ………………………………………… （55）
　　第二节　人力资源需求预测 ………………………………………… （65）
　　第三节　人力资源供给预测 ………………………………………… （71）
　　第四节　人力资源规划的编制 ……………………………………… （79）

第四章　人员招聘 ……………………………………………………… （84）
　　第一节　招聘概述 …………………………………………………… （88）
　　第二节　招募 ………………………………………………………… （92）
　　第三节　甄选 ………………………………………………………… （104）
　　第四节　录用 ………………………………………………………… （120）

第五章　培训与开发 …………………………………………………… （127）
　　第一节　培训与开发概述 …………………………………………… （128）
　　第二节　培训与开发需求分析 ……………………………………… （132）
　　第三节　培训与开发的实施 ………………………………………… （137）
　　第四节　培训与开发的效果评估 …………………………………… （140）

第六章　职业生涯管理 (148)
　　第一节　职业生涯与职业生涯管理 (150)
　　第二节　职业生涯管理理论 (151)
　　第三节　个人职业生涯管理 (162)
　　第四节　组织职业生涯管理 (166)

第七章　绩效管理 (176)
　　第一节　绩效管理概述 (177)
　　第二节　绩效考评体系 (180)
　　第三节　绩效考评方法的选择 (187)
　　第四节　绩效管理的过程 (194)
　　第五节　绩效管理中常见的问题及对策 (198)

第八章　薪酬管理 (204)
　　第一节　薪酬与薪酬管理 (205)
　　第二节　基本薪酬体系设计 (209)
　　第三节　激励薪酬 (218)
　　第四节　员工福利 (221)

第九章　劳动关系管理 (229)
　　第一节　劳动关系管理概述 (230)
　　第二节　劳动合同管理 (231)
　　第三节　劳动争议与处理 (235)
　　第四节　劳动关系相关法律法规 (241)

参考文献 (245)

第一章 人力资源管理概论

【学习目的与要求】

1. 理解并掌握人力资源的含义及特征。
2. 掌握人力资源管理的含义及主要内容，熟悉传统人事管理与现代人力资源管理的异同。
3. 了解人力资源管理思想的演进过程。
4. 了解人力资源管理的学科性质和理论基础。
5. 熟悉人力资源战略的制定与实施。
6. 了解人力资源管理的发展趋势与前沿。

【教学重点与难点】

1. 人力资源及相关名词的区别。
2. 人力资源管理的含义及主要内容。
3. 传统人事管理与现代人力资源管理的异同。
4. 不同公司经营战略下人力资源战略的制定与实施。

【引导案例】

猎人、猎狗和兔子的故事

一条猎狗将兔子赶出了窝，一直追赶它，追了很久仍没有捉到。牧羊人看到此种情景，讥笑猎狗说："你们两个之间小的反而跑得快得多。"猎狗回答说："你不知道我们两个的跑是完全不同的！我仅仅为了一顿饭而跑，它却是为了性命而跑呀！"

这话被猎人听到了，猎人想：猎狗说得对啊，那我要想得到更多的猎物，得想个好法子。于是，猎人又买了几条猎狗，凡是能够在打猎中捉到兔子的，就可以得到几根骨头，捉不到的就没有饭吃。这一招果然有用，猎狗们纷纷去努力追兔子，因为谁都不愿意看着别人有骨头吃，自己没得吃……就这样过了一段时间，问题又出现了：大兔子非常难捉到，小兔子好捉。但捉到大兔子得到的奖赏和捉到小兔子得到的骨头差不多，猎狗们善于观察，发现了这个窍门，专门去捉小兔子。慢慢地，大家都发现了这个窍门。猎人对猎狗说："最近你们捉的兔子越来越小了，为什么？"猎狗们说："反正没有什么大的区别，为什么费那么大的劲去捉那些大的呢？"

猎人经过思考后，决定不将分得骨头的数量与是否捉到兔子挂钩，而是采用每过一段时间就统计一次猎狗捉到的兔子的总重量,按照重量来评价猎狗,决定猎狗一段时间内的待遇……于是猎狗们捉到兔子的数量和重量都增加了,猎人很开心……但是过了一段时间,猎人发现,猎狗们捉兔子的数量又少了,而且越有经验的猎狗捉兔子的数量下降得就越厉害。于是猎人又去问猎狗,猎狗们说:"我们把最好的时间都奉献给了您,主人,当我们捉不到兔子的时候,您还会给我们骨头吃吗?"

猎人做了论功行赏的决定,分析与汇总了所有猎狗捉到的兔子的数量与重量,规定猎狗如果捉到的兔子超过了一定的数量后,即使捉不到兔子,每顿饭也可以得到一定数量的骨头。猎狗们很高兴,都努力去完成猎人规定的数量。一段时间过后,终于有一些猎狗捉的兔子达到了猎人规定的数量。这时,其中一只猎狗说:"我们这么努力,只得到几根骨头,而我们捉的猎物远远超过了这几根骨头。我们为什么不能给自己捉兔子呢?"于是,有些猎狗离开了猎人,自己捉兔子去了。

猎人意识到猎狗正在流失,并且那些流失的猎狗像野狗一般和自己的猎狗抢兔子。情况变得越来越糟,猎人不得已引诱了一条野狗,问它到底野狗比猎狗强在哪里。野狗说:"猎狗吃的是骨头,吐出来的是肉啊!"接着又说:"也不是所有的野狗都顿顿有肉吃,大部分最后骨头都没得舔,不然也不至于被你诱惑。"于是猎人进行了改革,使得每条猎狗除基本骨头外可获得其所猎兔肉总量的 n‰,而且随着服务时间加长,贡献变大,该比例还可递增,并有权分享猎人总兔肉的 m‰。就这样,猎狗们与猎人一起努力,将野狗们逼得叫苦连天,纷纷强烈要求重归猎狗队伍。故事还在继续……

日子一天一天地过去,冬天到了,兔子越来越少,猎人的收成也一天不如一天。而那些服务时间长的老猎狗们老得已不能再捉到兔子,但仍然在无忧无虑地享受着那些它们自以为应得的大份食物。终于有一天猎人再也不能忍受,把它们扫地出门,因为猎人更需要身强力壮的猎狗……

被扫地出门的老猎狗们得到了一笔不菲的赔偿金,于是它们成立了 MicroBone 公司。它们采用连锁加盟的方式招募野狗,向野狗们传授猎兔的技巧,它们从猎得的兔子中抽取一部分作为管理费。当赔偿金几乎全部用于广告后,它们终于有了足够多的野狗加盟,公司开始赢利。一年后,它们收购了猎人的家当……

MicroBone 公司许诺给加盟的野狗能得到公司 n‰的股份,这实在是太有诱惑力了。这些自认为怀才不遇的野狗们都以为找到了知音:终于可以做公司的主人了,不用再忍受猎人们呼来唤去的不快,不用再为捉到足够多的兔子而累死累活,也不用眼巴巴地乞求猎人多给两根骨头而扮得楚楚可怜。这一切对这些野狗来说,比多吃两根骨头更加受用。于是野狗们拖家带口地加入了 MicroBone,一些在猎人门下的年轻猎狗也蠢蠢欲动,甚至很多自以为聪明的猎人也想加入。好多同类型的公司雨后春笋般地成立了,如 BoneEase,Bone.com,SohoBone……一时间,森林里热闹起来。

猎人凭借出售公司的钱走上了老猎狗走过的路,最后千辛万苦要与 MicroBone 公司谈判的时候,老猎狗出人意料地顺利答应了猎人,把 MicroBone 公司卖给了猎人。老猎狗们从此不再经营公司,转而开始写自传《老猎狗的一生》,又写《如何成为出色的猎狗》《如何从一只普通猎狗成为一只管理层的猎狗》《猎狗成功秘诀》《成功猎狗 500 条》《穷猎狗、富猎狗》,并且将老猎狗的故事搬上屏幕,取名《猎狗花园》,四只老猎狗成为了家喻户晓的明星 F4,它们收版权费,没有风险,利润更高,轻轻松松地过上了富人闲人的日子……

(资料来源:中国人力资源网)

思考:
1. 上述这则寓言故事对你有何启示?
2. 请结合这个故事谈一谈你对企业人力资源管理实践活动的认识。

现代企业的生存与发展受诸多因素的影响和制约,其中最重要也是最根本的因素就是企业的人力资源,这是企业所有资源中最宝贵最有开发潜力的资源,因而必须对其进行有效的管理。但是在实际工作中,许多企业往往更关心资金和市场问题,忽视了人力资源管理。然而,恰恰就是人力资源管理的瓶颈阻碍了企业的进一步发展。事实证明,人力资源管理在企业发展过程中发挥着举足轻重的作用。

第一节 人力资源与人力资源管理

一、人力资源概述

(一) 人力资源的内涵

"人力资源"在英文中对应的单词是"human resource",简称 HR。资料显示,人力资源一词最早曾在 1919 年和 1921 年约翰·R. 康芒斯的两本著作《产业信誉》和《产业政府》中使用过,康芒斯也被认为是第一个使用"人力资源"一词的人,但在当时,康芒斯只不过是使用了相同的词语而已,并没有给出过多的解释。而"人力资源"作为一个概念出现,却是由著名的管理大师彼得·F. 德鲁克(Peter F. Drucker)于 1954 年在其名著《管理的实践》中正式提出并加以明确界定的。德鲁克之所以提出这一概念,是想表达传统人事管理所不能表达的意思。他认为,与其他资源相比,人力资源是一种特殊的资源,必须通过有效的激励机制才能对它开发利用,并为企业带来可观的经济价值。

20 世纪 60 年代以后,随着西奥多·W. 舒尔茨人力资本理论的提出,人们更加重视人力资源的价值,对人力资源的研究也越来越多。到目前为止,对于人力资源的含义,学者们给出了多种不同的解释。根据研究的角度不同,可以将这些定义分为两大类。

第一类主要是从能力的角度来解释人力资源的含义。

(1) 人力资源是指能够推动整个经济和社会发展的劳动者的能力,即处在劳动年龄的已直接投入建设和尚未投入建设的人口的能力。

(2) 人力资源是指人类可用于生产产品或提供各种服务的能力、技能和知识。

(3) 人力资源是指包含在人体内的一种生产能力,它是表现在劳动者的身上、以劳动者的数量和质量表示的资源,对经济起着生产性的作用,并且是企业经营中最活跃、最积极的生产要素。

第二类主要是从人的角度来解释人力资源的含义。

(1) 人力资源是指一定社会区域内所有具有劳动能力的适龄劳动人口和超过劳动年龄的人口的总和。

(2) 人力资源是指企业内部成员及外部的顾客等人员,即可以为企业提供直接或潜在服务以及有利于企业实现预期经营效益的人员的总和。

(3) 人力资源是指能够推动社会和经济发展的具有智力和体力劳动能力的人的总称。

从能力的角度来解释人力资源强调的是人力资源的质量,从人的角度来解释人力资源强调的是人力资源的数量。而对人力资源概念的理解,数量和质量都有要求。综上所述,本书认为所谓人力资源,是指一定范围内的能够为社会创造物质财富和精神财富,推动社会和经济发展的具有智力和体力劳动能力的人口的总称。这个解释包括以下几个要点。

(1) 人力资源是个时空的概念。定义中的"一定范围"既可以大到一个国家或地区,也可以小到一个企业或单位。因此,从宏观的角度来看,人力资源是指一个国家或地区所具有一定劳动能力的人口的总和;从微观角度来看,人力资源是企业等组织雇用的具有劳动能力的全部员工的总和。

(2) 人力资源的实质就是人所具有的运用物质资源进行物质财富或精神财富生产的能力,它包含体能和智能两个基本方面。体能要从心理和生理两个角度来理解,即对劳动负荷的承载力和劳动过后迅速消除疲劳的能力,以及对工作或事物的心理承载力和平衡能力。它表现为人的身体素质,如力量、速度、耐力、反应力等;还表现为人的心理素质,如心理承受力、克服心理障碍、寻求心理平衡的能力等。智能包含智力、知识和技能三方面:智力是指人类具备的认识事物、运用知识解决问题的能力,包括观察力、理解力、思维判断力等;知识是指人类具备的从事社会生产和社会生活实践活动的经验和理论;技能是指人们在智力、知识的支配和指导下,运用生产资料生产物质财富和精神财富的能力。

(3) 人力资源表现为具有劳动能力的人口的总和。此处所讲的劳动能力不仅包括体力劳动能力还包括脑力劳动能力,这是人类所独有的且以人为载体。

因此,衡量一个国家、地区、组织的人力资源总量要从质量和数量两个方面展开,也就是说,一方面衡量一个社会和组织所拥有的人力资源的数量、规模大小,另一方面衡量劳动者的知识、技能、能力等大小。只有两者结合,才具备完整的人力资源的内涵。

(二) 人力资源与人口资源、劳动力资源、人才资源、天才资源之间的关系

人力资源是一个涵盖面很广的理论概括。分析人口资源、劳动力资源、人力资源、人才资源和天才资源之间的关系有助于我们准确地理解人力资源的实质和内涵。

所谓人口资源是指一个国家或地区的人口总体的数量表现。它主要偏重于数量概念,是一个最基本的底数,包括所有具备劳动能力者、暂时不具备劳动能力者以及丧失劳动能力者,与之相关的劳动力、人力、人才资源皆以此为基础。

劳动力资源包含于人口资源中,指一个国家或者地区有劳动能力并在"劳动年龄"范围之内的人口总和,通常是 16 岁以上至 60 岁左右的人口群体,这一人口群体必须具备从事体力劳动或脑力劳动的能力,它也偏重的是数量概念。

人力资源则包含了数量和质量两个概念,它不仅要求具有劳动能力,同时还要求能够进行健康的、创造性的劳动,能够创造财富,推动社会的发展、人类的进步,因此,它必须包含质量指标。

人才资源是指在人力资源中那些通过各种社会实践锻炼,具有一定的专门知识、较高的技术业务能力,能够以自己创造性的劳动在认识和改造自然、改造社会过程中,对人类进步做出一定贡献的人。人才资源主要突出质量的概念,它必须是人力资源中较杰出、较优秀的那一部分,它能影响和帮助其他人群共同创造财富,它表明的是一个国家或地区所拥有的人才质量。

天才资源通常不是指某一些通才,而是指在某一领域具有特殊才华的人,他们在自己的这一领域具有十分独特的创造发明能力,通常能在这一领域起领先作用,并具有"攀登顶峰"的能力。

理论上,人口资源、劳动力资源、人力资源、人才资源、天才资源五者之间是层层包含关系,如图 1-1 所示。人才资源和天才资源如果有崇高的目标指引,会为人类做出划时代的贡献,这些资源不可多得,但必须具备健康的心理和崇高的目标,否则,也可能对人类生存和发展造成不利的影响,甚至对人类生存造成毁灭性的打击。因此,现实中这五者之间应是一种非完全包含关系,如图 1-2 所示。

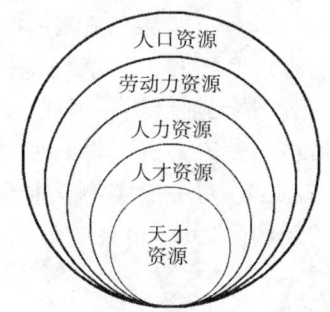

图 1-1　包含关系——健康的包含关系

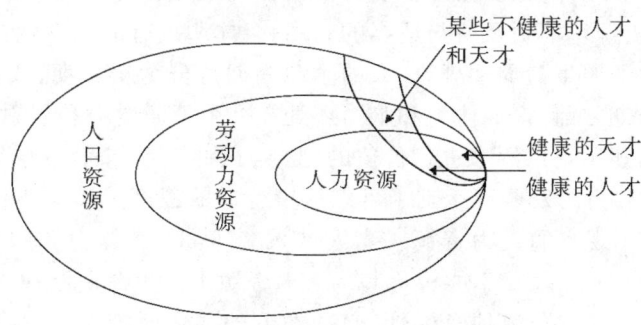

图 1-2　包含关系——不健康的非完全包含关系

(三) 人力资源的基本特征

1. 人力资源具有能动性

能动性是人力资源的首要特征，是人力资源与其他一切资源最根本的区别。这种能动性主要表现在三个方面：一是人的自我强化，即人通过学习能够提高自身的素质和能力；二是选择职业，人力资源通过市场来调节，选择职业是人力资源主动与其他资源结合的过程；三是积极劳动，这是人力资源能动性的主要方面，也是人力资源发挥潜能的决定性因素。人具有思想、感情，具有主观能动性，能够有目的、有意识地认识和改造客观世界。在改造客观世界的过程中，人能有意识地对所采取的行为、手段及结果进行分析、判断和预测。另外，在经济活动中人力资源是唯一起创造作用的因素。经济活动的生命是发展、进取、创新，只有人力资源才能担负起这种发展、进取和创新的任务，其他任何生产要素都不具备这样的能力。

2. 人力资源具有资本性

作为一种经济性资源，人力资源具有资本属性。经济学家舒尔茨认为，对人力资源进行投资的结果形成了人的知识和技能，从而形成了人力资本，这是促进经济增长的主要力量。人力资本与一般的物质资本有共同之处。人力资本是公共社会、企业等集团和个人投资的产物，其质量高低主要取决于投资程度。从根本上说，人力资本的这个特点起因于人的能力获得的后天性。因为任何人的能力都不可能完全是先天形成的，为了形成能力，必须接受教育和培训，必须投入财富和时间；其次，人力资本也是在一定时期内可能源源不断地带来收益的资本，它一旦形成，一定能够在适当的时期内为投资者带来收益；再者，人力资本在使用过程中也会出现有形磨损和无形磨损。例如，劳动者自身的衰老就是有形磨损，劳动者知识和技能的老化就是无形磨损。因此，在使用人力资源的过程中要注意人力资源的开发，通过人力资本投资，使人力资源得到再生。

但是，人力资本又不同于一般资本，对一般实物资本普遍适用的收益递减规律不完全适用于人力资本。在现代社会的经济发展中，呈现的是人力资本收益递增规律，这使得当代经济的增长主要归因于人力资本。

3. 人力资源的使用具有时效性

人力资源的形成和开发、利用都要受时间方面的限制。作为生物有机体的人有其生命周期，如果人力资源得不到及时与适当的利用，个体所拥有的能力就会随着时间的流逝而降低甚至丧失。按照生命周期理论，人的生命周期可分为培养期、成长期、成熟期和老化期。在发育成长期之前，人的体力和脑力还处在一个不断增强和积累的过程中，这一时期人的体力和脑力还不足以用来进行价值的创造，因此还不能称之为人力资源。当人进入成熟期，体力和脑力的发展都达到了可以从事劳动的程度，可以对财富的创造做出贡献，因而也就形成了现实的人力资源。当人进入老年期，其体力和脑力都不断地衰退，越来越不适合进行劳动，也就不能再称其为人力资源了。生命周期和人力资源的这种倒"U"形关系就决定了人力资源的时效性，必须在人的成年时期对其进行开发和利用，否则就浪费了宝贵的人力资源。

4. 人力资源的开发具有持续性

人力资源与物质资源的不同还表现在人力资源可以持续性地开发，不断得到发展。

人在工作中,可以通过持续地学习更新知识、提高技能,通过工作经验的积累使人力资源的价值得以提高。因此,人力资源能够实现自我补偿、自我更新、自我丰富和持续开发。这就要求人力资源的开发与管理要注意终身学习与教育,加强后期培训与开发,不断提高其知识水平与技能。

5. 人力资源具有内耗性

自然资源和物质资源的数量是越多越好,形成一定规模后,作用会越来越大。然而,人力资源却不一定是越多越能产生效益,关键在于我们怎样去开发和利用。常言道,一个和尚挑水喝,两个和尚抬水喝,三个和尚没水喝。也就是说,倘若不能科学合理地开发和利用各类人力资源,他们之间就会出现内耗现象。

6. 人力资源具有社会性

人生活在群体当中,是具有社会性的高级动物。从宏观的角度看,人力资源总是与一定的社会环境相联系的,人所具有的体力和脑力明显地受到时代和社会因素的影响,从而具有社会性。从本质上看,人力资源是一种社会资源,不但会产生经济效益更会产生社会效益。

二、人力资源管理概述

(一) 人力资源管理的含义

自1954年德鲁克提出人力资源概念后,1958年社会学家怀特·巴克(E. W. Bakke)将人力资源管理视为企业的一种普通的管理职能,从而第一次提出了人力资源管理的概念。其后,众多学者从人力资源管理的目的、过程、主体等方面阐释了此概念。本书将人力资源管理定义为在人力资源战略指导下,运用科学方法,以规划和工作分析为基础,对组织所需的人力资源进行招聘、培训、开发,对绩效、薪酬和劳动关系进行管理,实现合理配置,实现组织目标和员工价值的过程。

人力资源管理传统上称作人事管理,而现代人力资源管理深受经济竞争环境、技术发展环境和国家法律及政府政策的影响,远远超出了传统人事管理的范畴。具体来说,现代人力资源管理与传统人事管理存在多方面的区别,以下简要说明几点,更多详细比较如表1-1所示。

第一,传统人事管理的特点是以"事"为中心,强调"事"的单一方面的静态控制和管理,其管理的形式和目的是"控制人",提高员工的工作效率和对企业的忠诚度;而现代人力资源管理以"人"为核心,强调一种动态的、心理的、意识的调节和开发,管理的出发点是"人",管理目标是优化人与事的系统,使企业取得最佳的社会效益和经济效益。现代人力资源管理强调提高员工总体素质,培养员工核心人才,直接形成企业的核心竞争力。

第二,理论假设不同。传统人事管理认为人是"经济人",人为了吃、喝等个人利益而劳动,只需要提供较高的工作报酬、提供较好的工作条件,就能获得员工的高效率工作;而现代人力资源管理认为人是"社会人",靠提高工作生活质量和员工满意度来提高员工工作绩效。

第三,传统人事管理把人力看作一种成本,将员工当作一种"企业的生产要素",对其主要进行"进、管、出"的管理,注重的是投入、使用和控制,员工是被动的;而现代人力资源管理把员工视为资本,是可以促进企业发展的宝贵资源,注重效益和开发,企业和员工相互匹配,共同发展。

第四,传统的人事管理战略是将企业文化灌入员工头脑,使员工被动接受并执行企业的任务、方针与政策;而现代人力资源管理是将企业文化与企业战略融入到员工的自觉行为中,让员工主动帮助企业实现经营战略。

第五,组织特点不同。传统人事管理靠生硬的、没有人性关怀的规章制度管理员工;而现代人力资源管理将权力下放,管理宽松,信息沟通良好,给劳动者全面的自主性,重视群体作业,以价值观和使命感作为行为规范。

第六,传统人事管理是某一职能部门的工作,似乎与其他职能部门的关系不大;但现代人力资源管理却截然不同,实施人力资源管理职能的部门逐渐成为决策部门的重要战略伙伴,从而提高了人力资源管理部门在决策中的地位。

表 1-1 现代人力资源管理与传统人事管理的区别

比较要素 \ 类别	现代人力资源管理	传统人事管理
管理焦点	以"人"为中心	以"事"为中心
理论假设	"社会人"假设	"经济人"假设
管理职能	把人力资源开发放在首位	进、管、出
管理价值	视人为资本	视人为成本
部门性质	生产效益性部门	非生产效益部门
管理性质	战略性管理	事务性管理
管理方法	主动、动态、全过程	被动、静态、孤立
管理导向	外部	内部
管理视角	注重过程	注重成果
管理地位	战略性、决策层	事务性、操作性、执行层
管理关系	合作关系	职能式
管理活动	主动开发型	被动反应型
管理方案	更注重开发企业人员的潜在才能	注重管好现有人员
劳资关系	变化的、挑战的	例行的、规范的

(二)人力资源管理的内容

现代人力资源管理是一个人力资源获取、整合、激励、控制、开发的过程。具体来说,现代人力资源管理主要包括以下工作内容。

1. 工作分析,人力资源规划、招募和甄选

对组织中的各个工作和岗位进行分析,确定每一个工作和岗位对员工的具体要求,包括技术及种类、范围和熟悉程度,学习、工作与生活经验,身体健康状况,工作的责任、权利

与义务等方面的情况,以便为组织内的特定工作确定具体岗位和人员要求。这种具体要求形成工作岗位职责说明书。这种说明书不仅是招聘工作的依据,也是对员工的工作绩效进行评价的标准,以及进行员工培训、调配和晋升等工作的根据。

根据组织的发展战略和经营计划,评估组织的人力资源现状及发展趋势,收集和分析人力资源供需信息和资料,预测人力资源供需发展趋势,制定人力资源招聘、调配、培训、开发及发展计划等公司规章制度。

根据组织内的岗位需要及工作岗位职责说明书,利用各种方法和途径,从组织内部或外部招募实现组织目标所需的人力资源,然后进行资格审查,从应聘人员中初选出一定数量的候选人,再经过严格的甄选过程,确定最后录用人选,以填补组织内的空缺职位。

2. 员工培训和职业生涯发展

任何应聘进入一个企业的新员工,都必须接受上岗引导和培训,这是帮助新员工了解和适应组织、接受组织文化的有效手段。为了提高在职员工的工作能力和技能,必须开展具有针对性的岗位技能培训。对管理人员,尤其是对即将晋升者开展提高性的管理培训,目的是促使他们尽快具有在更高一级职位上工作的全面知识、熟练技能、管理技巧和应变能力。同时,还要设计和实施组织和员工开发方案。

帮助员工谋划职业生涯发展计划,人力资源管理部门和各层次管理人员有责任鼓励和关心员工的个人发展,帮助其制订个人发展计划,并及时进行考察和指导。人力资源管理部门在帮助员工制订其个人发展计划时,有必要考虑它与组织发展计划的协调性和一致性。只有这样,人力资源管理部门和各级管理人员才能对员工实施有效的帮助和指导,促使个人发展计划顺利实施并取得成效。

3. 工作绩效管理和薪酬福利制度设计

工作绩效管理,就是根据工作岗位职责说明书,设计评价员工和团队的绩效管理系统,对员工的业务能力、工作表现及工作态度等进行评价,并给予量化处理的过程。绩效评估之后还有绩效反馈环节。绩效评估的结果是员工晋升、接受奖惩、领取薪酬、接受培训等的有效依据,人力资源管理部门要从员工的资历、职级、岗位及实际表现和工作成绩、发展潜力等方面入手,为员工制定不同层次的薪酬福利标准。与此同时,必须确保这些薪酬福利标准的公平性、一致性,并且符合国家及地区的法律法规、规章制度要求。

4. 员工和组织关系管理

员工一旦被组织聘用,就与组织形成了一种雇用与被雇用的、相互依存的劳资关系,为了保护双方的合法权益,有必要就员工的工资、福利、工作条件和环境等事宜达成一定协议,依据国家有关法律、法规签订劳动合同。同时协调处理组织与个人之间就雇用关系、薪酬福利、工作条件等方面的纠纷,还要采取一定的保障员工身体安全和健康的预防性措施,制定相应的规章制度。

(三)人力资源管理的目标

人力资源管理的首要目标就是实现人力资源的合理配置,即所有的人力资源管理活动都是围绕如何协调和维持员工与工作岗位的匹配而展开的。通过人力资源的合理配置,挖掘员工的潜能,调动其积极性,进而实现组织的目标和员工的价值。具体包含以下几个方面的内涵。

(1) 人——事匹配,即人的素质与工作要求相匹配,事得其人,人适其事,人尽其才。

(2) 人——物匹配,即人的需求与工作报酬的匹配,人的能力与劳动工具和物质条件的匹配,使得人尽其才,才尽其用,物尽其用。

(3) 人——人匹配,即要求人与人合理搭配,协调分工,以增进合作,最大限度地发挥员工主观能动性,提高工作效率。

第二节 人力资源管理的产生与发展

一、西方人力资源管理的发展沿革

(一) 劳工管理阶段(18世纪后期~20世纪初期)

工业革命的兴起、机器大工厂的建立需要把大量的人集中到工厂做工。企业人事问题归结为:吸引农业劳动力放弃原有的生产和生活方式到工厂来,然后将工业生产所需要的基本技能传授给他们,并且使他们适应工业文明的行为规则,以最大限度地发挥劳动分工和生产协作所带来的巨大生产力。

美国全国现金公司在1897年首次设立了一个叫作"福利工作"的部门,此后,"福利部""福利秘书""社会秘书"等名称相继出现。设立这些部门或职位的主要目的是改善工人的境遇,听取并处理工人的不满,提供娱乐和教育活动,安排工人的工作调动,管理膳食,照顾未婚女工等。总之,它是基于关心工人福利的主张建立起来的一套有关企业员工关系管理的思想体系。这种福利主义的人事管理观点是现代人事管理的来源之一。

这一时期企业规模不大,生产力水平较低,企业没有严格的规章制度,以经验管理为主,凭企业主直觉办事,采取师傅带徒弟的方式管理员工,靠提高劳动定额或者延长劳动时间来提高产量,靠降低工资或者解雇员工来解决成本问题,工人"磨洋工"现象严重。

(二) 雇佣管理阶段(20世纪初~20世纪30年代)

这一时期企业中出现了人事部门,该部门负责企业雇员的雇佣、挑选和安置工作。而在此之前,人事或雇佣职能是基层管理人员(比较典型的是工长)工作的一个组成部分。由于人们对改进人事工作日渐重视,"雇佣部门"成为企业地位的一个标志,即使那些规模较小的企业也设立了专门的雇佣经理。1922年,美国全国人事协会成立,这标志着企业界对雇佣工作中的做法和雇佣工作中的关系已经普遍开始重视起来。早期的雇佣部门或雇佣经理除了做雇佣、选拔工人以及在各个部门之间调配工人的工作之外,还要负责一些娱乐活动和其他福利项目,借以改善劳资关系。"科学管理之父"泰勒强调操作规范化和差别计件工资制以及科学地挑选和训练工人等,其中科学挑选和训练工人就体现了该阶段的管理思想。

这一阶段资本主义从自由竞争转向垄断,企业规模扩大,职工人数增多,生产技术和劳动分工复杂;劳动力管理开始系统化、标准化和制度化;经验性管理让位于科学管理,提高了劳动生产率。

(三) 人事与劳动管理阶段(20世纪30年代～20世纪50年代)

第二次世界大战以后,工会主义的发展导致劳资关系成为人事管理职能的中心内容。随着1932年美国的《联邦反禁令法》和1935年的《全国劳资关系法》的颁布,工会活动真正地得到了法律的保护,私营企业的雇员有权组织工会,雇主必须以诚信的态度与工会进行集体谈判,所以工会运动从此以后就得到了迅速发展。美国工会会员人数由1935年的370万人发展到1940年的890万人、1945年的1 470万人,同期的工会会员占非农业劳动力百分比也由13.4%分别上升到26.9%和35.8%。工会主义的盛行导致集体谈判成为劳资关系中最重要的一个内容,工会越来越多地进入到原来属于资方特权的工资、工时、雇佣条件等领域。在这种情况下,劳资关系问题就成了人事管理的一个重要内容。

以上三个阶段统称为传统人事管理阶段,管理目的是提高企业劳动生产率,保障企业短期目标的实现,视员工为"经济人",人事管理部门担任被动的"救火队"角色以解决经营管理中的问题。

(四) 人力资源管理阶段(20世纪50年代～20世纪90年代)

20世纪50年代,世界经济进入快速增长阶段,尤其是作为战败国的德国和日本,经济迅速得到了恢复并进入高增长时期。20世纪60年代以后,美国经济学家西奥多·W.舒尔茨等西方学者认为利用传统经济理论无法解释这种经济增长现象,只有引入了"人力资本"概念才能有效地对其进行分析和解释。他们认为人力资本对经济增长具有重要推动作用,是经济增长的源泉,并自此掀起了人力资本研究的高潮。人力资本,就是体现在人身上,表现为人的知识、技能、资历、经验和熟练程度等,综合起来表现为人的素质。人力资本是经济增长的主要源泉,像其他一切资本一样,都应当获得回报。经济学中的"人力资本理论"的提出,使人力资本被看成是比物力资本更富有生产率的资本。与此相对应,作为人力资本载体的人力资源也是比物质资源更有潜力的"活的资源",由此,人力资源的概念很快被人们接受下来。同时,组织行为学的不断发展使得人道主义的观点深入人心,对人力资源管理理论与实践产生了极大的影响。行为科学家极力强调要重视人力资源保护、开发和利用,主张以人道主义的态度来对待工人,改善劳动条件,对劳动者进行各种生产技能培训,提高劳动者的工作生活质量。

该阶段人力资源管理基本上涉及企业员工管理最为重要的几个方面,即工作分析与人力资源计划、雇员的招募与甄选录用、工作绩效评价、培训与人力资源开发、薪资福利与激励计划、劳资关系与雇员安全和健康计划等。然而,人力资源管理取代人事管理并不仅仅是名称上的改变和内容的进一步丰富,它更是一种管理观念上的革命。

(五) 战略人力资源管理阶段(20世纪90年代至今)

20世纪90年代后,随着知识经济的到来,技术迅速革新,全球化以及竞争加剧使得人力资源的重要性日益显现。传统资源引致的竞争优势很容易被复制,组织价值增长和提供持续竞争优势越来越依赖人力资源,企业雇员逐渐被认为是企业的资产而不是商品,人力资源管理的职能逐渐从传统职能转移,更多地整合到企业获取目标的过程中,此时,人力资源管理获取组织有效性的战略作用得以体现,也极大地提升了组织中人力资源管理职能的地位,人们更多地开始探讨人力资源管理如何为企业的战略服务,人力资源部的角色如何向企业的战略合作伙伴转变。战略人力资源管理的目的在于在综合考虑企业利益与员工利益的前提下形成利益共同体,从而实现共赢,视员工为稀缺的资源,注重战略性管理和决策。

二、中国人力资源管理的发展历史

我国有5 000年的文明历史且遵循儒家思想,素有文官治国的传统,因此积累了丰富的人事管理思想。

(一) 古代的人事管理

我国古代不论是政府机构的设置还是官吏的选拔、任免、考核、奖惩、监督等方面,都形成了一套比较完备的制度。政府的机构设置比较完备,分工与责任比较明确,每一个部门各负其责、恪守其职,又相互连接成为一个稳定的整体,成为实现中国封建国家职能的重要工具。特别是在人才选拔与任用方面,形成了比较完备的制度,积累了丰富的经验。我国古代在人事任用制度方面,适应不同社会形态和朝代的需要,先后经历了贤能制、禅让制、世袭制、察举制、九品中正制、科举制等多种选拔任用人才的制度。这些制度各有特点,但它们基本上都是围绕着任人唯贤、任人唯亲这两种用人思想和用人路线之间的斗争而发展变化的。例如,世袭制是任人唯亲的思想路线的典型体现,而贤能制、禅让制和早期的科举制则主要体现了任人唯贤的思想。其中,历史最长、对国内外影响最大的是科举制。

(二) 近代的人事管理

鸦片战争后,中国演变成半殖民地半封建社会,开始兴建了一些官僚买办、资产阶级和民族资本家的工厂,封建的手工业管理方式渐渐向资本主义大工业的管理方式转变。在劳动人事管理方面,具有两个特点:一是带有浓厚的封建色彩,涌现出一些家族企业;二是引进了一些资本主义的管理手段和方法,出现了具有较高管理水平的企业。家族管理与现代资本主义管理方式并存,是这一时期人事管理的主要特点。

(三) 新中国成立后的劳动人事管理

1. 1949~1966年

这一时期是新中国劳动人事制度形成和发展的时期。由于工人阶级占领了政治舞台,工人在企业中当家做主,实行"低工资、高就业"的工作人员制度,逐渐建立了包括对工作人员的吸引和录用、调配、使用、培训、任免、奖惩、工资福利、退休、退职等一系列比较完整的人事管理制度。到1958年"大跃进"时期,这种人事制度受到很大的冲击,企业冗员过多,使已经实行的劳动计划管理和定员定额制度失效,取消了计件工资和奖励制度,平均主义泛滥,按劳分配的原则受到了冲击。

2. 1966~1976年

这十年是"文革"动乱时期,我国劳动人事管理制度遭到严重破坏,中央和地方各级劳动人事管理部门陆续被撤销,各种人事管理制度被全盘否定,宏观失控,微观混乱,整个劳动人事管理处于混乱状态。

3. 1976~1990年

粉碎"四人帮"以后,特别是党的十一届三中全会以来,随着党和国家实行改革开放,劳动人事管理也进入了一个新的历史时期。各级劳动人事管理机构得到恢复、加强和发展,人事管理在组织中再次恢复了应有的地位。

(四)现代人力资源管理

1990年以后,我国从西方国家先进的人力资源管理经验中汲取营养,改变了旧有的人事管理理念,逐渐取代了传统的人事管理,进入现代人力资源管理阶段。许多企业纷纷撤掉了"人事处""人事科"的牌子,换上了"人力资源部"的牌子,管理上也不同于传统的人事管理。

20多年来,我国人力资源管理有了不小的进步,尽管和发达国家相比还有很大的差距,但是越来越多的企业认识到企业的成败最终归结为企业中的人,因此人力资源管理在企业管理中的地位越来越重要。

第三节 人力资源管理的学科基础与理论基础

一、人力资源管理的学科基础

对于人力资源管理的学科基础,学者们看法不一。通过人力资源管理的发展历史可以看出,人力资源管理的发展离不开企业管理中对人的观念认识的改变和对人的管理理念的发展变化,因此,多数人将人力资源管理的学科基础归为管理学学科。但人力资源管理学科不仅可以采用管理学学科的研究方法、研究思路和相关理论,而且还和心理学、人类学、经济学等学科有着一定的相关关系。

(一)人力资源管理和心理学

心理学作为一门独立的学科,已经有100多年的发展历史,形成了很多分支。心理学研究个体心理活动的过程和特点包括动机、认知、需要、态度、人格、学习模式的研究等,而所有这些都可以用来帮助我们理解人力资源管理问题。心理学对人力资源管理问题的研究是利用心理学理论和方法从个体、群体和组织等不同层次和角度,通过分析组织中的人力资源管理过程,研究如何科学地选拔、评价、激励、培训员工,使员工的心理和行为组织化。例如,心理学在人员素质测评、人员激励、员工压力管理和绩效管理等方面的有效应用。实践表明,人力资源管理最难解决的还是人的心理问题。由于心理学能更科学地预测人的行为发展趋势并进行相应的引导与控制,因而,心理学在人力资源管理中仍将占据重要的位置。

(二) 人力资源管理和人类学

人类学是用历史的眼光研究人类及其文化的科学,是以人作为直接研究对象并以其为基础进行研究的学科。人类学研究的目的就是以全面的方式理解人这个个体。换句话说,人类如何行动、如何认知自己的行动、行动的结果又如何影响人的思考以及人与其他群体、象征的互动即是人类学最根本想解答的问题。人力资源管理要解决的问题如人际关系问题、群体问题都需要借助人类学的研究方法和研究工具来实现。例如,早在20世纪初,梅奥等在霍桑实验中就将人类学的方法应用于企业的组织研究,当时这一方法被称为工业人类学。

(三) 人力资源管理和管理学

管理学是系统研究管理活动的基本规律和一般方法的科学。管理学是为适应现代社会化大生产的需要而产生的,它的目的是研究在现有条件下,如何通过合理地组织和配置人、财、物等因素,提高生产力水平。人力资源管理是对管理过程中人的配置和管理,因此,管理学给予人力资源管理更多的理论支持。

(四) 人力资源管理和经济学

经济学作为一门学科,研究的是一个社会如何利用稀缺资源生产有价值的物品和劳务,并将它们在不同的人中间进行分配。劳动经济学是专门研究人力资源管理问题的经济学分支,是研究劳动力市场现象及其运动规律的科学。劳动经济学的研究范围包括了从微观层面的企业内部人力资源的配置到宏观层面的失业和收入分配问题。经济学对人力资源管理问题的研究早期主要集中于人力资本理论和劳动力市场理论。人力资本理论早已成为人力资源管理的重要理论基础。此外,利润分享理论、效率工资理论、内部劳动力市场理论以及契约和激励理论等在人力资源管理领域已经得到了广泛的应用。

二、人力资源管理的理论基础

(一) 人性假设理论

人性假设是对人的本性所持有的基本看法和判断,主要包括经济人假设、社会人假设、自我实现人假设和复杂人假设。人力资源管理是对人进行的管理,对人的基本看法将直接决定着人力资源管理的具体管理方法,因此若能正确地把握人性,就可以充分发挥人的积极性和创造性,从而提升工作效率,提高工作业绩。人性假设理论从而也就构成了人力资源管理的重要理论基础。

(二) 人本管理理论

人本管理是以人为本的管理。20世纪80年代以来,面对新的世界经济形势,日本、美国等国家开始对各自的企业经营管理理念和模式进行深刻反思与变革,以适应生存与竞争的需要。人本管理理论应运而生。它把人视作管理的主要对象和企业最重要的资源,尊重个人价值,全面开发人力资源,通过企业文化建设培育全体员工共同的价值观,运用各种激励手段充分调动和发挥员工的积极性和创造性,引导全体员工去实现企业的经营目标,依靠全体员工的共同努力促进企业的不断发展。在人本管理理论指导下,企业生产经营实践更加体现人性化管理,如情感管理、民主管理、自主管理、人才管理和文化管理。人本管理成为现代人力资源管理的一个重要理念。

(三) 激励理论

人力资源管理的最终目的是实现企业的战略目标,这一目的的达成是以每个员工个人绩效的实现为基本前提和保证的。在外部环境一定的条件下,员工个人绩效取决于其工作能力和态度这两个因素。因此,如何激发员工的工作热情、调动他们的工作积极性和主动性就成为人力资源管理需要解决的主要问题。由此,激励理论被广泛地运用于人力资源管理中,如绩效考评、薪酬管理等都是管理者对激励理论的综合灵活运用。在人力资源管理中如能结合本企业的特点,正确合理地使用激励理论,不仅能提高员工的工作满意度,而且还能调动其积极性,提高整个企业的效益。因此,激励理论就构成了人力资源管理的另一重要理论基础。

第四节　人力资源战略的制定与实施

经济的全球化和企业外部竞争环境的日益复杂多变,使得企业之间竞争获胜越来越依靠于企业所拥有优秀人力资源的数量和质量。人力资源作为企业的第一资源,已经成为企业建立和维持竞争优势以及核心竞争力的根本。企业的人力资源管理问题已不再仅仅是操作层面上的附属于企业生产经营活动的管理问题,人力资源管理部门也不应该头痛医头、脚痛医脚,只考虑短期任务和目标,而应该把人力资源管理问题上升到战略高度,从长远利益出发,未雨绸缪,整体统筹规划,从竞争角度精心考虑,注重人力资源战略对总战略的支撑,为企业提供智力支持和人才保障,以保证企业战略目标的实现,帮助企业更好地建立和保持竞争优势和核心竞争力。

一、战略与人力资源战略

(一) 战略的含义

战略的概念最早主要被应用于军事领域尤其是军事文献中,中国古代军事战略家孙子更是将战略思想发扬光大,现代汉语词典中对战略的主要解释也与军事相关:"指导战争全局的计划和策略。"后来战略一词被广泛运用于各个领域,其中一个主要的领域就是管理学。管理大师彼得·F.德鲁克(Peter F. Drucker)20 世纪 50 年代在他的经典著作《管理的实践》(Practice of Management)中提出了强调战略管理的目标管理(Management by Objective,简称 MBO),即清晰的使命,明确、具体和富有挑战性的目标以及具体的实现目标的行动计划。后来艾尔弗雷德·钱德勒(Alfred Chandler)的《战略与结构》(Strategy and Structure)、迈克尔·波特(Michael Porter)的《竞争战略》(Competitive Strategy)和《竞争优势》(Competitive

Advantage)都是将战略思想运用于管理学的经典著作。因此,在管理学领域,战略并没有一个一致的界定。本书将战略理解为在预测和把握环境变化的基础上,为了求得长期生存与发展所做的整体性、全局性、长远性的谋划及相应的对策。

(二)人力资源战略的含义

人力资源战略是企业为适应外部环境日益变化的需要和人力资源开发与管理自身发展的需要,根据企业的发展战略充分考虑员工的期望而制订的人力资源开发与管理的纲领性的长远规划。巴尼(Barney)提出,人力资源由于具有价值性、稀缺性、不可模仿性和无法替代性的特点,从而成为竞争优势的源泉。随着管理实践的发展,人力资源成为企业获取竞争优势的关键这一观点得到了认可,因此,现代企业为了实现企业战略,为了获得并保持竞争优势,就必须专注于人力资源战略管理问题,以培养和保持企业的人力资本优势。

二、人力资源战略的分类

(一)按形成员工队伍的方式不同分类

1. 诱引战略

诱引战略是指自己不培养员工,而通过丰厚的报酬去吸引人才,从而形成高素质的员工队伍。在这种战略下,吸引员工的是高薪酬、高福利,从而可能使企业的人工成本较高。因此,企业往往严格控制员工人数,并力求诱引的员工都是高质量的,减少了对员工的培训费用。在这种战略下,企业与员工的关系主要是金钱关系,工作报酬主要取决于员工努力的程度,企业在管理上则采取以单纯利益交换为基础的严密的科学管理模式,强调员工对目标的承诺,员工往往被要求做繁重的工作,流动率较高。处于激烈竞争环境下的企业常常采取此战略。

2. 投资战略

投资战略主要表现为聘用数量较多的员工,从而形成一个备用人才库。这类企业拥有一定的适应性和灵活性,强调通过自己培养来获取高素质的员工,如孟尝君之"食客三千",储备了多种专业人才。管理人员注重对员工的支持、培训和开发,视员工为企业最好的投资对象,并力争在企业中营造和谐的企业文化氛围和良好的劳资关系,企业与员工除雇佣关系外,企业还注重培养员工的归属感,员工流动率较低。

3. 参与战略

采取参与战略的企业大都有扁平和分权的组织结构,能够在对竞争者和生产需求做出决策反应的同时,有效地降低成本。为鼓励创新,这些企业的人力资源管理政策强调人员配备、工作监督和报酬,员工多数是高技术水准的专业人员,可以达到企业人力资源战略目标。企业则为员工提供挑战性的工作,鼓励员工参与,把报酬与成果密切联系在一起,从而实现战略目标。在这种战略下,管理人员的工作主要是为员工提供咨询和服务,企业注重团队建设和授权。企业在培训中也强调对员工人际技能的培养,如对员工进行魔鬼训练等。大多数日本企业采取这种战略。

(二) 按对人力资源的认识不同分类

1. 累积型战略

累积型战略以长远观点来看待人力资源管理,注重人才的培训,通过甄选来获取合适的人才;以终身雇用为原则,以公平原则来对待员工,员工晋升速度慢;薪酬是以职务及年功为依据,高层管理者与新员工工资差距不大。该战略是基于激励员工最大化参与技能培训,开发员工的能力、技能和知识,获取员工的最大潜能。

2. 效用型战略

效用型战略以短期的观点来看待人力资源管理,较少提供培训。企业的职位一旦有空缺,随时进行填补,非终身雇用制,员工晋升速度快,采用以个人为基础的薪酬方案。该战略基于员工高技能的充分利用,企业雇用具有岗位所需技能且立即可以上岗的员工,注重员工的能力、技能和知识与特定工作的匹配。

3. 协助型战略

协助型战略介于累积型和效用型战略之间,员工个人不仅需要具备技术性的能力,同时还要在同事间建立良好的个人关系。在培训方面,员工个人负有学习的责任,企业只是提供协助。该战略基于新知识的创造,鼓励员工的自我开发。

(三) 按企业变革的程度不同分类

1. 家长式战略

家长式战略主要运用于那些避免变革、寻求稳定的企业,其主要特点表现为:集中控制人事的管理;强调秩序和一致性;硬性的内部任免制度;重视操作与监督;人力资源管理的基础是奖惩与协议;注重规范的组织结构与方法。

2. 发展式战略

当企业处于一个不断发展和变化的经营环境时,为适应环境的变化和发展,企业采用渐进式变革和发展式人力资源战略,其主要特点是:注重发展个人和团队;尽量从内部招募员工;进行大规模的发展和培训计划;运用"内在激励"多于"外在激励";优先考虑企业的总体发展;强调企业的整体文化;重视绩效管理。

3. 任务式战略

采用任务式战略时,企业面对的是局部变革,战略的制定是采取自上而下的指令方式。有关部门在战略推行上有较大的自主权,但要对本部门的效益负责。采用这种战略的企业依赖于有效的管理制度,其主要特点是:非常注重业绩和绩效管理;强调人力资源规划、工作再设计和工作常规检查;注重物质奖励;同时进行企业内部和外部的招聘;开展正规的技能培训;建立正规程序处理劳动关系和问题;重视战略部门的组织文化。

4. 转型式战略

当企业已完全不能适应外部环境而陷入危机时,全面变革迫在眉睫,企业在这种紧急情况下没有时间让员工较大范围地参与决策,彻底的变革由于可能触及相当一部分员工的利益而不可能得到员工的普遍支持,企业只能采用强制高压式和指令式的管理方法,在企业战略、组织机构和人事等方面进行重大变革,创立新的结构、领导和文化。与这种彻底变革相配合的是转型式人力资源战略,其主要特点有:对企业组织结构进行重大变革,对工作岗位进行全面调整；进行裁员，调整员工队伍的结构，缩减开支；从外部招聘骨干人员；对管理人员进行团队训练，建立新的"理念"和"文化"；打破传统习惯，摒弃旧的组织文化；建立适应经营环境的新的人力资源系统和机制。

从以上分析可以看出，不同的人力资源战略在人力资源获取渠道、采用的薪酬策略或管理方式等方面都有各自的特点，这就要求企业在管理实践中，必须根据企业的具体情况来选择合适的人力资源战略或人力资源战略组合。需要指出的是，从企业总体来说，大多数企业采取的人力资源政策与主导的人力资源战略相符合；从具体的操作层面上来讲，企业可以根据不同的员工而采取不同的措施。

三、人力资源战略与企业战略的整合

企业发展战略是使企业能够在竞争中取得和保持优势而制订的企业长远目标和与目标保持一致的行动计划。企业的人力资源战略派生于和从属于企业战略，只有当人力资源战略与企业战略相适应时，才能充分发挥人力资源管理在企业发展战略中的独特作用，从而最终达到实现企业发展战略的目的，提高企业的绩效，为企业取得竞争优势。

企业战略是企业管理层所制订的"策略规划"，是以企业未来为出发点，旨在为企业寻求和维持持久竞争优势而做出的有关全局的重大筹划和谋略，是企业为自己确定的长远发展目标和任务，以及为实现这一目标而制定的行为路线、方针政策和方法。企业的战略一般分为三个层次：企业总体战略、经营战略和职能战略，如图1-3所示。

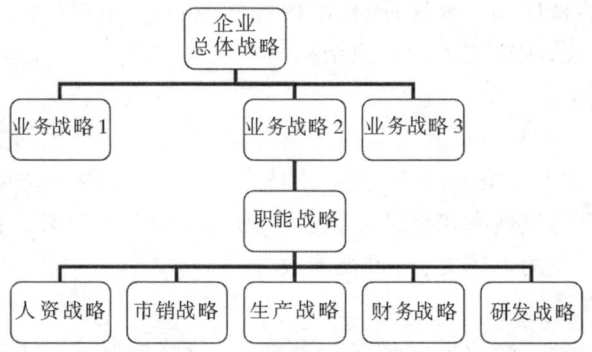

图1-3　企业总体战略、经营战略与职能战略之间的关系

企业总体战略描述企业总的方向，主要表明在增长、多种业务和产品种类的管理等方面的态度，决定企业应该选择哪类经营业务，进入哪些领域。经营战略通常发生在事业部或产品层次上，重点强调企业产品或服务在某个产业或事业部所处的细分市场中竞争地位的提高，主要包括竞争战略，主要涉及如何在选定的领域内与竞争对手开展有效的竞争，主要关心的问题是开发哪些产品或服务以及将这些产品或服务提供给哪些市场，以达到组织的目标。职能战略为人力资源、营销、研究开发等职能领域所采用，它们通过最大化资源产出率来实现公司和事业部的战略和目标，主要涉及如何使企业的不同职能更好地为各级战略服务，从而提高组织的效率。

一般来说，企业的战略是一个战略组合，其中包括企业组织层次中各级管理者所制定的战略。各层次的战略都是企业战略管理的重要组成部分，但侧重点和影响的范围各有不同，高层次的战略变动往往会波及低层次的战略，而低层次的战略影响范围较小，尤其是职能部门的战略，一般可以在部门范围内加以解决。由于不同层次战略的相互作用，各层次战略之间及目标体系必须要相互协调，只有战略的各个层次之间及目标体系和战略各个层面统一协调起来，才能使各层次战略与目标在相互促进中实现，为企业带来竞争优势。

有关企业战略有多种分类方法，最常见的就是基于公司整体发展的方向将其划分为增长型战略、稳定型战略、紧缩型战略和混合型战略。

(1) 增长型战略又称扩张型战略，是一种不断扩大企业规模，提升企业核心竞争力，抢占更多市场份额的企业经营战略。从企业发展的角度来看，任何成功的企业都应当经历长短不一的增长型战略实施期，因为从本质上说只有增长型战略才能不断地扩大企业规模，使企业从竞争力弱小的小企业发展成为实力雄厚的大企业。

(2) 稳定型战略是指在内外环境的约束下，企业准备在战略规划期使企业的资源分配和经营状况基本保持在目前状态和水平上的战略。按照稳定型战略，企业目前所遵循的经营方向及正在从事经营的产品和面向的市场领域均已明确，企业在其经营领域内所达到的产销规模和市场地位都大致不变或以较小的幅度增长或减少。从企业经营风险的角度来说，稳定型战略的风险是相对较小的，对于那些曾经成功地在一个呈上升趋势的行业或一个变化不大的环境中活动的企业会很有效。

(3) 紧缩型战略是指企业从目前的战略经营领域和基础水平收缩和撤退，且偏离起点战略较大的一种经营战略。与稳定型战略和增长型战略相比，紧缩型战略是一种消极的发展战略。一般地，企业实施紧缩型战略只是短期的，其根本目的是使企业挨过风暴后转向其他的战略选择。有时，只有采取收缩和撤退的措施，才能抵御竞争对手的进攻，避开环境的威胁和迅速地实现自身资源的最优配置。可以说，紧缩型战略是一种以退为进的战略。

(4) 混合型战略是稳定型战略、增长型战略和紧缩型战略的组合，事实上，许多有一定规模的企业实行的并不只是一种战略，从长期来看是多种战略的结合使用。从采用情况来看，一般是较大型的企业采用混合型战略较多，因为大型企业相对来说拥有较多的战略业务单位，这些业务单位很可能分布在完全不同的行业和产业群中，他们所面临的外界环境、所需要的资源条件完全不相同，因而若对所有的战略业务单位都采用统一的战略态势的话，就有可能由于战略与具体的战略业务单位不相一致而导致企业的总体效益受到损害。所以，混合型战略是大型企业在特定的历史阶段的必然选择。

关于企业的经营战略，最经典的当属迈克尔·波特从产业经济学角度提出的竞争战略。根据波特的理论，企业要取得竞争优势可采用三种经营战略，即成本领先战略、差异化战略和集中化战略。成本领先战略强调以最低的单位生产成本为价格敏感用户生产标准化的产品。差异化战略旨在为对价格相对不敏感的用户提供某产业中独特的产品和服务。集中化战略指专门提供满足小用户群体需求的产品和服务。波特的战略意味着根据产业类型、公司规模及竞争类型等因素，不同的企业应采取不同的组织安排、控制程序和激励机制。不同的战略可以分别在成本领先、差异化及集中化方面取得竞争优势。毫无疑问，企业的人力资源战略必须很好地配合和支持企业的经营战略。作为职能战略，人力资源战略是保证企业战略实现的不可缺少的重要部分，人力资源战略与企业经营战略保持一致是企业提高绩效和实现企业战略目标的关键。

表 1-2 经营战略与人力资源战略的结合

经营战略	成本领先战略	差异化战略	集中化战略
人力资源战略	诱引战略	投资/参与战略	三种战略均可
人力资源管理运营			
工作流程			
效率/创新	有效的生产	创新	强调效率与创新
控制程度	强调控制	弹性	强调控制与弹性
工作说明	明确的工作说明书	工作类别广泛	结合两者
工作规划	相近的工作规则	松散的工作计划	结合两者
招聘			
员工来源	外部劳动力市场	内部劳动力市场	两者兼有
晋升阶梯	狭窄、不易转换	广泛、灵活	狭窄、不易转换
甄选决策	由人力资源部门负责甄选的决策	由部门主管负责甄选的决策	结合两者
甄选标准	强调技能	协调申请人与组织文化的契合	结合两者
绩效评价			
时间性观念	短	长	短
行为/结果导向	结果导向	行为与结果导向	结果导向
个人/小组导向	个人导向	小组导向	结合两者
评估程序	一致性的评估程序	特制的评估程序	结合两者
评估的用途	利用绩效评估作为控制方法	利用绩效评估作为员工发展的工具	结合两者
评估范围	评估的范围狭窄高度	多重目的的评估	结合两者
评估者	依赖上司评估	从多方面投入进行评估	结合两者
培训			
培训内容	应用范围有限的知识和技巧	应用范围广泛的知识和技巧	应用范围适中的知识和技巧
个人/团队基础	个人培训	团队或跨职能培训	结合两者
在职或外部培训	在职培训	外部培训	结合两者
自行培训/购买所需要的技能	公司自己培训所需要的技能	从公司外部购买技能	结合两者

续 表

经营战略	成本领先战略	差异化战略	集中化战略
人力资源战略	诱引战略	投资/参与战略	三种战略均可
薪酬			
公平原则	对外公平	对内公平	对内公平
基本薪酬	低	高	中
归属感	低	高	高
固定与变动薪酬	固定薪酬	变动薪酬	结合两者
薪酬计算基础	强调以工作或年资为基础的计薪方式	强调以个人能力或绩效为基础的计薪方式	结合两者
集权/分权	集权的薪酬决策	分权的薪酬决策	结合两者

四、人力资源战略实施流程

人力资源战略实施的基本流程主要包括战略分解、环境扫描、问题确定、战略制定、战略实施和战略评估等几个阶段,如图1-4所示。

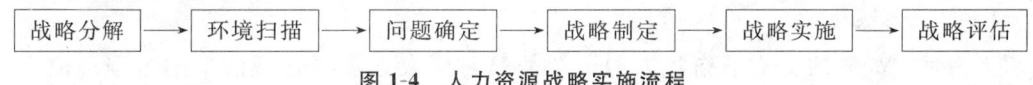

图1-4 人力资源战略实施流程

(一) 战略分解

正如上文所述,人力资源战略作为职能战略是根据企业的总体战略和经营战略来制定的,从而保证企业战略的实施和实现。因此,人力资源战略的制定首先要对企业战略进行分解,明确企业战略的实施和实现对企业人力资源的要求,分析这些要求反映出来的人力资源问题,即为了实现组织的整体战略,人力资源应该关注哪些问题,应该解决哪些问题。这些问题上文已讨论过,这里不再赘述。

(二) 环境扫描

通过企业战略分解,了解企业战略实施和实现对人力资源的要求,但能否满足这些要求以及如何满足这些要求,还必须对环境(包括外部环境和内部环境)进行扫描、分析。通过外部环境分析了解企业战略实施与实现所需人力资源的外部可供给性与获取成本。外部环境分析主要包括经济环境的分析和预测、政治与政策环境的分析、行业与竞争对手情况的分析、劳动力市场状况的分析和预测等。通过内部环境分析了解企业内部现有资源尤其是人力资源的可供给状况以及人力资源获取、开发与管理的可供给状况;分析和预测人力资源存在的问题,如数量不足、能力不足、结构不合理、某种特殊技能人才缺乏等;了解企业文化中企业的价值观和行为规范,尤其是管理者的管理理念和员工对组织的要求和期望等。内部环境分析还要包括对企业其他职能战略如生产战略和营销战略的分析,明确其他职能战略对人力资源有哪些要求。

(三)问题确定

通过对企业内外环境的分析,企业战略实施中的人力资源问题会更加清晰和明确,但是这些问题的涉及面相当广、种类多,不可能全部作为人力资源战略要解决的问题。因此,基于企业战略的分解和企业内外环境的分析,对人力资源的各种问题进行分析、评估和筛选,确定哪些是最主要的问题,哪些是影响企业战略实施和实现的关键问题,哪些是企业面临的紧迫性问题,哪些是关系到企业可持续发展的关键问题等。确定了人力资源的关键问题,就明确了人力资源战略的基本目标。

(四)战略制定

人力资源战略的制定首先要确定人力资源的价值体系,表明如何看待人和人的价值的基本理念和基本准则,并在这个总的价值体系下确立人力资源战略的总体目标,为与人相关的经营问题和人力资源问题建立行为规范和指南,具体包括人力资源的基本政策,人力资源总体数量上的平衡、人力资源开发与管理的基本目标等。为了保证人力资源总体战略目标的实现,还需要制定相应的战略实施的保障措施,即人力资源战略实施所需要的政策以及人、财、物等各方面的支持和保障。同时,作为企业职能战略之一的人力资源战略无疑需要配合其他职能战略的实施。因此,人力资源战略的制定必须考虑与其他各个职能战略之间的战略平衡。

(五)战略实施

人力资源战略的实施是指将人力资源战略付诸人力资源管理活动的过程。前面说过,人力资源战略不是孤立存在的,它与企业其他职能战略之间有着非常紧密的关系,它的实施也依赖于其他职能战略的配合和支持。同样,人力资源管理活动也不可能脱离企业的其他活动(如经营活动、生产活动、营销活动等)而孤立进行。所以,人力资源战略的实施首先需要组织层面对人力资源战略的认同,需要组织各个部门的支持和配合。

人力资源战略的实施过程首先体现在人力资源规划的制订上,人力资源规划实际上可以说是人力资源战略的分解和实施细则,通过人力资源规划将人力资源战略分解为具体的行动目标和行动计划。有了人力资源规划,还要有具体的人力资源行动计划,包括招聘和选拔、培训与开发、绩效管理、薪酬管理、员工关系管理等,通过这些具体的人力资源计划和活动将人力资源规划落到实处,从而实现人力资源的总体战略目标。

(六)战略评估

作为一个完整的过程,对人力资源战略的内容、措施和实施效果进行评估是不可缺少的。一般认为战略评估是在人力资源战略实施后对人力资源管理职能的有效性或者对人力资源战略实施的效果进行评价。实际上,战略的评估不应教条地固定在实施后进行,更重要的是要在整个人力资源战略实施的过程中持续地(定期和不定期地)对人力资源战略进行评估,分析战略与环境的适应性,分析战略与其他职能战略之间的匹配度,分析战略实施中存在的问题等。通过这些分析和反馈对人力资源战略进行不断的评估和反思并决定是否对人力资源战略进行调整或修改。

【资料阅读】

李宁公司的人力资源战略

李宁公司创建于1990年,20余年间,李宁公司由最初只有单一的运动服装发展到拥有运动服装、运动鞋、运动器材等多个产品系列的专业化体育用品公司。目前,李宁公司的产品结构日趋完善,公司在中国体育用品行业中已占有举足轻重的领先地位。

2002年底,李宁公司做出了战略选择,确定了公司走体育专业化的战略发展道路。要实现体育专业化的发展战略,首先需要的资源便是企业人力资源。而体育用品行业是一个快速发展的新兴行业,缺少大量的专业管理人才,行业的人才大环境成为李宁公司引进人才的"瓶颈"。公司从长远出发,决定在企业内部快速培养人才,通过解决问题的根本来保障企业战略的长久实现。

2004年1月,李宁公司成立了"学习与发展中心"(Learning Development Center,简称LDC),通过组织上的保障把"在企业内部快速培养人才"这一中心提到公司的重要位置,为企业战略实现提供后勤保障。

在李宁公司,LDC把自己作为一个组织来看待,LDC的使命是系统提高公司核心能力,培育出体育用品行业的国际化专业团队,它将公司全体人员都作为LDC的客户,为每一位员工提供技能提升和发展的服务是它的主要任务之一。LDC通过五个方面帮助员工学习:

①从公司的角度持续系统提升公司核心能力,支持公司战略目标的实现。
②从团队的角度选拔和培养核心人才,培育国际化的经营管理团队。
③从文化的角度创建持续创新的组织文化氛围。
④从员工的角度持续提升和发展员工能力,使其不断增值,拓宽职业发展空间。
⑤从行业的角度成为中国体育用品行业管理的标杆,促进行业的发展。

(资料来源:《江苏企业管理》,2008年08期)

第五节 人力资源管理的发展趋势与前沿问题

一、人力资源管理的发展趋势

随着人类社会进入21世纪,全球的社会经济环境不断发生着巨大变化,经济全球化、信息技术的快速发展和知识经济的逐步深入,使组织赖以生存的外部环境与组织竞争方式正发生着持久的变革。未来人力资源管理的发展将呈现以下几个趋势。

1. 人力资源管理成为企业战略规划及战略管理不可分割的组成部分

人力资源成为企业最重要的资源,其不仅仅是人力资源管理部门的事情,更是整个企业的战略性工作之一,是企业董事会和高层管理者必须关心的事情。因而,所有的企业在设计自己发展战略的时候,都将公司和部门战略与人力资源战略统一结合起来为企业战略决策服务,各项人力资源管理理念和方法之间应达成有效的切合。

2. 人力资源管理在企业价值链中的作用日益凸显

价值链管理已经成为现代企业运营管理的核心内容,如何通过价值链管理来实现人力资本价值增值,以及如何围绕价值链拓展管理范围为企业员工和顾客提供高附加值的服务,成为人力资源管理的重要职能。因此,人力资源管理部门应该积极加强与企业各业务部门的密切联系,更多地体现服务的功能。

3. 人力资源管理边界日益模糊

一直以来,人力资源管理作为企业的一项管理活动有其独立的工作范畴。近年来,随着业务外包、战略联盟、虚拟企业等各种形式的企业网络组织的出现和迅猛发展,人力资源的管理边界日益模糊,其管理不再仅仅局限于企业内部的管理事务,而是面向更为广阔的管理空间。

4. 人力资源管理方式更趋于灵活

信息技术的迅猛发展和应用改变了人力资源管理的方式,人力资源管理突破了传统的空间和时间限制,网上招聘、网上在线培训、网上沟通、网络人力资源管理等成为人力资源管理的现代化手段。人力资源雇用方式由典型雇用关系转变为典型与非典型雇用并存,非典型雇用关系呈现出增长趋势。非典型雇用包含非全日制用工、临时雇用、固定期限合同用工等方式,与一般意义上的典型雇用存在着明显的差异。

5. 人力资源职能重心发生转变

人力资源管理的传统职能逐渐交由专业化的公司来运作,比如通过专业的猎头公司进行招聘、通过管理咨询公司设计薪酬等。同时,日常工作尽量简化手续,形成工作流程化,而将职能重心转移到研究、预测、分析、收集信息、联络沟通、创造环境上来。

6. 人力资源开发成为培育企业核心竞争力的源泉

企业核心竞争力是一个以企业技术创新能力为核心,包括企业的反应能力、生产制造能力、市场营销能力、连带服务能力和组织管理能力在内的复杂系统,而企业核心竞争力的高低主要取决于人力资源的质量。因此,离开了人力资源开发,企业核心竞争力就成了无源之水、无本之木。

7. 跨文化管理成为人力资源管理的趋势

不同国家之间、不同企业之间人力资源管理方式的不同,原因之一在于各自不同的企业文化。随着现代企业人才流动的便利性增加,人才流动转变为跨地区、跨国家的多边流动,国际性人力资源所带来的新的管理理念、工作方式和生活方式必然要求企业重视跨文化管理,这也将是人力资源管理面临的挑战之一。

二、人力资源管理的前沿问题

与人力资源管理的发展趋势相吻合的是,人力资源管理中的许多前沿问题引起了学者和实践界的关注。这些人力资源管理的前沿问题有:超组织人力资源管理、人力资本管理、人力资源柔性管理、虚拟人力资源管理、人力资源临时雇用、胜任力研究、学习型组织和知识管理等。限于篇幅,本书不再展开阐述,有兴趣的读者可以参考相关书籍、期刊和网络信息来进行学习。

小 结

1. 人力资源是指一定范围内的能够为社会创造物质财富和精神财富,推动社会和经济发展的具有智力和体力劳动能力的人口的总称。具体表现为:人力资源是个时空的概念,要界定一定的范围;人力资源是个数量的概念,是指具有劳动能力的人口的总和;人力资源是个质量的概念,能够创造物质和精神财富。

2. 人力资源管理定义为在人力资源战略指导下,运用科学方法,以规划和工作分析为基础,对组织所需的人力资源进行招聘、培训、开发,对绩效、薪酬和劳动关系进行管理,实现合理配置、实现组织目标和员工价值的过程。人力资源管理内容包括识才、选才、用才、育才、留才等工作,具体表现为工作分析、人力资源规划、招募和甄选、员工培训和职业生涯发展、工作绩效管理和薪酬福利制度设计、员工和组织关系管理。

3. 西方人力资源管理的发展沿革主要经历了劳工管理阶段、雇佣管理阶段、人事与劳动管理阶段、人力资源管理阶段、战略人力资源管理阶段等。中国5 000年的文明历史也积累了丰富的人事管理思想,但和发达国家相比还有很大的差距。

4. 多数人将人力资源管理的学科基础归为管理学学科,但人力资源管理学科还和心理学、人类学、经济学等学科有着一定的相关关系。人性假设理论、人本管理理论以及激励理论共同构成了人力资源管理的理论基础。

5. 企业的战略一般分为三个层次:企业总体战略、经营战略和职能战略。人力资源战略作为职能战略,是根据企业的总体战略和经营战略来制定的,人力资源战略的制定首先要对企业战略和经营战略进行分解,保证企业战略目标的一致性。此外,人力资源战略在实施的过程中,还要注重环境扫描、问题确定、战略制定、战略实施和战略评估等几个阶段的工作,最终保证企业战略的实现。

6. 人力资源管理在发展过程中呈现出战略性、边界日益模糊、管理方式更趋于灵活、职能重心转移、跨文化管理等发展趋势,与之相对应的人力资源管理的前沿问题有超组织人力资源管理、人力资本管理、人力资源柔性管理、虚拟人力资源管理、人力资源临时雇用、胜任力研究、学习型组织和知识管理等。

复习思考题

1. 人力资源的含义及特征是什么？
2. 人力资源管理的含义及其包含的主要内容是什么？
3. 传统人事管理与现代人力资源管理有何异同？
4. 人力资源管理的思想是如何演进的？
5. 人力资源战略与企业经营战略如何匹配？如何制定与实施？

案例讨论

"金字塔"与"圣诞树"

世界快餐之王——麦当劳不仅经营艺术十分高超，在人力资源管理方面也很有独到之处。在麦当劳公司有一本人力资源管理手册，将人力资源管理的所有内容都标准化了，如怎样面试，怎样招聘，怎样挖掘一个人的潜力，等等。手册的内容表明，麦当劳的招聘面试、对员工的考核、员工结构、员工发展系统等均比较独到，但其中尤为值得一提的是它的人才发展系统，堪称一绝。

员工职业发展包括两个方面：其一是能力的培养与提高，其二是职位的提高与晋升。因此，人才发展系统也包括两个方面：一个是个人能力发展系统，另一个是个人职位发展系统。

麦当劳的个人能力发展系统跟其他公司既有相似之处又有很大的差别。

相似之处在于，麦当劳的个人能力发展系统也同大多数公司一样，主要靠培训。麦当劳北京公司总裁赖林胜先生说，"麦当劳北京公司每年都在培训方面有很大的投入"，他还介绍了详细情况。首先，麦当劳是强行对员工进行培训，麦当劳在中国有三个培训中心，培训的老师全部都是公司里有经验的营运人员；其次，麦当劳餐厅部经理层以上人员一般都要被派往国外去学习，在北京的50多家麦当劳里，就有100多人到美国的汉堡大学学习过。他们不单去美国学习，还去新加坡等地，因为麦当劳认为新加坡的培训做得很好，"他们的自然资源很少，主要靠人力资源开发增强综合国力"。而且，不论是出国培训还是平常培训，培训完了以后员工都要给他的上级经理写行动计划，然后由经理来评估，以保证培训效果。麦当劳希望通过这些措施让员工觉得在麦当劳有发展前途。

不同之处在于，除了培训中的细节如前面提到的强制培训、行动计划等外，主要是麦当劳比较注重让员工在实践中学习和提高，即平常所说的"Learning by doing"（干中学）。员工进入麦当劳之初，就会有年长者专门辅导，告诉他工作经验，并带领他从事实际工作，麦当劳的管理人员95%以上要从基层员工做起，在实践中得到提高和提升，赖林胜先生就是这样。

尤为特别的是麦当劳的个人职位发展系统。一般企业的职位设置，高高在上的是公司最高管理层，如老板，或者是董事长、董事、总裁等；然后是高层经理人员，主要是全球职能部门总经理、产品部门总经理、地区总经理等；下面还有中层管理人员；最下面是广大员工。活脱脱一个"金字塔",结果是越往上越小,路越窄,许多优秀人才为了争夺一个职位费尽心机,不能成功者多数选择了自起炉灶或另谋高就,很不利于公司和人才的进一步发展。麦当劳的职位发展系统更像一棵"圣诞树",公司的核心经营管理层就像树根,为众多树干和树枝提供根基,只要员工有能力,就可以上一层成为一个分枝,更出色者还可以"更上一层楼",又是一个分枝,甚至可能发展成树干,如此等等,永远有机会。正因为这样,麦当劳的离职率很低,成本无形中大大下降了。

麦当劳北京公司总裁赖林胜先生在解释这一点时说:"钱非万能,如果员工只是为了钱的话,他明天又可能为了更多的钱走掉。这15年来,包括我本人在内,都感觉麦当劳是陪我们一起成长的。因此对于连锁经营来讲,它的结构是很重要的,生产系统、采购系统重要,人力系统更重要,光有好的人永远都做不成事。因为只要连锁经营,你的机会就永远存在。我常跟同事们说:每个人面前都有个梯子,不用去想我会不会被别人压下来。你爬你的梯子,你争取你的目标。所以要给每个员工规划一个很长远的计划来改善现在的情形。所以,人一定要追求卓越,这是第一。还有,给每个人平等的机会,不搞裙带关系。一个企业在发展之初,还要记住维护你的社会地位。在发展员工的时候,你不要总是说:我发给他工资。工资不代表什么,人家还有给更高工资的。你给一千两千,别人也许会更高一些。没有钱是万万不能的,但钱也不是万能的。所以大家不论选择好的合作伙伴,还是找好的员工,都要建立一套规范的系统。这些系统建立好以后,我们的连锁经营才能发展壮大。"其中人力资源管理方面的系统就是"圣诞树"而非"金字塔"般的个人发展系统。

(资料来源:《人力资源案例分析》,百度文库)

讨论:
1. 麦当劳的员工个人能力发展系统和个人职位发展系统各有什么特色之处?
2. 如何理解案例中"金字塔"与"圣诞树"的比喻?

第二章 工作分析

【学习目的与要求】

1. 理解并掌握工作分析的基本概念和工作分析的术语。
2. 理解并掌握工作分析的程序,在工作分析的各阶段需要收集的资料及工作的重点内容。
3. 理解并掌握工作分析的方法,各种方法的使用及优缺点。
4. 理解工作设计的基本概念以及工作设计的意义,工作设计的主要内容及原则,工作设计的方法。
5. 理解和掌握工作说明书的主要内容和编写原则。

【教学重点与难点】

1. 工作分析的概念、术语、对人力资源管理的基础性作用。
2. 工作分析的程序。
3. 工作分析的方法。
4. 结合给定的工作岗位编写工作说明书。

【引导案例】

个体员工工作分析案例

在工作实践中,这样的情况很普遍:有的员工工作十分投入、十分认真,但是工作业绩并不理想;有的员工看似工作轻松,却总能取得较好的工作业绩。这其中与员工所采取的工作方法有很大关系。

JH 是南京一家规模较大的 IT 企业,下属业务部有十几个业务人员,业务人员的素质相差不大,但业绩差异十分巨大。其中最明显的两个人,员工小王与员工小李,他们一个月的绩效有 5 倍之差。但在对全部员工的问卷调查中,大家一致认为小李比小王更吃苦,更认真。于是人力资源部工作分析专员对两个人做了一周 5 个工作日的跟踪调查。公司规定上午 8:30 上班,下午 17:30 下班,中午休息 1 小时。

一周跟踪下来的情况如下:小王平均是 8:21 到公司,小李是 8:05 到公司。

小王一天的工作情况:

到公司后花 5 分钟时间做卫生工作,然后开始电话联系新客户。平均到 9:40 电话联系结束,这期间平均打出的电话为 21 个,找到对方负责人的电话为 15 个。

9:40～11:00,处理前一天老客户的成交单据,同时预约下午的老客户拜访。

上午11:00～11:40以及下午13:30～14:30,平均又有大约18个开拓新客户的电话,找到单位负责人的电话为12个。

14:30～17:00,外出进行客户的约定拜访,平均走访4家客户,成功拜访的(指能见到分管业务的负责人)平均为3.6家。

17:00～17:30,回公司处理一些杂务,下班离开公司的平均时间是17:43。

小李一天的工作情况：

到公司后平均花15分钟时间做卫生工作(其中还会帮其他同事做一些事)。

8:20开始处理前一天老客户的业务事务,平均处理1小时,到9:20结束。9:20～11:50,电话联系开拓新客户。其间,平均打34个电话,成功找到单位负责人的为9个。

13:20～17:10,走访老客户,平均走访5家,成功访问的平均为1.2家。17:10～18:30,回公司处理一些杂务,平均下班时间为18:35。

对小王、小李的专业业务掌握情况进行了综合测试,小李得91分,小王得84分。对小王、小李的沟通技巧进行了面试,5个评委,小李得81分,小王得89分。

分析员对小李电话访问成功率低的原因进行了分析,发现小李电话联系开拓新客户的时间正好是多数客户的负责人外出办事的时间,而小王打电话的时间多数客户的负责人还在公司。小李走访客户没有事先预约,所以成功率低,多数客户的负责人不在,仅有的一点成功率也多是在下午17:00左右的最后一两个拜访中出现的,而小王的走访多是事先预约的。分析员认为以上两点是小王、小李业绩差异的主要问题。

根据这一结论,分析员让小李先调整工作时间的分配,采用小王的工作时间分配形式。调整后,经过一周的磨合,到第二周,小李的成功率有了大幅度的上升,电话联系开拓新客户的数量为每天36个,成功数上升到22个,客户走访量仍是5家,成功数上升到4家。两个月后,小李的业绩已经达到小王的90%。

(资料来源：中国人力资源市场网)

思考：

1. 通过案例说明员工的工作行为对员工的工作业绩有何重大影响？
2. 进行员工工作行为分析时,应注意哪些问题？

第一节 工作分析概述

工作分析概念的提出,早在20世纪初泰勒提倡科学管理运动的时候就开始了。泰勒开创了动作研究的方法之后,吉尔布雷斯夫妇在技术方法和工作指导思想上做了一些改进。随后,在泰勒等人的研究基础上,产生了工作分析的制度。第二次世界大战后,工作分析不但在美国继续普及,而且还传播到西欧及苏联、日本等国家和地区。美国与苏联创立了"人类工程学",使得工作分析这一概念得到了进一步的拓宽与发展。现代人力资源管理倡导用科学的、量化的手段来进行管理,注重管理的技巧与实践,工作分析则是实现这一目标的最佳手段与工具。

一、工作分析的概念

工作分析是分析者采用科学的手段与技术,直接收集、比较、综合有关工作的信息,就工作岗位的状况、基本职责、任职资格要求等做出规范的描述与说明,为组织特定的发展战略、组织规划,为人力资源管理以及其他管理行为提供基本依据的一种管理活动。

对工作分析的概念,需要从以下几个方面把握。

(1) 作为人力资源管理的一项职能活动,工作分析的主体是工作分析人员,客体是组织内部的各个职位,内容是与各个职位以及任职者有关的情况,结果是工作说明书(也称职务说明书,详见本章第五节)。

(2) 工作分析主要回答和解决"某一职位是做什么事情的"和"什么样的人来做这些事情最合适"两个问题。具体来说,工作分析就是要为管理活动提供与工作有关的各种信息,这些信息可以用工作分析公式"6W+H"来概括。

Who:用谁?工作对人的要求,从事该项工作应具备的能力。

What:做什么?从事的工作活动是什么,生产什么产品或结果,工作结果达到什么标准。

Why:为什么?工作的目的以及工作在整个组织中所起的作用。

When:什么时间做?什么工作在特定的时间完成,什么工作是每天必须做的。

Where:在什么地方做?工作环境怎么样。

For Whom:为谁做的?指明工作关系,工作上级是谁,向谁提供工作结果,可以指挥谁。

How:如何做?工作的程序如何,使用的工具、设备是什么,文件是什么,工作环节是什么。

(3) 工作分析的本质是研究某项工作所包括的内容及工作人员必需的技术、知识、能力与责任,并区别本工作与其他工作的差异,即对某项工作的内容及有关因素做全面的、有组织的描写与记录。

工作分析是人力资源管理的基础性工作,是人力资源管理中其他各模块活动顺利进行的重要前提。只有做好工作分析,才能有效地开展人力资源管理的各项活动。

二、工作分析的术语

1. 工作要素

工作要素指工作活动中不能再继续分解的最小单位。例如,速记人员书写各种速记符号,锯工从工具箱中拿一把锯子,文职人员从抽屉中拿出文件等。

2. 任务

任务是工作活动中达到某一工作目的的工作要素的集合。例如,包装工人盖上瓶盖是一项任务,打字员打印一封英文信也是一项任务。

3. 职责

职责指某人担负的一项任务或多项相互联系的任务的集合。例如,打字员的职责包括打字、校对、简单维修机器等一系列任务,人力资源管理人员的职责之一是进行工资调查,包括设计调查问卷、把问卷发给调查对象、将结果表格化并加以解释、把调查结果反馈给调查对象等任务。

4. 职位

职位指某一时期内某一主体所担负的一项或几项相互联系的职责的集合。例如,办公室主任同时担负人事调配、文书管理、日常行政事务处理等多项职责。一般来说,职位与个体是一一匹配的,有多少职位就有多少人,两者数量相等。

5. 职务

职务是一组主要职责相似或相同的职位。例如,一个公司设两个副总经理,一个分管生产,一个分管销售。与职位不同,职务与职员并不是完全的一一对应关系。根据组织规模的大小和工作性质,一种职务可以有一个或多个职位。

6. 职业

职业指在不同时期、不同组织中,工作要求相似或职责平行(相近、相当)的职位的集合。例如,教师、工程师、会计等都是职业。

7. 职系

职系指工作性质充分相似,但职责繁简、难易、轻重、大小及所需资格条件不同的所有职位的集合。例如,人事行政、社会行政、财税行政、保险行政等均属于不同的职系。每个职系都是一个职位升迁系统。

8. 职组

职组指工作性质相近的若干职系的集合。例如,人事行政与社会行政可以并入普通行政职组,财税行政与保险行政可以并入专业行政职组。职组又叫职群,是工作分类中的一个辅助分类,并非工作评价中不可缺少的因素。

9. 职门

职门指工作性质相近的若干职组的集合。例如,人事行政、社会行政、财税行政和保险行政均可并入同一行政职门。职门、职组和职系是对工作的横向划分,而下面的职级与职等则是对工作的纵向划分。

10. 职级

职级指同职系中职责繁简、难易、轻重程度和所需任职资格条件充分相似的职位的集合。例如,中学的一级数学教师与小学的高级数学教师属于同一职级,中学的一级语文教师与一级英语教师属于同一职级。

11. 职等

职等指不同职系之间职责繁简、难易、轻重程度和所需任职资格条件充分相似的职位的集合。例如,不同职系的科长、讲师、工程师、会计师、农艺师等。职级的划分是对同一性质的工作差异的区分,形成职级系列,而职等的划分则是对不同性质的工作之间的异同点进行比较。

三、工作分析的作用

工作分析是人力资源管理工作的基础和起点,通过工作分析,能够使管理者和员工了解工作岗位的职责范围和需要完成的任务,明确工作流程,明确组织内上级和下级的隶属关系,为提高工作效率提供保障。具体来说,工作分析对人力资源管理工作发挥了以下几方面作用。

1. 工作分析增强了人力资源规划的准确性和有效性

人力资源部门为组织发展提供战略性支持主要体现在人力资源规划方面,工作分析可以帮助组织确定未来的工作需求以及完成这些工作的人员。组织对各部门的工作职位安排和人员配备都必须有一个合理的规划,以确保组织内所有任务的合理安排和每个岗位之间的有效衔接。为此,必须准确而有效地预测组织在某一个时间节点上所需要的人员数量、种类和要求,以及组织在该时间节点上能够从内部满足的人力资源供给。人力资源规划过程中的这类工作必须通过工作分析来完成。

2. 工作分析为招聘录用提供了标准

明确的工作描述和工作规范为招聘过程中用人标准的确定、招聘信息的发布、应聘简历的筛选、面试工具的选择和设计提供了基础信息及重要参考。

3. 工作分析使员工的培训和开发更具针对性

员工培训是现代组织人力资源开发的主要手段之一,是开发员工的潜能、调动广大员工积极性、提高员工综合素质的有力保障。而工作分析就像提供了岗位的刻度,可测出上岗员工的水平高低。因而,有了工作分析的基础,培训工作将更加具有针对性。

4. 工作分析为建立客观、公正的绩效考评体系提供了依据

绩效考评是人力资源管理的关键环节,而要实现有效的绩效管理,根本在于确立明确、科学的评价标准。工作分析对工作的任务、性质以及期望的绩效水平做了相关的规定,因而为制定客观、公正的绩效考评体系奠定了基础。

5. 工作分析是岗位评价、薪酬体系设计的基础

根据对组织的目标及各岗位需求的分解,确定了各岗位职责,为通过岗位评价进一步确定职位等级提供了条件。岗位评价内容通常包括职责范围大小、工作复杂难易程度、工作强度、工作条件等要素。它确定了组织内部各个职位的相对重要性,解决了内部的薪酬公平性评价的基础问题。有了职位等级和薪酬方案,便可以确定每个职位的薪酬水平。

6. 工作分析为个人职业发展规划提供了帮助

岗位说明书对上岗人员的知识、技能、经验与能力做出了明确的规定。同时,在工作过程中对绩效标准的传达,使员工明确了组织的期望。通过对照岗位说明书,员工可以加强自身行为的改进,体验到成就感、责任感。同时,岗位说明书明确了职位上升的空间,便于员工根据组织的目标来拟定个人的发展规划。

7. 完整的工作分析对支持雇用实践中的合法性及建立员工劳动关系具有重要意义

我们需要工作分析资料为有关升职、调动和降职的决策提供依据。

总之,工作分析是人力资源开发与管理中起核心作用的要素,是人力资源开发与管理

的工作基础。只有做好了工作分析,才能做好人力资源开发与管理的其他工作。

第二节 工作分析的程序

一、工作分析的时机

工作分析是人力资源管理的一项常规性工作,要根据组织的战略、工作目标、工作流程以及环境的变化对工作做出相应的调整。工作分析的时机通常有以下几个。

(一)新的组织创建

对新成立的组织、部门或岗位要进行工作分析,通过工作分析可以清晰地界定组织或部门的工作流程、各工作间的关联、工作的职责、工作需要的身体素质和心理素质,为后续的人力资源管理工作打下基础。

(二)组织战略调整

一个组织会在发展过程中因为内外环境的变化来调整组织战略,使组织的工作内容、工作性质发生相应的变化,这些变化又会引起组织业务、组织结构或组织人员数量的变化,这就需要组织根据变化情况对工作进行重新分析。

(三)组织创新

当组织进行变革或引进了新的流程、新技术导致工作发生变化时,原有的工作说明书就不能适应新的岗位状况了,因此,必须进行工作分析。

(四)组织运行不畅

当组织出现岗位职能交叉、推诿扯皮、效率低下等现象时,组织需要通过工作分析进一步理清不同职位的职责。

二、工作分析的准备阶段

在工作分析的准备阶段,主要解决以下几个方面的问题。

(一)确定工作分析的目标和侧重点

在进行工作分析之前,首先要明确工作分析的目标。所谓工作分析的目标,就是进行此次工作分析想要解决什么问题,获取工作分析信息的用途是什么。以招聘为目的的工作分析将有别于以绩效考评或培训为目的的工作分析。工作分析的目标决定了收集信息的侧重点、收集信息的方法,是构建整个工作分析系统的依据。

(二)建立工作分析小组,培训小组成员

工作分析小组是具体负责工作分析活动的组织,应由公司高层主管领导牵头组建。

其成员应包括人力资源部经理、专业咨询顾问、部门经理及工作分析专员。工作分析小组的主要职责是:确认工作分析需求;制定工作分析总体原则、导向、预算等;过程监控;最终成果确诊;成果推广运用。

(三) 收集与分析相关的背景资料

工作分析进行前需要收集关于组织和岗位的一些信息。这些信息可分为组织外部信息和组织内部信息两大类。

需要收集的组织外部信息包括:

(1) 行业内或专业领域内的相关政策规定,包括行业政策、法律法规、职业资格准入制度等。

(2) 国内外的工作标准。在利用国内外其他组织相似岗位的工作标准时,要考虑到岗位的相似性,以及在职责、任务、组织中的地位等是否相同。

(3) 国家职业分类标准和国际职业分类标准。我国的职业分类大典将职业分为大类、中类、小类和细类4个层次,每一个层次都有不同的划分原则和方法。大类层次的职业是依据工作性质的同一性,并考虑相应的能力水平进行分类,共8个大类;中类层次的职业共66类,是在大类的范围内,根据工作任务和分工的统一性进行分类的;小类层次的职业共413类,是在中类的范围内,按照工作环境、功能及其相互关系的统一性进行分类的;细类层次的职业共1 838类,细类职业分类即为职业的划分和归类,是在小类的基础上,按照工作分析的方法根据工艺技术、对象、操作流程和方法的相似统一性进行分类。

在工作分析的准备阶段,对于一般的职务,工作分析人员可查阅职业分类辞典,找到类似的职位描述,职业分类辞典中的职位描述并不是针对某一个具体组织中的职位的,同时,每一个职务的环境是不一样的,在不同的环境中,同一个职务的工作特性会有所不同。工作分析人员应该根据组织自身的实际情况作出分析,现有的资料只能作为参考。

需要收集的组织内部信息包括:

(1) 组织结构图。组织结构图描述了组织中各个组成部分间的相互关系,它可以反映当前的工作与组织中其他工作的关系及其在组织中的地位,组织结构图确定了每一个职位的名称、权限关系、信息沟通与交流方式。

(2) 部门职能说明书。组织中的各个部门职能说明书规定了每一个部门的使命和职能,它有助于工作分析人员将职能部门的职能全面有效地分解到部门内的各个职位上去。

(3) 对组织内有关职位信息的现有文件资料进行汇总,如现有的各岗位工作说明书、以往的工作分析信息、其他与工作分析有关的资料。

(四) 制订工作分析计划

在准备阶段,工作分析人员还应该制订一个详细的实施计划,用以指导具体的分析工作,计划方案通常包括以下内容。

(1) 界定分析对象和抽样方法。实施计划要说明分析工作职务的范围、规范名称及非正式称谓,还要界定所要收集的信息类型和内容,界定抽样规模和抽样方法。

(2) 确定信息收集的方法。实施计划应该说明所采用的具体分析方法,所使用的分析仪器、设备及其他的辅助工具,还应该说明工作中描述数据的统计分析方法。

(3) 确定工作分析的步骤和起止时间。实施计划还必须确定工作分析的步骤,规定各项工作的起始时间和完成时间。应该选择各种工作活动最典型、最稳定的时期进行分析,对不同工作的分析应尽可能地集中在同一时间进行,实际分析时间也应尽可能集中。

(4) 意外事件的处理措施。实施计划还应该提出各种可能发生的意外事件的处理措施。如,部分样本损失时应该如何补救,原定的分析方法不适应分析要求时应该采取哪些替代方法,仪器设备发生故障时应采取哪些应变措施等。

(五) 取得合作与认同

组织要想成功、有效地实施工作分析,就必须首先克服员工对工作分析的恐惧,从而使员工提供真实的信息,员工对于工作分析的恐惧源于害怕工作分析会对其已熟悉的工作环境带来变化或引起自身利益的损失,这也导致了其对工作分析小组成员及其工作采取不合作甚至敌视的态度。因此,工作分析前后的动员、宣传和反馈工作就显得非常重要。首先,在工作分析开始之前,应该向员工解释清楚以下几方面的内容:工作分析对组织发展的重要作用,工作分析的原因,工作分析对员工薪酬的影响,员工所提供的资料对工作分析结果的影响等。其次,工作分析中和工作分析结束后,应及时向员工反馈工作分析的阶段性成果和最终结果,为今后的工作分析得到员工的支持打下基础。

三、工作分析的实施阶段

工作分析的实施阶段即其具体实施阶段,包括实际收集与整理分析两个环节。

(一) 实际收集

这一环节是工作分析人员运用计划所确定的信息收集方法对所需要的信息内容和信息类型进行收集的过程。工作分析的性质、目的和用途,决定了所要收集信息的内容和类型。工作信息主要包括:

(1) 工作活动。这方面的信息主要是指任职者必须进行的与工作有关的具体活动,一般包括具体的工作时间、具体的工作事项和工作方式以及与他人交往的活动。

(2) 工作标准。主要涉及对任职者进行评价的各种标准,如完成工作的时间、工作质量、工作标准、工作误差分析等。

(3) 所使用的机器、工具、设备和辅助工作。这类信息包括完成工作所采用的机器、工具、设备和所需要提供的辅助性工作,工作的辅助条件如涉及的专业知识、加工的原材料以及所需的咨询和维护等方面的劳务。

(4) 工作环境。工作环境方面的信息涉及的是任职者的工作环境和工作背景,包括时空环境,如工作的物理环境、工作的日程安排,也包括任职者所处的组织环境和社会环境,此外还包括组织对任职者的各种激励措施,如经济性激励和非经济性的激励。

(5) 定位于人的活动。此类信息包括任职者的行动,如有关身体动作的要求和沟通、基本的动作、体力的消耗等,以及工作本身对任职者教育背景的要求(如教育程度、专业要求、培训等)和素质要求(如思想素质、知识素质、能力素质、心理素质等),素质要求既要考虑职业的要求,也要考虑工作岗位的要求。另外,一些特殊的工作对工作者的个性或体能有特殊的要求,不能一概而论。

(二) 整理和分析

对所收集的信息必须进行整理和分析,通过整理和创造性分析,发现有关工作和任职者的关键信息,进而归纳、总结出工作分析所需要的材料和要素,使之成为可以使用的管理文件。整理分析的主要方法是鉴别和整序。鉴别是对工作信息的准确性、真实性和可行性进行分析,判断其误差的大小,以保证信息的真实可靠。鉴别的主要方法有核对、佐证、逻辑分析和复查。整序是把收集来的众多信息按照一定的标准和要求进行归类整理,整序的主要方法是分类法。

(三) 注意事项

为保证工作分析的准确性和有效性,在收集分析阶段,需要注意以下事项。

(1) 注意从不同方面获取工作职务的差异。在进行工作分析时,首先要明确各种工作职务本身存在的天然差异,此外,还可以从职务活动所处的自然环境和组织环境,工作职务的时间要素、作业活动要素以及任职者要素等各个方面去获取各个职务活动的差异。只有这样,才能避免单一角度进行分析可能产生的偏差。

(2) 注意定性信息与定量信息相结合。有关工作职务的信息,既可以是定性的,也可以是定量的。定性的信息往往是可以用文字表达的项目,比如工作条件、环境要素、任职者的资格条件等。定量的信息则是通过数字表达的项目,如工作计量、工作日程、工作群体的人数。更多的工作信息需要定性与定量的结合。

(3) 与有关人员共同审查和确认工作信息。为避免偏差,必须与任职者及其上级主管就所收集的绩效信息核对、佐证和复查,以修正可能不准确的信息,同时这也有助于任职者及其上级主管对工作分析结果的理解和认可,为他们今后实际使用工作分析结果奠定基础。

四、工作分析的结果呈现

分析的结果要整理成书面的文件,形成工作分析的最终成果,即工作说明书,以便在日后人力资源管理中使用。这种书面的文件通常有文字说明和图表说明两种形式。有关工作说明书的编写在本章第五节做专门介绍。

第三节 工作分析的方法

确定了要分析的工作并收集完背景材料后,就要收集与工作活动和职责有关的资料。在开展工作分析时,收集工作分析信息的方法有很多,但是每种方法都有自己的优缺点,没有一种收集方法能够提供非常完整的信息,因此应该综合使用这些收集方法。工作分析大致可分为定性和定量两类基本方法。

一、定性的工作分析方法

定性的工作分析方法包括观察法、访谈法、问卷法、关键事件法、工作日志法等。

(一) 观察法

观察法指的是工作分析人员观察所需要分析的工作过程,以标准格式记录各个环节的内容、原因和方法,从而系统地收集一种工作的任务、责任和工作环境方面的信息。观察法的优点是工作分析人员能够比较全面和深入地了解工作的要求,适用于那些主要是由身体活动来完成的工作,如装配线工作、保安工作等。观察法的缺点是它不适用于脑力劳动成分比较高的工作和需要处理紧急情况的间歇性工作。此外,观察法对于有些员工来说难以接受,因为他们会感到自己正在受到监视甚至威胁,所以会在内心对工作分析人员产生反感,同时也可能导致动作的变形。因此,在使用观察法时,工作分析人员应采用适当的方式将该方法介绍给员工,使之能够被员工接受。

使用观察法进行工作分析需要注意以下问题。

(1) 要注意工作样本的代表性。使用观察法时,工作分析者观察正在工作的一个或几个人,并对观察结果进行记录,包括做了什么、怎么做的、用了多长时间、工作环境如何和使用了哪些工具等内容。因此,工作样本的代表性将直接影响工作分析的结果。

(2) 观察前要制定详细的观察提纲。要事先确定观察的内容、观察时刻、观察位置等。观察内容要全面,如工作的目标、任务、使用设备、时间、上下级关系、体能要求、环境等;观察的时刻可选用瞬时观察和定时观察;观察位置的选择要确保能够观察到对象的全部行为而又不至于影响到对象的正常工作。

(3) 充分考虑任职者的心理反应。观察者在场对任职者会产生一定的心理影响,为了能够观察和记录到真实、自然的工作活动信息,工作分析人员既可以采取隐蔽式观察,也可采用开诚布公式观察。隐蔽式观察主要是隐蔽观察的意图或观察者的身份以消除任职者的预警心理和扮伪策略;开诚布公式观察是事先明确观察的意图和意义,以求得任职者的真诚合作。

(4) 观察和思考相结合。由于受到各种因素的影响,观察法所获得信息的准确性会受到限制,因而对于所获得的信息需要进行深入分析思考,避免机械记录。

(二) 访谈法

访谈法是工作分析人员通过面对面询问而获得工作要素信息的方法,主要用于确定工作任务和责任等方面。访谈的对象可以是任职者本人,也可以是专家或主管人员;访谈的形式可以是个别访谈,也可以是群体座谈;访谈的程序可以是标准化的,也可以是非标准化的。

在使用访谈法时,需注意以下几点。

(1) 注意与主管人员进行合作,以便找到对工作最为了解的员工。

(2) 尽快与访谈对象建立起融洽的关系。建立的方法有很多,如知道对方的名字、用通俗易懂的语言交谈、简单介绍访谈的目的、向他们解释为何将他们作为访谈对象等。

(3) 事先准备好访谈大纲。

(4) 如果完成工作的方式不是很有规律，应要求工作承担者按照任务的重要程度和发生频率将它们列举出来，以免漏掉不常发生但比较重要的任务。

(5) 在面谈结束后，与访谈对象本人及其直接上级一起对所收集的工作信息进行核查。

访谈法的优点在于：

(1) 详细深入。访谈过程如能得到访谈对象的合作，则可以对工作者的工作态度、工作动机等深层信息有比较详细和深入的了解。

(2) 双向沟通。访谈法是一种双向沟通，从而使得沟通效率显著提高，减少沟通双方在信息传递中的偏差。

访谈法的缺点在于：

(1) 技巧性高。访谈者的技巧直接关系到访谈的结果，访谈人员要有多方面的知识和能力，并需要经过专门的训练。

(2) 工作成本高。访谈法较为费时，工作成本较高。

(3) 对访谈结果的整理和分析比较困难。

(4) 信息的可信度不高。由于访谈者可能存在掩蔽倾向，因而所提供的信息可能是扭曲的，可信度不高。

(三) 问卷法

问卷法是通过员工填写问卷来获取有关工作任务和职责信息的分析方法。

使用问卷法的关键问题是问卷的设计。问卷通常有三种形式：开放式问卷、结构化问卷、半结构化问卷。

开放式问卷是指问卷只有问题而没有备选答案，由被调查者根据自己的判断自由回答，使用这种方式被调查者回答问题的自由度较大，容易获得较为全面的信息，但对收集到的信息进行统计分析较为困难。

结构化问卷是指工作分析人员设计好所要调查问题的备选答案，被调查者在其中选择最合适的答案即可，这种问卷较为规范化、数量化，其结果可使用计算机进行数据处理。

半结构化问卷是指问卷中既包括开放式问题也包括封闭式问题，这种方式能够使调查者获得较为全面的信息，且容易对调查结果进行分析。

问卷法在设计时应注意问题题干的设计且要注意概念准确，避免使用抽象的概念或容易产生歧义的概念；语言要简洁清晰，避免使用有倾向性和诱导性的语言。问题答案的设计应具有穷尽性、互斥性，且答案间具有一定测量档次。

问卷法的优点在于费用低、速度快，可使工作分析人员快速得到所需资料，节省时间和费用；调查样本可以很多，适用于对多数工作者进行调查的情况；调查所得的信息资源可以数量化，由计算机进行数据处理。但问卷法的缺点是问卷的设计需要花费大量时间、人力和物力，被调查者也可能不认真填写，从而影响问卷的质量。

(四) 关键事件法

所谓关键事件，是指对工作绩效有重要意义的职务背景关系及相应的行为。关键事件法是对完成工作的关键行为进行记录,并选择其中最重要的和最关键的部分进行评定的方法。关键事件法要求将对岗位工作任务造成显著影响的事件进行归纳分类,从而形成对工作岗位的全面了解。

对关键事件的描述应包括的内容主要有:
(1) 事件发生的背景和原因。
(2) 工作者有效的或多余的行为。
(3) 关键行为的后果能否被认知。
(4) 工作者控制上述行为的能力。

关键事件法的优点在于:
(1) 能够识别影响员工绩效的关键因素,从而能够更好地确定每一行为的利益和作用。
(2) 建立的工作行为标准准确,由所记录的"关键事件"所得到的有关职务行为的描述和由此建立的行为标准更加准确。

关键事件法的缺点在于:
(1) 所需的调查期较长,为收集必要数量的关键事件所花费的时间较长。
(2) 无法对工作职责、工作任务、工作背景、最低工作资格等做出描述。
(3) 对中等绩效的员工难以涉及,遗漏了平均绩效水平。

(五) 工作日志法

工作日志法是由工作任职者在一段时间内连续地每天记录下工作的细节,包括工作时间、工作方法、工作内容、工作程序等,以了解工作的性质。它是由员工本人自行进行的一种职位分析方法,与面谈法结合使用效果较好,可使工作分析人员直接得到第一手的资料。工作日志法在实施前,就先由工作分析人员根据工作的特点设计好详细的"工作日志表",让员工按照"工作日志表"的要求及时地填写职位工作内容,从而收集工作信息。需要注意的是,工作日志应该随时填写,如以 10 分钟、15 分钟为一个周期,而不应该在下班前一次性填写,这样是为了保证填写内容的真实性和有效性。

工作日志法因是即时记录的,因此具有详尽性的优点。同时,通过工作日志法所获得的工作信息可靠性很高,往往适用于确定有关工作职责、工作内容、工作关系、劳动强度等方面的信息。

由于工作日志法是由工作任职者自行填写的,信息失真的可能性较大,任职者可能更注重工作过程,而对工作结果的关心程度不够,运用这种方法进行工作分析对任职者的要求较高,任职者必须完全了解工作职务的情况和要求,另外,这种方法的信息整理工作量大,归纳工作繁琐。

二、定量的工作分析方法

有些工作分析不适用于定性的方法,特别是当需要对各项工作进行比较来决定薪酬和待遇高低的时候。这时,就应该采用定量的工作分析方法。

(一) 职位分析问卷法

职位分析问卷法(Position Analysis Questionnaire,简称PAQ)是一种结构严谨的工作分析问卷,是目前最普遍和流行的人员导向职务分析系统。它是1972年由美国普渡大学的教授麦考密克、詹纳雷特和米查姆设计开发的。设计者的初衷在于开发一种通用的、以统计分析为基础的方法来建立某职位的能力模型,同时运用统计推理进行职位间的比较,以确定相对报酬。目前,国外已将其应用范围拓展到职业生涯规划、培训等领域,以建立企业的职位信息库。

PAQ包括194个项目,其中187项被用来分析完成工作过程中员工活动的特征(工作元素),另外7项涉及薪酬问题。运用PAQ进行工作分析,可分以下几步。

第一步:划分PAQ项目。

PAQ的所有项目被划分为信息输入、思考过程、工作产出、人际关系、工作环境、其他特征6个类别,PAQ给出每一个项目的定义及相应的等级代码,详见表2-1。

表2-1 PAQ工作元素的分类

类别	内容	例子	工作元素数目
信息输入	员工在工作中从何处得到信息,如何得到	如何获得文字和视觉信息	35
思考过程	在工作中如何推理、决策、规划,信息如何处理	解决问题的推理难度	14
工作产出	工作需要哪些体力活动,需要哪些工具与仪器设备	使用键盘式仪器、装配线	49
人际关系	工作中与哪些人员有关系	指导他人或与公众、顾客接触	36
工作环境	工作中自然环境与社会环境是什么	是否在高温环境或内部其他人员冲突的环境下工作	19
其他特征	与工作相关的其他活动、条件或特征是什么	工作时间安排、报酬方式、职务要求	41

第二步:确定PAQ的评分标准。

PAQ给出了6个评分标准:信息使用度、耗费时间、适用性、对工作的重要程度、发生的可能性及特殊计分。使用PAQ时,用6个评估因素对所需要分析的职务进行核查。核查每项因素时,都应对照这一因素细分的各项要求,按照PAQ给出的计分标准,确定职务在职务要素上的得分,如表2-2所示。

表 2-2 职位分析问卷范例

使用程度：NA——不曾使用；1——极少；2——少；3——中等；4——重要；5——不重要

资料投入

工作资料来源（请根据任职者使用程度，审核下列项目中各种来源的资料）

工作资料的可见来源

    __4__ 书面资料（书籍、报告、文章、说明书等）

    __2__ 计量性资料（与数量有关的资料，如图表、报表、清单等）

    __1__ 图画性资料（图形、设计图、X 光片、地图、描图等）

    __1__ 模型及相关器具（模板、钢板、模型等）

    __2__ 可见陈列物（计量表、速度计、钟表等）

    __5__ 测量器具（尺、天平、温度计、量杯等）

    __4__ 机械器具（工具、机械、设备等）

    __3__ 使用中的物料（工作、修理中使用的零件、材料和物件等）

    __4__ 尚未使用的物料（未经过处理的零件、材料和物件等）

    __3__ 大自然特色（风景、地质样品、植物等）

    __4__ 人为环境特色（建筑物、水库、公路等）

（二）功能性工作分析法

功能性工作分析法（Functional Job Analysis，简称 FJA）是美国训练与就业署开发出来的，它不仅仅是依据信息、人、物三个方面对工作进行分类，并且对工作的分类还考虑以下四个因素：在执行工作时需要得到多大程度的指导，执行工作时需要运用的推理和判断能力应达到什么程度，完成工作所要求具备的属性能力有多高，执行工作时所要求的口头及评论表达能力如何。此外，功能性工作分析还需确定工作的绩效标准以及工作对任职者的培训要求。表 2-3 是一份已完成的功能性工作分析综合表。从表中可以看出，功能性工作分析所提供的信息涉及数据、人、指导、推理能力和数学能力以及语言能力，并且所有这些方面都是以量化的形式加以等级排列在各项因素中，各类基本功能都有其重要性的等级。数值越小，代表的等级越高；数值越大，代表的等级越低。

表 2-3 功能性工作分析任务明细

任务代号：GR-08

工作承担者的功能及定位						要得到的指导	总体教育开发		
物	%	资料	%	人	%		逻辑推理	数学	语言
3	65	3	25	1	10	3	2	1	3
目标：操作平路机							工作中心：覆土、翻松路面、铺平、构筑防火隔离带、维修运输路面、清除路面积雪		

任务：为了完成平路机的日常工作任务，如回填土方、路面维护、路面积雪清除等，操纵平路机的控制系统，将定位轮和机片置于正确的角度，前后、上下、左右移动机片，按照工作程序，借助知识和经验，监督设备的运行，根据情况的变化不断地做出调整，时刻注意其他工人和设备的位置及安全

（要完成这些任务）

绩效标准	培训内容
描述性标准： 　　——正确操作设备 　　——警觉、留心 数据性标准： 　　——所有工作都符合程序的要求 　　——没有出现因技术上误操作而造成的事故或损害 　　（要达到这些绩效标准）	功能性培训： 　　——如何操作平路机 　　——如何完成常规的平路机工作，如回填土方，弄松路面积雪等 特殊培训： 　　——特定的平路机知识 　　——工作要求方面的知识 　　——特殊的工作场所知识（如土层、土壤状况、环境等） 　　（工人需要这类培训）

(三) 管理岗位描述问卷法

管理岗位描述问卷法(Management Position Description Questionnaire,简称MPDQ)是由托诺(W. W. Tornow)和平托(P. R. Pinto)设计的以工作为中心的工作分析方法。该方法是利用工作清单专门针对管理职位分析而设计的一种工作分析方法，涉及管理者所关心的问题、所承担的责任、所受的限制以及管理者的工作所具备的各种特征，共包括13类208个问题。这13类问题是：

(1) 产品、市场和财务计划：指的是进行思考，结合实际情况制订计划以实现业务的长期增长和公司稳定发展的目标。

(2) 其他组织单位和工人之间的相互协调：管理人员对自己没有直接控制权的员工个人和团队活动的协调。

(3) 内部事务控制：检查与控制公司的财务、人力以及其他资源。

(4) 产品和服务责任：控制产品和服务的技术以保证生产的及时性，并保证生产质量。

(5) 公众和顾客的关系：通过与人们直接接触的办法来树立和维护公司在用户和公众间的良好形象和声誉。

(6) 高级咨询：发挥技术水平解决企业中出现的特殊问题。

(7) 行为主动性：指在几乎没有直接监督的情况下开展工作活动。

(8) 财务计划的批准：批准企业大额的财务流动。

(9) 职能服务：提供诸如寻找适合为上级保持纪录这样事实的雇员服务。

(10) 监督：通过与下属员工面对面地交流来计划、组织和控制人员。

(11) 复杂性及压力：在很大压力下保持工作，并规定一定时间内完成所要求的任务。

(12) 高级财务职责：制定对公司绩效构成直接影响的大规模的财务投资决策和其他财务决策。

(13) 广泛的人力资源职责：公司中人力资源管理和影响员工的其他决策，具有重大责任的活动。

管理职位描述问卷法的工作分析结果对评价管理工作、决定该职位的培训需求、管理工作分类、薪酬评定、设计绩效评估方案等人事决策活动具有重要的指导作用。

第四节　工作设计

工作分析的主要功能是研究工作是如何完成的、以怎样的方式完成，以及为了完成这项工作需要任职者具备怎样的知识、技术、能力等任职资格。这是一种静态的工作观，即它假定工作已经存在，并且已经被按照一种最好的方式组织起来。但是，如果某种组织还不存在，我们必须从头开始对组织中的工作进行设计；同时工作设计还包括工作再设计，如果组织出现问题，即工艺设计或工艺流程妨碍了组织的发展，或某个已有组织或企业中的工作负担增加了，或者尽管工作负担没有变化，但工作小组中的人员规模发生了变化，这些都需要管理者从根本上重新考虑、重新设计工作过程，改变完成工作的方式，以改进成本、质量、服务和速度等关键性的业绩指标，从而使该工作单位能够高效率运作。在所有这些情况下，管理者都需要对现有工作进行重新设计。

一、工作设计的概念和意义

所谓工作设计，是对工作完成方式及完成一项工作所需的任务进行界定的过程，会涉及工作内容、工作职责及工作关系等方面的改革。工作再设计则是指改变某种已有工作中的任务或者改变工作完成方式的过程。

工作设计是一种通过满足员工与工作有关的需求来提高工作绩效的管理方法，其目的是提高工作效率，达成组织目标。其理论假设是工作本身对员工的工作积极性、工作满意度、工作生产率等有着重要影响。因而，如果设计得当，工作本身就对员工具有激励作用。

总的来说，工作设计具有以下几方面的重要意义。

(1) 通过工作设计，可以使工作的内容、方法、程序及工作环境、工作关系等与工作者的特征相适应，可以在很大程度上减少无效劳动，大幅度提高劳动效率。

(2) 在工作设计中，更多地考虑人的因素对工作的影响，可以改变工作单调重复和不完整的特性，实现工作多样化，减少由于工作单调重复和不完整导致工作人员产生的不良心理反应。

(3) 工作设计不但可以改善工作者与自然环境、机器设备的关系，而且可以改善工作人员之间的关系。工作者可以增强工作中的自主权和责任感，更好地融入到组织文化中去；同时，也有利于工作者之间形成良好的人际关系。

二、工作设计的主要内容

工作设计的主要内容如下。

1. 工作内容

工作内容主要是解决工作范畴的问题，包括工作种类、工作自主性、工作复杂性、工作难度和工作完整性等。

2. 工作职责

工作职责是关于工作本身的描述,包括工作责任、工作权力、工作方法、相互沟通和协作。

(1)工作责任。工作责任设计就是员工在工作中应承担的职责及压力范围的界定,也就是工作负荷的设定。责任的界定要适度,工作负荷过低、无压力,会导致员工行为轻率和低效;工作负荷过高、压力过大又会影响员工的身心健康,导致员工的抱怨和抵触。

(2)工作权力。权力与责任是对应的,责任越大权力范围越大,否则二者脱节会影响员工的工作积极性。

(3)工作方法。包括领导对下级的工作方法设计、组织和个人的工作方法设计等。工作方法的设计具有灵活性和多样性,不同性质的工作根据其特点的不同采取的具体方法也不同,不能千篇一律。

(4)沟通与协作。整个组织是一个有机联系的整体,由若干相互联系、相互制约的环节构成,每个环节的变化都会影响其他环节以及整个组织的运行,因而各个部门或各个环节间必须相互合作、相互制约。

3. 工作关系

工作中人与人之间的关系,包括上、下级之间的关系,同事之间的关系以及个体和群体间的关系等。

4. 工作结果

工作结果主要是指工作所提供的产出情况,包括工作产出的数量、质量和效率,以及组织根据工作结果对任职者所做出的奖惩。

5. 工作结果的反馈

工作结果的反馈主要指任职者从工作本身所获得的直接反馈,以及从上、下级同事那里获得的对工作结果的间接反馈。

6. 任职者的反应

任职者的反应主要指任职者对工作本身及组织对工作结果奖惩的态度,包括工作满意度、出勤率和离职率等。

三、工作设计的原则

(一) 岗位数最少原则

工作设计应遵循如下原则。

岗位设计的数目应符合最低数量的原则。岗位不要设置太多,这样做的目的是使所有的工作尽可能集中,避免分散。

(二) 自主性和控制权最大原则

给员工尽可能多的自主权和控制权,每个岗位要求实现最有效的配合。如企业客户服务部经理允许维修人员自己订购零件和保管库存。

(三) 绩效明晰原则

让员工对自己的绩效做到心中有数,所有岗位要求实现最有效的配合。如主管与下属定期进行绩效反馈面谈,建立有效渠道让员工对自己的绩效以及其他同事、客户对自己工作的评价有一定了解。

(四) 完整性原则

让员工尽量负责完整的工作,并可在一定范围内让员工自己决定工作节奏。如实行弹性工作时间制度,建立项目管理机制,让员工独立负责一个项目从而接触一项工作自始至终的过程。

(五) 经济性、科学性、系统性原则

企业规范化管理体系是一个大的完整的系统,工作设计要和组织结构设计、职能分解吻合,要符合系统化原则。同时,工作设计也为工作描述、工作评价和薪酬福利体系设计提供支持。

四、工作设计的方法

通常采用的工作设计方法有机械型、生物型、知觉运动型和激励型等。

(一) 机械型工作设计方法

机械型工作设计方法的理论依据是古典工业工程学,强调要找到一种能够使得效率达到最大化的最简单方式来构建工作,包括降低工作的复杂程度,从而提高人的效率,使新入职员工只需经过短期培训就能够很快胜任工作,这种方法强调按照任务专门化、技能简单化及重复性的基本思路来进行工作设计。

机械型工作设计方法要求将工作设计得越简单越好,按这一管理思路进行工作设计,组织就能够降低对员工资格的要求,减少组织对高素质员工的依赖。这种方法的缺陷是忽略了人的存在,把人作为机器的附属品,从而使人性淹没在机器的轰鸣声中。虽然如此,这种工作设计的方法却提高了生产效率,尤其在工业时代,创造了一定的生产效益。

(二) 生物型工作设计方法

生物型工作设计方法的理论依据主要是人机工程学,关注个体心理特征与物理工作环境之间的交互界面,目标是以人体工作的方式为中心对物理工作环境进行结构安排,从而将工人的身体紧张程度降到最低。因此,生物型工作设计方法的目的通常是降低工作的体力要求,强调对机器和技术的设计。这种方法适用于建筑、装卸、搬运等行业。

生物型工作设计方法有助于人的积极性的充分发挥,因为它是把人放在舒适的位置上。另外,让员工参与一项生物型工作再设计计划的结果导致的累积性精神紊乱的次数和损失的生产时间以及受到限制的工作日数量都出现了下降。但这种方法不可避免地降低了生产的标准,减少了总体产量。

(三) 知觉运动型工作设计方法

知觉运动型工作设计方法重视人的心理能力和心理局限,其目标是在设计工作的时

候,通过降低工作对信息加工的要求来改善工作的可靠性、安全性及使用者的反应性,从而降低差错率,减少工作压力,使员工在一种愉悦的心态下工作。但它却容易形成一种低工作满意度,具有较低的激励性。这种工作设计方法适用于航空管制、车辆驾驶、冶炼、质量监督等行业或岗位。

(四)激励型工作设计方法

激励型工作设计方法强调的是可能会对工作承担者的心理价值及激励潜力产生影响的那些工作特征,并且它把态度变量(如工作满意度、内在激励、工作参与以及诸如出勤、绩效这类行为变量)看成工作设计的最重要结果。激励型工作设计所提出的设计方案,往往强调通过工作扩大化、工作丰富化等方式提高工作的复杂性,同时强调围绕社会技术系统来进行工作构建。这种工作设计方法主要适用于管理、研发、教学及医生、自由职业者等行业或岗位。

在进行工作设计的时候,管理者如果希望按照某种能够使任职者和组织的各种积极结果都达到最大化的方式来进行工作设计,就需要了解与每一种方法相联系的成本和收益,在它们之间进行适当的平衡。

第五节 工作说明书的编写

一、工作说明书的基本内容

工作说明书是工作分析的结果,是指用书面形式来反映有关职位的信息,包含两个方面的内容:第一,反映职位的具体特征,如工作名称、工作目的、工作活动和任务、使用的物品和材料以及工作环境等;第二,规定职位的任职资格,如胜任该职位所要求的技能、学历、经验等。一份合格的工作说明书应包括该项工作区别于其他工作的信息,即从事的工作是什么、为什么做、怎样做、在哪儿做,在什么条件下履行其职责以及履行该职责应具备什么样的任职资格等。它的主要功能是阐明工作任务、责任与职权,建立工作程序与工作标准,让员工了解工作概要,为将来员工的聘用、考核与培训等工作打下基础。

(一)工作标识

工作标识是关于岗位的基本信息,是一个岗位区别于其他岗位的基本标志,包括工作名称和工作身份。工作名称应该能比较准确地反映工作的主要职责,并且应该指明任职者在组织等级制度下的相关关系。工作身份又称工作地位,一般在工作名称之后,包括所属部门、直接上级职位、工作等级、工资水平、所辖人数、定员人数、工作分析时间和人员等。

(二)工作概要

工作概要就是用简练的语言文字阐述工作的总体性质、中心任务和要达到的工作目标。通常用一句话对工作内容和目的进行归纳,目的是作为一个结构上的单元,对工作提供一个概括。作为工作说明书的强制部分,对工作概要部分的要求是尽可能清晰地描述工作的任务和基本目标。

(三)工作内容

工作内容是工作说明书的主体,是对基本的工作任务和工作关系的说明,包括以下几个方面。

1. 工作职责

工作职责通常包括工作活动的内容、工作权责以及对机器和设备的使用情况等。工作职责的确定并非简单地来自对任职者现行工作活动的归纳和概括,而是来自基于组织目标的职位目标的界定。通过对收集到的关于工作活动信息的深入分析与判别,最终形成若干条工作职责,逐项说明工作活动内容与时间的比例关系。

2. 工作关系

工作关系指任职者与组织内外其他职位或人员之间的关系。组织内部职位间存在一定的不可分割的联系,职位间有何种协作关系,协作的内容是什么,受谁的监督、指挥,又去监督、指挥谁,职位上下、左右的关系如何,本职位任职者的升降方向、平调的路线如何等。

3. 工作绩效标准

工作绩效标准是在明确界定工作职责的基础上,对如何衡量每项职责完成情况的规定。它是制定岗位绩效考核指标的重要基础和依据。通常,工作绩效标准仅仅表示业绩评价的变量,而不是业绩评价的具体的、可以直接操作的指标,更不是绩效的衡量目标。

4. 工作权限

界定任职者在工作活动内容上的权限范围,如决策的权限、对他人实施监督的权限及经费预算的权限。

(四)工作条件和环境

工作条件主要涉及两项:一是指任职者主要运用的设备名称;二是指任职者运用信息资料的形式。工作环境多指工作所处的物理环境、安全环境、社会环境等。物理环境包括:工作场所是室内还是室外;工作场所的温度、湿度、照明、噪声、震动、粉尘等情况,以及与这些因素的接触时间等。安全环境包括:工作环境的危险性;从事本工作可能患的职业病及其轻重程度;精神紧张程度、工作时间波动性、出差比率、是否经常加班;工作负荷、体力消耗大小等。社会环境包括工作地点的生活方便程度、工作环境的孤独程度、部门同事间的关系等。

(五)工作者的任职资格要求

工作者的任职资格要求是工作对人的要求,即工作本身对承担工作的人的知识或技能(教育水平、培训经历、工作经验等)和个人特征(才能、生理特征、人格品行、兴趣等)的要求,主要包括以下内容。

(1)身体素质要求。包括任职者应具备的行走、跑步、攀登、平衡、旋转、弯腰、举重、耐力、手眼协调力、感觉辨别力等方面的能力。

(2)知识要求。具体包括学历要求,有关理论知识和技术的最低要求(如机器设备的使用方法、工艺流程、材料性能、安全知识、管理知识和技能等),对有关政策、法令规定或文件的了解和掌握程度等。

（3）工作经验要求。包括过去从事同类工作的时间和业绩、应接受的专门培训的程度、完成有关工作活动的实际能力等。

（4）技能要求。通过典型的操作来规定从事该职位的工作所需的注意力、判断力、记忆力、组织能力、创造能力、决策能力等。

（5）个性特征要求。包括工作任职者应具备的耐心、细心、沉着、诚实、主动性、责任感、支配性、情绪稳定性等方面的特质。

表 2-4　工作说明书范例（销售总监）

职位名称	销售总监	职位代码		所属部门	
职系		职等职级		直属上级	总经理
薪酬标准		填写日期		核准人	

职位概要
　　制定并推进实施全面的销售战略、销售方案，有效地管理客户

工作内容
　　协助总经理建立全面的销售战略；
　　制订并组织实施完整的销售方案；
　　与客户、同行业间建立良好的合作关系；
　　引导和控制市场销售工作的方向和进度；
　　组织部门开发多种销售手段，完成销售计划及回款任务；
　　管理销售人员，帮助建立、补充、发展、培养销售队伍；
　　掌握市场动态，熟悉市场状况并有独特见解；
　　有效地管理全国的经销商；
　　主持公司重大营销合同的谈判与签订工作；
　　协助处理大客户投诉，跟踪处理投诉结果，并进行客户满意度调查；
　　进行客户分析，建立客户关系，挖掘用户需求；
　　深入了解本行业，把握最新销售信息，为企业提供业务发展战略依据；
　　完成总经理临时交办的其他任务

任职资格
　　教育背景：
　　管理、市场营销等专业本科以上学历
　　培训经历：
　　受过战略管理、战略市场营销、管理技能开发、组织变革管理、合同法、财务管理等方面的培训
　　经验：
　　8年以上销售、市场营销管理工作经验
　　技能技巧：
　　熟悉现代管理模式，熟练运用各种激励措施；
　　有丰富的市场营销策划经验，能够识别、确定潜在的商业合作伙伴，熟悉行业市场发展现状；
　　具有优秀的营销技巧，较强的市场策划能力和运作能力；
　　良好的口头及书面表达能力

续表

态度： 工作细致、严谨,并具有战略前瞻性思维； 具有较强的管理能力、判断和决策能力、人际沟通协调能力、计划执行能力； 优秀的市场拓展、项目协调、谈判能力； 具有高度的工作热情和责任感
工作条件 　　工作场所：办公室 　　环境状况：舒适 　　危险性：基本无危险,无职业病危险

二、工作说明书的编写要求

在编写工作说明书时需注意以下问题。

1. 内容详尽、完整

工作说明书的内容要详尽、完整,要注意避免以下两种情况。

（1）工作描述过于琐碎。工作描述如果过于详细的话,难免琐碎,这样的工作分析将沦为动作分析。

（2）不能独立使用。工作说明书本身应该能够独立使用,对某一项目的描述不应该出现"参见第几页第几项"的字样。

2. 语句要简洁,逻辑性要强

语句的构成要简洁、规范,要有逻辑性；每一句话都应该能表达动作、对象、目的,并以动词起句；语句应该按照工作的基本性质、职位高低、资格条件的重要性等排列。

3. 用词标准

要建立标准化的词库。词汇应该具体,避免抽象要领,除非必要,不用形容词；除非必要,避免使用难以理解的技术性词汇；如有可能,尽量使用数学语言。

【资料阅读】

工作职责分歧

一个机床操作工把大量的液体洒在机床周围的地板上,车间主任叫操作工把洒在地板上的液体打扫干净,操作工拒绝执行,理由是工作说明书里并没有关于清扫的条文。车间主任就又找来一名服务工来做清扫工作,但是服务工同样拒绝,他的理由是工作说明书里同样也没有这一类工作,这个工作应由勤杂工来完成,因为勤杂工的责任之一就是做好清扫工作。车间主任只好又叫来勤杂工,但是勤杂工也不愿意来做清扫工作,他说现在不是他的工作时间。车间主任很生气,要求勤杂工必须把地板打扫干净。勤杂工勉强同意,但是干完活就立即向公司投诉。

公司受理人员看了投诉以后,审阅了这三类人员的工作说明书:机床操作工、服务工和勤杂工。机床操作工的工作说明书规定:操作工有责任保持机床的清洁,使之处于可操作的状态,但并没有提及清扫地板的工作。服务工的工作说明书规定:服务工有责任以各种方式协助操作工,如领取原材料和工具、随叫随到、即时服务,但是也没有提及清扫工作。勤杂工的工作说明书确实包括了各种形式的清扫工作,但他的工作时间是从正常工人下班以后开始。

由此可见,工作说明书的编写应做到内容详尽、完整,要用词明确、准确,逻辑性强,这样才能避免扯皮、推诿现象的发生。

(资料来源:余凯成、程文文、陈维政《人力资源管理》,大连理工大学出版社,2001年版)

小　　结

1. 工作分析是分析者采用科学的手段与技术,直接收集、比较、综合有关工作的信息,就工作岗位的状况、基本职责、资格要求等做出规范的描述与说明,为组织特定的发展战略、组织规划,为人力资源管理以及其他管理行为提供基本依据的一种管理活动。系统的工作分析通常依照工作分析公式"6W+H"来进行。

2. 工作分析是人力资源管理的基础,是人力资源管理中其他各模块的基础。工作分析是人力资源管理工作的基础和起点,通过工作分析,能够使管理者和员工了解工作岗位的职责范围和需要完成的任务,明确工作流程,明确组织内上级和下级的隶属关系,为提高工作效率提供保障。

3. 工作分析的程序可分为四个基本阶段:工作分析的时机、工作分析的准备阶段、工作分析的实施阶段、工作分析的结果呈现阶段。工作分析的方法可分为定性方法和定量方法两大类,定性的工作分析方法包括观察法、访谈法、问卷法、关键事件法、工作日志法等,定量的工作分析方法包括职位分析问卷法、功能性工作分析法、管理岗位描述问卷法等。

4. 工作设计是对工作完成方式及完成一项工作所需的任务进行界定的过程,会涉及工作内容、工作职责及工作关系等方面的改革。工作再设计则是指改变某种已有工作中的任务或者改变工作完成方式的过程。工作设计通常采用的方法有机械型、生物型、知觉运动型和激励型等。

5. 工作说明书是工作分析的结果,是指用书面形式来反映有关职位的信息,包含两个方面的内容:第一,反映职位的具体特征,如工作名称、工作目的、工作活动和任务、使用的物品和材料以及工作环境等;第二,规定职位的任职资格,如胜任该职位所要求的技能、学历、经验等。一份完整的工作说明书包括:工作标识、工作概要、工作内容、工作条件和环境、工作者的任职资格要求。工作说明书在编写时需注意内容的完整性、语言的逻辑性、用词的准确性。

复习思考题

1. 简述工作分析在人力资源管理中的作用。
2. 简述工作分析的主要程序。
3. 简述工作分析的方法及其优缺点。
4. 简述工作设计的主要内容及原则。
5. 试述工作说明书的主要内容。
6. 以某公司中的会计员为例，选择工作分析的方法进行工作分析，并编写会计员的工作说明书。

案例讨论

A公司是我国中部省份的一家房地产开发公司。近年来，随着当地经济的迅速增长，房产需求强劲，公司有了飞速的发展，规模持续扩大，逐步发展为一家中型房地产开发公司。随着公司的发展和壮大，员工人数大量增加，众多的组织和人力资源管理问题逐渐凸显出来。

公司现有的组织机构是基于创业时的公司规划，随着业务扩张的需要逐渐扩充而形成的，在运行的过程中，组织与业务上的矛盾已经逐渐显现出来。部门之间、职位之间的职责与权限缺乏明确的界定，扯皮推诿的现象不断发生；有的部门抱怨事情太多，人手不够，任务不能按时、按质、按量完成；有的部门又觉得人员冗杂，人浮于事，效率低下。

公司的人员招聘方面，用人部门给出的招聘标准往往含糊，招聘主管往往无法准确地加以理解，使得招来的人大多差强人意。同时，目前的许多岗位不能做到人事匹配，员工的能力不能得以充分发挥，严重挫伤了员工士气，并影响了工作的效果。公司员工的晋升以前由总经理直接做出，现在公司规模大了，总经理已经几乎没有时间来与基层员工和部门主管打交道，基层员工和部门主管的晋升只能根据部门经理的意见来做出。而在晋升中，上级和下属之间的私人感情成为了决定性的因素，有才干的人往往工作十分努力却并不能获得提升。因此，许多优秀的员工由于看不到自己未来的前途而另谋高就。在激励机制方面，公司缺乏科学的绩效考核和薪酬制度，考核中的主观性和随意性非常严重，员工的报酬不能体现其价值与能力，人力资源部经常可以听到大家对薪酬的抱怨和不满，这也是人才流失的重要原因。

面对这样严重的形势，人力资源部开始着手进行人力资源管理的变革，变革首先从进行职位分析、确定职位价值开始。职位分析、职位评价究竟如何开展，如何抓住职位分析、职位评价过程中的要害点，为公司本次组织变革提供有效的信息支持和基础保证，是摆在A公司面前的重要课题。

首先，他们开始寻找进行职位分析的工具与技术。在阅读了国内目前流行的基本职位分析书籍之后，他们从其中选取了一份职位分析问卷来作为收集职位信息的工具。然后，人力资源部将问卷发放到了各个部门经理手中，同时他们还在公司的内部网上也发了一份关于开展问卷调查的通知，要求各部门配合人力资源部的问卷调查。

据反映,问卷在下发到各部门之后,却一直搁置在各部门经理手中,而没有发下去。很多部门是直到人力资源部开始催收时才把问卷发放到每个人手中。同时,由于大家都很忙,很多人在拿到问卷之后都没有时间仔细思考,草草填写完事。还有很多人在外地出差或者任务缠身,自己无法填写,而由同事代笔。此外,据一些较为重视这次调查的员工反映,大家都不了解这次问卷调查的意图,也不理解问卷中那些生疏的治理术语,何为职责、何为工作目的,许多人对此并不理解。很多人想就疑难问题向人力资源部进行询问,可是也不知道具体该找谁。因此,在回答问卷时大家只能凭借自己个人的理解来进行填写,无法把握填写的规范和标准。

一个星期之后,人力资源部收回了问卷。但他们发现,问卷填写的效果不太理想,有一部分问卷填写不全,一部分问卷答非所问,还有一部分问卷根本没有收上来。辛劳调查的结果却没有发挥它应有的价值。

与此同时,人力资源部也着手选取一些职位进行访谈。但在试着谈了几个职位之后,发现访谈的效果也不好。因为,在人力资源部,能够对部门经理访谈的只有人力资源部经理一人,主管和一般员工都无法与其他部门经理进行沟通。同时,由于经理们都很忙,能够把双方凑在一块,实在不容易。因此,两个星期过去之后,只访谈了两个部门经理。

人力资源部的几位主管负责对经理级以下的人员进行访谈,但在访谈中出现的情况却出乎意料。大部分时间都是被访谈的人在发牢骚,指责公司的管理问题,抱怨自己的待遇不公等。而在谈到与职位分析相关的内容时,被访谈人往往又言辞闪烁,顾左右而言他,似乎对人力资源部这次访谈不太信任。访谈结束之后,访谈人都反映对该职位的熟悉程度还是停留在模糊的阶段。这样持续了两个星期,访谈了大概1/3的职位。人力资源部经理认为时间不能拖延下去了,因此决定开始进入项目的下一个阶段——撰写职位说明书。

可这时,各职位的信息收集却还不完全。怎么办呢?人力资源部在无奈之中,不得不另觅他途。于是,他们通过各种途径从其他公司收集了许多职位说明书,试图以此作为参照,结合问卷和访谈收集到的一些信息来撰写职位说明书。

在撰写阶段,人力资源部还成立了几个小组,每个小组专门负责起草某一部门的职位说明书,并且还要求各组在两个星期内完成任务。在起草职位说明书的过程中,人力资源部的员工都颇感为难,一方面不了解别的部门的工作,问卷和访谈提供的信息不准确,另一方面大家又缺乏写职位说明书的经验,因此,写起来都感觉很费劲。规定的时间快到了,很多人为了交稿,不得不急急忙忙东拼西凑了一些材料,再结合自己的判定,最后成稿。

最后,职位说明书终于出台了。然后,人力资源部将成稿的职位说明书下发到了各部门,同时还下发了一份文件,要求各部门按照新的职位说明书来界定工作范围,并按照其中规定的任职条件来进行人员的招聘、选拔和任用。但这却引起了其他部门的强烈反对,很多直线部门的管理人员甚至公开指责人力资源部,说人力资源部的职位说明书是一堆垃圾文件,完全不符合实际情况。

于是,人力资源部专门与相关部门召开了一次会议来推动职位说明书的应用。人力资源部经理本来想通过这次会议来说服各部门支持这次项目,但结果却恰恰相反,在会上，人力资源部遭到了各部门的一致批评。同时，人力资源部由于对其他部门不了解，对其他部门所提的很多问题也无法进行解释和反驳，因此，会议的最终结论是让人力资源部重新编写职位说明书。后来，经过多次重写与修改，职位说明书始终无法令人满意。最后，职位分析项目不了了之。

人力资源部的员工在经历了这次失败的项目后，对职位分析彻底丧失了信心。他们开始认为，职位分析只不过是"雾里看花，水中望月"的东西，说起来挺好，实际上却没有什么大用，而且认为职位分析只能针对西方国家那些管理先进的大公司，拿到中国的企业来，根本就行不通。原本雄心勃勃的人力资源部经理也变得灰心丧气，但他却一直对这次失败耿耿于怀，对项目失败的原因也是百思不得其解。

那么，职位分析真是他们认为的"雾里看花，水中望月"吗？该公司的职位分析项目为什么会失败呢？

（资料来源：安徽建筑工业学院人力资源研究中心网）

讨论：

1. 该公司为什么决定从职位分析入手来实施变革，这样的决定正确吗？为什么？
2. 在职位分析项目的整个组织与实施过程中，该公司存在着哪些问题？
3. 该公司所采用的职位分析工具和方法主要存在着哪些问题？
4. 如果你是人力资源部新任的主管，让你重新负责该公司的职位分析工作，你要如何去开展？

第三章 人力资源规划

【学习目的与要求】

1. 通过对本章的学习,要求理解并熟悉人力资源规划的含义、内容、意义。
2. 掌握人力资源规划的程序,人力资源供给与需求预测的方法、平衡措施,最终应能够结合组织的实际情况,编制人力资源规划。

【教学重点与难点】

1. 人力资源规划的程序。
2. 人力资源供给与需求预测的方法,特别是马尔科夫转移矩阵法、人员接替模型、比率分析法、技能清单、趋势预测法。

【引导案例】

新天泰的质量困惑

新天泰医疗器械公司的生产副总裁张子枫正在为电子血糖测试仪的质量问题伤脑筋。这款血糖测试仪是新天泰上个月上线的新产品,是新天泰扩大血糖诊疗器械市场份额的重点产品。但是从一个月的小批量生产情况来看,产品的合格率只有90%,这是新天泰所有类似复杂度产品中鲜有的低合格率。在对不合格产品质量分析报告进行深入研究后,张子枫发现:所有不合格产品中,80%以上都是由于测试仪中的某个电子部件出现了问题。

于是,张子枫找到了生产该部件的分厂厂长赵俊。赵俊并没有感到意外,他直言不讳地承认,生产该部件的大多数技术工人都是刚从别的生产线上调过来或者是新招聘进来的,真正有该部件生产经验的只有负责试制的几名员工,而且大多数质量检验员也没能接受良好的培训。赵俊还说,由于技术创新,该部件的生产过程和其他类似部件有很大不同。听赵俊说到这里,张子枫恍然大悟:去年年初公司进行人力资源规划时,的确让自己调查过各生产分厂的人才需求和员工培训的需求,而自己当时没有提出这款测试仪生产方面的人才和培训需求。

事实上,像新天泰这样在制订人力资源规划时,没有充分考虑公司整体战略的需要而导致战略实施过程中产生严重问题的企业不在少数。目前国内的很多企业都已经开始做人力资源规划或者人力资源年度计划,但是大多数企业把人力资源规划仅仅看成是人力资源部的事情,于是人力资源规划就成了人力资源部的规划,最多加上一些其他部门的人才、培训需求的调查和汇总。要杜绝本案例中出现的问题,应当将公司战略与人力资源规划紧密结合起来,根据科学的操作方法形成公司战略规划与人力资源规划的联动机制,为战略实施过程提供充足的人力资源保障。

为成功实施企业战略计划,人力资源的各项职能必须实现内部整合。人力资源管理应发挥核心作用,使人们了解员工的才智和生产力将在组织的未来发挥越来越重要的作用。从本质上讲,企业必须保持人力资源的适当平衡以支持战略实施。一旦启动了战略规划工作,就应开始进行人力资源规划,以帮助战略规划的实施。

(资料来源:尤建峰《新天泰的质量困惑》,载自《职业》,2005年05期)

任何企业的发展都离不开优秀的人才和人力资源的有效配置。企业为了实现自己的目标,在发展的每个阶段都需要拥有与企业发展战略相适应的员工,如何选择适合企业需要的人才,常常会决定企业日后的成长与发展。在如今日益激烈的竞争环境中,企业如何寻找合适的人才、留住人才、培养人才,为组织保持强劲竞争力提供可持续的人才支持,是人力资源管理部门面临的重要任务。因此,适当的人力资源规划具有非常重要的意义,人力资源规划既包括量的要求也包括质的要求,还有结构上的要求。为此,必须重视科学的人力资源规划工作。人力资源规划是各项具体人力资源管理活动的起点和依据,直接影响着企业人力资源的利用效率。

本章着重阐述组织为实现其战略目标应该如何进行人力资源规划与预测。作为组织预测未来的任务和环境的要求以及为完成这些任务和满足这些要求而提供必要人员的过程,人力资源规划是组织发展战略的重要组成部分,也是组织开展各项人力资源管理工作的依据,发挥了统一和协调各项人力资源管理职能的作用。

第一节 人力资源规划概述

一、人力资源规划的含义

人力资源规划(Human Resources Planning,简称HRP)是根据组织在发展变化的环境中,根据自身的战略发展目标与任务的要求科学地分析与预测人力资源的供给与需求,制定必要的策略和措施,以确保组织在需要的时间和需要的岗位上获取需要的人选的过程。人力资源规划的实质是在组织发展方向和经营管理目标既定的前提下,为实现这一目标而进行的人力资源计划管理,它确定企业需要什么样的人力资源来实现企业目标,并采取相应措施来满足这方面的要求。从总体上看,人力资源规划的任务是确保企业在适当的时间获得适当的人员,实现企业人力资源的最佳配置,使组织和员工双方的需要都能得到满足。

有关人力资源规划的含义,可以从以下三个方面理解。

(1) 人力资源规划要在组织发展战略和规划的基础上进行。人力资源管理只是组织经营管理系统的一个子系统,是要为组织经营发展提供人力资源支持的。因此,人力资源规划必须以组织的最高战略为目标,否则人力资源规划将无从谈起。

(2) 人力资源规划应包括两部分的活动:一是对组织在特定时期内的人员供给和需求进行预测,二是根据预测的结果采取相应的措施进行供需平衡。这两部分内容,前者是后者的基础,离开了预测,将无法进行人力资源的平衡;后者则是前者的目的,如果不采取措施平衡供需,进行预测将失去意义。

(3) 人力资源规划对组织人力资源供给和需求的预测要从数量和质量这两个方面来进行。组织对人力资源的需求,数量只是一个方面,更重要的是要保证质量,也就是说,供给和需求不仅要在数量上平衡,还要在结构上匹配,而对于后者,人们往往容易忽视。

通过人力资源规划,能够回答以下几个问题。

(1) 组织在某一特定时期对人力资源的需求是什么,即组织需要多少人员,这些人员的构成和要求是什么。

(2) 组织在相应的时期内能够得到多少人力资源的供给,这些供给必须与需求的层次和类别相对应。

(3) 在这段时期内,组织人力资源供给和需求比较的结果是什么,组织应当通过什么方式来达到人力资源供需的平衡。

上述三个问题形成了人力资源规划的三个基本要素,即人力资源需求、人力资源供给和人力资源供需平衡。这三个要素涵盖了人力资源规划的主要方面,如果能够对这三个问题做出比较明确的回答,那么人力资源规划的主要任务也就完成了。

二、人力资源规划的内容

人力资源规划的内容,也就是它的最终结果。从内容的性质上讲,企业的人力资源规划可以分为战略计划和策略计划。战略计划阐述了人力资源管理的原则和目标,策略计划则重点强调了具体每项工作的实施计划和操作步骤,如表 3-1 所示。

表 3-1 人力资源规划的主要内容

规划项目	主要内容	预算内容
总体规划	人力资源管理的总体目标和总政策	预算总额
人员配备规划	中长期内不同职务、部门或工作类型的人员的分布状况	人员总体规模变化而引起的费用变化
人员补充规划	需要补充人员的岗位、补充人员的数量、对人员的要求	招聘、选拔费用
人员晋升规划	人员晋升政策、晋升时间	职位变化引起的薪酬福利等支出的变化
员工培训规划	培训对象、目的、内容、时间、地点、教员等	培训总投入、脱产人员工资及脱产损失
员工职业发展规划	核心员工的使用和培养方案	(含在上项中)

续 表

规划项目	主要内容	预算内容
绩效与薪酬福利规划	个人及部门的绩效标准、衡量方法、薪酬结构、工资总额、工资关系、福利项目以及绩效与薪酬的对应关系	薪酬福利的变动额
退休解聘规划	退休和返聘政策，解聘程序，离退休和裁撤人员计划	安置费、人员重置费、返聘津贴
劳动关系规划	减少和预防劳动争议，改进劳动关系的目标和措施	诉讼费用及可能的赔偿

（一）总体规划

人力资源总体规划是针对组织的战略目标而来的，指在计划期内人力资源管理的总目标、总策略、实施步骤和总预算安排。

总体规划的工作内容包括以下几项。

（1）分析与评价组织人力资源的供需现状，采取有效措施来保证组织人力资源供需的静态平衡。

（2）根据组织的发展战略和环境变化的趋势，对组织未来人力资源会出现的供需形势进行预测，进行组织人力资源的动态平衡工作。

（3）规划组织人力资源管理程序，内容包括新员工的招聘、使用、培训等活动的具体目标、任务策略、步骤和预算。

（4）确保人力资源总体规划与其他专项规划的相互衔接，同时保证专项规划的内在平衡。

（5）有关人力资源总体规划效益的内容，如降低成本、创造最佳效益，改变员工数量、质量结构，辅助招聘、培训等一系列人力资源策略的实施。

（二）人员配备规划

人员配备规划表示组织中长期内处于不同职务、部门或工作类型的员工的分布状况。组织中各个部门、职位所需要的人员都有一个适合的规模，这个规模是随着组织内外部环境和条件的变化而变化的。配备规划就是要确定这个合适的规模，以及与之对应的员工结构，这是确定组织员工的重要依据。

（三）人员补充规划

由于组织规模扩大、原有员工的退休及离职等种种因素，组织中经常会出现新的或空缺的职位，这就需要组织制定必要的策略和措施，以保证在出现职位空缺时能及时地获得所需要数量和质量的员工，这就是员工补充规划。补充规划用于组织补充可能出现的空缺职位，它极大地改变了企业人力资源结构不合理的状况。补充规划与晋升规划密切相关，因为晋升也是一种补充，只不过是源于组织内部。晋升表现为员工在组织内部由低级职位向高级职位的补充，补充的结果使职位空缺逐级向下推移，直至最低职位产生空缺。这时，内部补充就转化为外部补充。此外，补充规划与培训规划、配备规划也有密切的联系。因此，组织应该用发展的眼光来看待员工的使用和安排，指导规划的制订。

(四) 人员晋升规划

人员晋升规划是根据组织的人员分布状况和层级结构，拟定组织员工的提升政策。晋升规划一般用晋升比率、平均年资、晋升时间等指标来表达。晋升规划是分类制订的，例如，根据职务级别、员工的类别不同，在工作性质、工作稳定性、人员流动等方面都会表现出差异。所以，并不是所有员工的晋升规划都可以用清楚、准确的指标表达出来。在实际工作中，晋升规划的具体表现形式也是多种多样的。

(五) 员工培训规划

培训规划是为组织发展所需要补充的空缺职位而预先准备人员的规划，其目的在于培养人才，对内可以挑选可造之材加以知识及技能的培训，对外则可以吸取社会上少量的在未来非常需要的人才，这样就为组织未来发展所需要的某些职位准备了人才。例如，美国IBM公司对逐级推荐的5 000名有发展前途的人员分别制订培训规划，根据可能产生的职位空缺和该职位空缺可能出现的时间分阶段有目的地培养他们，当职位空缺产生时，人员已培训完毕，可立即进行补充。培训规划与晋升规划、配备规划及职业发展规划有密切的联系，培训的相当一部分工作在晋升之前完成。

(六) 员工职业发展规划

员工职业发展规划包括两个层次，即个人层次的职业规划和组织层次的职业规划。人们对自己的职业发展的设计一般都是经过慎重分析和考虑的，个人层次的职业规划就是个人为自己设计的成长、发展和不断追求满意的计划。而组织层次的职业规划则是组织为了不断地增强其成员的满意度，并使其能与组织的发展和需要统一起来而制订的协调有关组织成员个人的成长、发展与组织的需要的规划。对于素质较好、对组织较重要的人才，组织更是要设法留住他们。为了防止这部分人的流失，组织就要设法使他们在工作中得到成长和发展，满足其实现自我价值的需要。显然，个人的成长需要的满足必须与组织的发展目标相一致。脱离组织需要的个人职业发展，必然会导致人员的流失。因此，组织也要关心员工个人的职业发展规划。

(七) 绩效与薪酬福利规划

绩效与薪酬福利规划的内容包括绩效标准及其衡量方法、薪酬结构、工资总额、工资关系、福利项目以及绩效与薪酬的对应关系等。

(八) 退休解聘规划

企业每年都会有一些人因为达到退休年龄或合同期满、企业不再续聘等原因而离开企业。在经济不景气、人员过剩时，有的企业还常常采取提前退休、买断工龄甚至解聘等特殊手段裁撤冗员。在这些方面，企业都应根据人员状况提前做好规划。退休和解聘规划的目的是降低老龄化程度、降低人力成本、提高劳动生产率。有关的政策是制定退休和返聘制度、制定解聘程序。涉及的预算包括安置费、人员重置费、返聘津贴等。

(九) 劳动关系规划

劳动关系规划即关于如何减少和预防劳动争议，改进劳动关系的规划。劳动关系规划的目标是降低非期望离职率、改进管理关系、减少投诉和不满。劳动关系规划的政策是参与管理的方法、对"合理化建议"奖励的政策、有关团队建设和管理沟通的政策和措施。劳动关系规划的预算包括用于鼓励员工团队活动的费用支持、用于开发管理沟通的费用支出、有关的奖励基金以及法律诉讼费用等。

（十）人力资源预算

以上各方面都或多或少地涉及费用问题，要在制定各项预算的基础上，制定出人力资源的总预算。

上述10个方面是相互关联的，例如，培训开发规划可能会使部分岗位空缺因而需要需求规划，需求规划以配置规划为前提，需求规划的有效执行需要由培训开发规划、薪酬激励规划、劳动关系规划来保证，职业发展规划与培训规划、晋升规划、补充规划相辅相成等。

三、人力资源规划的原则

（一）充分考虑内部、外部环境的变化

任何时候规划都是面向未来的，而未来总是含有多种不确定的因素，包括内部和外部因素。人力资源规划只有充分考虑内外环境的变化，才能适应需要，真正做到为企业发展目标服务。内部变化主要是指销售的变化、开发的变化，或者企业发展战略的变化，还有公司员工流动的变化等；外部变化指社会消费市场的变化、政府有关人力资源政策的变化、人才市场的供需矛盾的变化等。为了能够更好地适应这些变化，在人力资源规划中应该对可能出现的情况做出预测和风险分析，最好能有面对风险的应急策略。

（二）与企业战略目标相适应

人力资源规划作为企业发展规划的重要组成部分，首先要服从企业整体发展目标的需要。虽然人力资源规划的制订范围可以广泛地变动，但是在制订人力资源规划时，不管哪种规划，都必须与企业战略目标相适应，才能保证企业目标与企业资源的协调，保证人力资源规划的准确性和有效性。

（三）使企业和员工都得到利益

人力资源规划不仅是面向企业的规划，也是面向员工的规划。企业的发展和员工的发展是互相依托、互相促进的关系。如果只考虑了企业的发展而忽视了员工的发展，就会有损企业发展目标的达成。在知识经济时代，随着劳动者素质的提高，员工越来越重视自身的职业前途。他们不仅视工作为谋生的手段，而且将其看作是实现自我价值的方式。一项优秀的人力资源规划，一定是能够使企业和员工都得到长期利益的规划，一定是能够使企业和员工共同发展的规划。

（四）系统性原则

合理的人力资源结构不但可以充分发挥个人的能力，而且可以使组织发挥系统的功能，产生"1+1>2"的协同效应。所以人力资源规划要反映出人力资源的结构，让不同种类的人才合理分配，优势互补，实现组织的系统功能。人力资源规划系统性原则体现在知识、能力、性格、年龄的互补性等多个方面。

（五）适度流动性原则

"户枢不蠹、流水不腐"，员工也一样，如果一个企业的员工缺乏正常的流动，则难以实现员工队伍的整体优化，难以改善员工的素质和结构。流动过于频繁，则人心不稳，企业在员工身上的投资难以获得适当的回报；流动率过低，则员工容易懈怠，积极性和创造性就会下降。所以，企业员工必须保持适当的流动性，以保证组织的活力。

（六）确保企业的人力资源保障

人力资源保障是人力资源规划中的核心问题，只有有效地保证了对企业的人力资源供给，才可能去进行更深层次的人力资源管理与开发。因此，在制订人力资源规划时，要进行一系列科学的预测和分析，包括人员的流入、流出预测，人员内部流动预测，社会供给状况分析，人员流动分析等。

四、人力资源规划的作用和分类

（一）人力资源规划的作用

对于企业各项具体的人力资源管理活动而言，人力资源规划不仅具有先导性和全局性，还能不断地自觉调整人力资源策略和措施，指导人力资源活动中的有效进行。具体来说，人力资源规划在企业人力资源管理活动中的作用主要体现在以下几个方面。

1. 人力资源规划是企业发展战略规划的核心内容

人力资源规划是一种战略规划，主要着眼于为未来的企业生产经营活动预先准备人力，持续和系统地分析企业在不断变化的条件下对人力资源的需求，并开发制定出与企业长期效益相适应的人事制度。因此，人力资源规划是企业整体规划和财政预算的有机组成部分，是企业发展战略总规划的核心内容。

2. 确保企业生存发展对人力资源的需求

现代社会变化很快，在日趋激烈的市场竞争大环境中，产品的更新换代速度加快，一项新技术的研究、应用和产业化周期大为缩短，这就意味着企业要不断地采用新技术和新工艺，以提高劳动生产率。从人力资源供给的角度看，企业如果不能事先对内部的人力资源状况进行系统分析，采取有效措施，或挖掘现有员工的潜力，提高他们的素质，或从外部招聘高素质人才，企业势必会面临人力资源短缺的状况。所以，人力资源规划需要做到未雨绸缪。这就要求提前做出相应的人力资源规划，以满足企业的发展需要。

3. 有利于降低人力资源成本

企业的人工成本中最大的支出是工资，而工资总额在很大程度上取决于企业的人员分布状况，即处于不同职务或不同级别的员工的数量构成。就一般情况而言，企业发展初期，低工资的员工相对较多，人力资源成本相对较低；企业进入成熟期后，整体规模相应扩张，人力资源的数量和质量均已提高，人力资源成本必然是"水涨船高"。考虑到市场竞争激烈、通货膨胀加剧等因素，人力资源成本还可能会令企业难以负担。如果不进行人力资源规划或者人力资源规划不切合实际，必然使企业在人力资源成本方面处于被动局面：一是因预算太低，无法满足企业对人力资源数量以及质量的要求；二是因人力资源数量和质量的失衡,在对人力资源成本无法控制的同时,造成人力资源数量和质量的浪费。无论哪种情况出现,都会影响企业的整体利益和战略目标的实现。因此,通过人力资源规划,预测企业员工数量变化和结构变化,并做出相应的调整,进而把人力资源成本维持在相对合理的水平线内,无疑是促进企业可持续发展的不可或缺的部分。

4. 有助于满足员工的需求和调动员工的积极性

人力资源规划不仅是面向企业的规划,也是面向员工的规划。人力资源规划展示了企业内部未来的发展机会,使员工能充分了解自己的哪些需求可以得到满足以及满足的程度。如果员工明确了那些可以实现的个人目标,就会去努力追求,在工作中表现出积极性、主动性、创造性。否则,在前途和利益未知的情况下,员工就会表现出干劲不足,甚至有可能采取跳槽的方法实现自我价值。如果有能力的员工流失过多,就会削弱企业实力,降低士气,从而进一步加速员工流失,使企业的发展陷入恶性循环。许多企业面临着源源不断的员工跳槽,表面上看来这是因为企业无法给员工提供优厚的待遇或者晋升渠道,其实是显示了企业人力资源规划的空白或不足。

5. 提高人力资源利用效率

人力资源规划可以通过控制人员结构和职务结构,来避免企业发展过程中因人力资源浪费产生过高的人力成本,使其一定时期内的人力成本是可预计和确定的。因为通过人力资源规划的预测,可以有效调整人员结构使其尽可能合理化。

(二) 人力资源规划的分类

1. 按照规划时间的长短分类

按照规划时间的长短,可以把人力资源规划分为短期规划、中期规划和长期规划。短期规划是指 1 年或 1 年以内的规划,中期规划是指 3 年至 5 年的规划,长期规划是指 5 年以上的规划。企业应该制订短期规划还是长期规划,取决于企业所面临的不确定性的大小以及经营环境是否稳定。

2. 按照规划内容分类

人力资源规划按照内容可分为两类:总体规划和具体计划。人力资源总体规划指计划期内人力资源管理总目标、总策略、总步骤和总预算的安排;具体计划是总计划的分解,包括职务计划、人员配置计划、人员需求计划、人员供给计划、教育培训计划、职务发展计划、薪酬激励计划等。这些计划都由目标、任务、策略、步骤及预算构成,从不同角度保证人力资源总体规划的实现。

五、人力资源规划与人力资源其他职能的关系

从上面所讲的人力资源规划的内容可以看出,作为人力资源管理的一项重要职能,它与人力资源管理的其他职能之间存在着非常密切的关系,如图 3-1 所示。

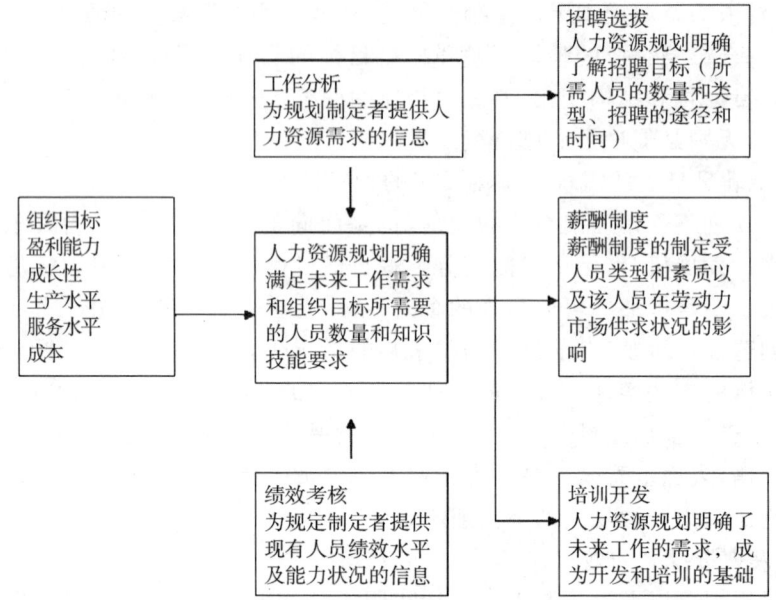

图 3-1　人力资源规划与其他人力资源管理职能的关系

(一) 与组织战略目标的关系

人力资源规划的任务就是确保组织在需要的时候能获得一定数量的具有一定技能要求的员工。因此,人力资源规划必须建立在组织战略目标的基础上,同时要成为组织战略规划的一部分。

(二) 与工作分析和绩效考核的关系

工作分析和绩效考核为人力资源规划的制订提供了信息。通过工作分析,人力资源规划的制订者能够了解现有和未来的工作岗位的设置状况,每个岗位需要的人员数量,以及每个岗位人员应该具有的知识、技能和经验,预测未来组织对人力资源需求的数量和种类。绩效考核可以使规划制订者理解现有员工的能力结构、技能水平是否能够满足组织战略目标的要求。

(三) 与招聘选拔、开发培训和薪酬管理的关系

人力资源规划是组织招聘选拔的基础,它使组织了解哪些位置需要补充员工,补充多少员工,需要员工具有何种技能,所需员工能否从组织内部得到满足,是否需要从组织外部进行招聘;如果在组织内部招聘,现有员工是否需要培训才能适应新的岗位,需要什么培训,培训何时开始,等等。因此,人力资源规划也是组织人员培训和开发的基础,职业生涯规划和培训计划为员工提供了更为广阔的发展空间。如果组织内部现有人员无法满足组织发展的需要,必须通过外部招聘解决,那么薪酬将成为一个关键因素。组织所需的人力资源的数量和类型,以及这类人员在劳动力市场的供给状态都将影响着组织的薪酬制度。只有薪酬具有竞争力,才有可能吸引和雇用到高素质的人员,也才有可能留住现有员工。

六、人力资源规划的程序

人力资源规划的目的是为实现组织目标提供人员保障。在进行人力资源规划时需要按照一定的程序来进行,这一过程如图3-2所示。需要注意的是,战略规划应先于人力资源规划。人力资源规划应包含两项要素:人力资源需求预测和人力资源供给预测。

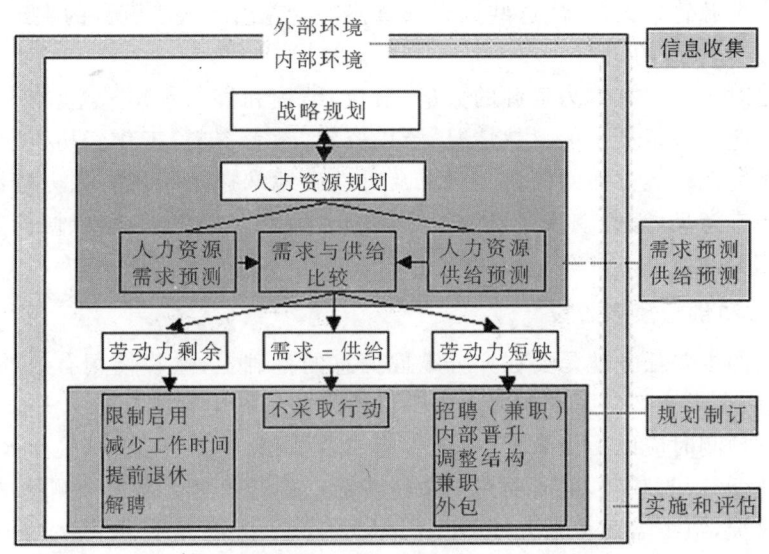

图3-2 人力资源规划过程

通过对人力资源需求和供给预测后,组织可以确定是否会出现员工短缺或过剩。如果预测出现员工过剩,组织必须设法减少员工数量;如果预测出现员工短缺,组织必须从外部获得一定数量和质量的员工,在这种情况下,需要进行外部招聘。

由于组织内外环境的状况变化迅速,人力资源规划必须是一个持续的过程。变化的条件可能影响到整个组织,因此要求对预测进行大量调整。摆在人力资源管理者面前最大的挑战之一,就是确定退休和即将退休的员工离开将对组织造成的影响。总体来说,人力资源规划使管理者能事先预测变化并做出相应的准备,人力资源规划使企业在人力资源管理领域具有一定的灵活性。

由图3-2可以看出,人力资源规划的过程一般包括四个阶段:信息收集阶段、需求和供给预测阶段、规划制订阶段、实施和评估阶段。

(一)信息收集阶段

任何一项规划或计划要想做好,都必须充分地占有相关信息,人力资源规划也不例外。由于影响组织人力资源供给与需求的因素很多,为了能够比较准确地做出预测,就需要收集和调查与之有关的各种信息,这些信息主要包括以下三个方面的内容。

1. 外部环境的信息

这些信息包括两类:一类是经营环境的信息,如社会的政治、经济、文化以及法律环境等,由于人力资源规划同组织的生产经营活动是紧密联系在一起的,因此这些影响组织生产经营的因素都会对人力资源的供给和需求产生作用;另一类是直接影响人力资源供给和需求的信息,如外部劳动力市场的供求状况、政府的职业培训政策、国家的教育政策以及竞争对手的人力资源管理策略等。

2. 内部环境的信息

这些信息也包括两个方面:一是组织环境的信息,如组织发展战略、经营规划、生产技术以及产品结构等;二是管理环境的信息,如组织结构、企业文化、管理风格、管理层次与跨度以及人力资源管理策略等,这些因素都直接决定着组织人力资源的供给和需求。

3. 现有人力资源的信息

这其实是对组织现有人力资源的数量、质量、结构和潜力等绩效"盘点"。根据经验,"盘点"的资料应当包括员工的自然情况、录用资料、教育资料、工作经历、工作业绩记录、工作能力和态度记录等方面的信息。只有及时准确地掌握组织现有人力资源的状况,人力资源规划才有意义,为此就需要借助于完善的人力资源信息系统,以便能够及时更新、修正和提供相关的信息。

(二)需求和供给预测阶段

这一阶段的主要任务就是要在充分掌握信息的基础上,选择使用有效的供给与需求的方法,对组织在未来某一时期的人力资源供给和需求做出预测。

进行需求预测时应以历史数据(如销售量或营业额、生产定额、直接生产人员与间接生产人员的比例等)为基础,同时要对未来经营活动进行预测。需求预测的结果是要了解为实现组织目标,组织需要什么人,需要多少人。

预测组织未来人力资源的供给情况,需要建立在对现有人力资源进行详细分析的基础上,分析目前的组织结构、岗位设置、工作任务的分配以及现有人员的数量、技能、受教育程度和接受的培训等,同时要充分考虑未来一段时期组织规模和结构的变化,以及组织内部可能的人员变动情况,如退休、晋升、调离等。

通过需求预测和供给预测可以掌握组织对人员的实际需要,发现组织中可能存在的人力资源供求不平衡的问题。这种比较既要从组织的整体来进行,了解组织中人员总量的供求情况,也要按部门、岗位或专业进行人员的供求状况分析。

在整个人力资源规划中,供需预测是最为关键的一部分,也是难度最大的一部分,直接决定了规划的成败。只有准确地预测出供给和需求,才能进行比较,制订并实施有效的供需平衡计划。

(三)规划制订阶段

在供给与需求预测出来以后,就要根据两者之间的比较结果,通过人力资源的总体规划和业务规划,制定并实施平衡供需的措施,使组织对人力资源的需求得到正常的满足。人力资源的供需达到平衡是人力资源规划的最终目的,进行供给和需求的预测是为了实现这一目的。至于在每种比较结果下应当制定什么样的具体措施,将在第三节中进行说明。

(四)实施和评估阶段

人力资源规划的价值在于实施,在实施过程中需要对规划进行定期或者不定期的评估。人力资源规划的实施是一个动态的过程,包括对规划的审核、执行、反馈和控制等步骤。

对人力资源规划实施的效果进行评估是整个规划过程的最后一步，由于预测不可能做到完全准确，因此人力资源规划也不是一成不变的，它是一个开放的动态系统。

人力资源规划的评价包括两层含义：一是指在实施过程中，要随时根据内外部环境的变化来修正供给和需求的预测结果，并对平衡供需的措施做出调整；二是指要对预测的结果以及制定的措施进行评估，对预测的准确性和措施的有效性做出衡量，找出其中存在的问题以及有益的经验，为以后的规划提供借鉴和帮助。

【资料阅读】

战略性人力资源规划

Brian Charles 是 Sharpco 制造公司的营销副总裁，他在执行董事的周例会上说："我有个好消息，我们拿到了 Medord 公司的大订单。我们要做的就是在一年内完成这个项目，而不是两年。我跟他们说，我们能做到。"

人力资源部副总裁 Charmagne Powell 想让 Brian 面对现实，她提醒 Brian："你还记得我们开发、共同认可的战略规划吧？我们目前的员工不具备 Medord 公司所要求的特殊规格质量产品的专业技能。按照原定的两年期项目时间表，我们计划逐步对现有员工进行再培训。根据你的时间表，我们就得到劳动力市场中招聘已经具备该流程工作经验的员工。我们需要进一步研究你的建议书。如果我们想在一年内完成项目，人力资源管理成本会大幅度上升。的确，Brian，我们办得到，但考虑到这些条件的限制，这个项目在财务上的价值有多大？"

这个案例表明，Charmagne 对 Brian 的好消息提出质疑，因为 Brian 的好消息没有考虑到公司的人力资源规划具有战略性意义。公司的人力资源规划是战略性人力资源规划，人力资源规划的制订必须依照公司长期战略发展的需要。

（资料来源：中国人力资源培训网）

第二节　人力资源需求预测

一、人力资源需求预测的含义及分类

（一）人力资源需求预测的含义

人力资源需求预测是指在企业发展评估的基础上，对未来一定时期内人力资源状况的假设。人力资源规划的目的是使组织人力资源供需平衡，保证组织长期持续发展和员工个人利益的实现。人力资源需求预测是指企业为实现既定目标而对未来所需员工数量、质量和结构的估算。在预测人力资源需求之前,首先预测公司的产品、服务需求。接下来,依据这些预测确定为满足市场需求而产生的人员需求。对一个生产个人电脑的公司而言,满足产品或服务需求的活动可以表述为预计的生产数量、拜访客户的次数、需要处理的凭单数量或者其他各类活动。例如,每周生产 1 000 台笔记本电脑,按每周工作 40 小时计算,可能需要 10 000 小时的装配工时。10 000 工时除去 40 小时,则企业需要 250 个装配工。

(二) 人力资源需求预测的分类

人力资源需求预测可以分为现实人力资源需求预测、未来人力资源需求预测和未来流失人力资源需求预测。

1. 现实人力资源需求预测

主要包括:根据职务分析的结果来确定职务编制和人员配置;对现有人力资源进行清点;根据以上统计结果与有关职能部门进行讨论,修正结论。

2. 未来人力资源需求预测

主要包括:根据企业发展规划,确定各部门的工作量;根据工作量增长情况,确定需增加的职务和人数,并进行汇总统计,该统计结论即为未来人力资源需求。

3. 未来流失人力资源需求预测

主要包括:对预测期内退休人员进行统计;根据市场变化,对未来可能发生的离职情况进行预测。

将现实人力资源需求、未来人力资源需求和未来流失人力资源需求汇总,即得出企业整体人力资源需求预测。

二、人力资源需求预测的影响因素

影响人力资源需求预测的因素包括以下几个。

(一) 企业的人力资源制度

企业的人力资源制度特别是薪酬制度对内部和外部人力资源的影响很大,如公司的薪酬制度是否处于同行业的领先水平等,这些对内部和外部人力资源的吸引都有重要的决定意义。

(二) 政府的方针政策

政府的方针政策对于人力资源需求预测也有较大的影响。如 2008 年 1 月 1 日起颁布施行的新的劳动法规中,强化了对部分弱势员工的强制保护,法律对年龄较大、再就业困难和可能产生职业危害的劳动者,给予了更加强化的保护。作为企业不能再随便与员工解除合同,这一方面充分体现了新的劳动法规中保护劳动者合法权益的立法宗旨,另一方面企业进行需求分析时还应该考虑政府方针政策的影响。

(三) 劳动力成本的变化趋势

毋庸置疑,随着我国经济的不断发展,劳动力成本呈逐年上升趋势。这对于企业来讲影响很大,企业会最大限度使用内部员工,尽量不对外招聘新员工,这对企业人力资源需求分析会产生影响。

(四) 市场的动态变化

从市场动态看,由于消费者的需求复杂,供求矛盾频繁,加之随着城乡交往、地区间往来的日益频繁,旅游事业的发展,国际交往的增多,人口的流动性越来越大,购买力的流动性、多样性也随之加强,因此,企业要密切关注市场动态,提供适销对路的产品,才能在竞争中立于不败之地。这就要求对企业的人力资源结构进行不断调整,在进行企业人力资源分析时要充分注意市场的变化。

(五) 企业的发展阶段

根据企业发展生命周期中的不同阶段,在对人力资源进行预测的时候要考虑不同的策略和不同的要求,同时也要考虑在不同的阶段可能影响人力资源的不同因素。可以说,在企业生命周期的各个阶段,企业的人力资源供需始终处在不同的状态,也就是说供需平衡的状况是很少的,而供需的矛盾却是经常的。如在企业的稳定发展阶段,由于内部存在着退休、离职、晋升等问题,内部冗员开始增多,人力资源需求严重不足,这个时期需要做好人力资源的需求分析工作,以确保这些冗员的安置,从而能够保障企业渡过难关。

(六) 其他因素

除上述因素外,社会安全福利保障、工作时间的变化、追加培训的需求等因素也应该考虑。

三、人力资源需求预测的步骤

企业人力资源需求预测,是一个从收集信息和分析问题到找出问题解决办法并加以实施的过程。这一过程大致包括如下环节。

(1) 根据职务分析的结果,来确定职务编制和人员配置。职务分析包括工作分析和工作评价两部分内容,即借助于一定的分析手段,确定工作的性质、结构、要求等基本因素的活动,然后根据工作分析的结果,按照一定标准,对工作的性质、强度、责任、复杂性及所需资格条件等因素的程度差异进行综合评价,用以确定企业各部门的人员编制及具体要求。

(2) 进行人力资源盘点,统计出人员的缺编、超编及是否符合职务资格要求。人力资源盘点包括:统计现有人员的数量、质量、结构以及人员分布情况。企业应当弄清楚这些情况,为人力资源规划工作做好准备。这项工作要求企业建立人力资源信息系统,详细记载企业员工的各种信息,如个人自然情况、录用资料、工资、工作执行情况、职务和离职记录、工作态度和绩效表现等。只有这样,才能对企业人员情况全面了解,才能准确地进行企业人力资源规划。

(3) 将上述统计结论与部门管理者进行讨论,修正统计结论。该统计结论为现实人力资源需求。

(4) 根据企业发展规划,确定各部门的工作量。

(5) 根据工作量的增长情况,确定各部门还需增加的职务及人数,并进行汇总统计。

该统计结论为未来人力资源需求。

（6）对预测期内退休的人员进行统计。

（7）根据历史数据，对未来可能发生的离职情况进行预测。

（8）将（6）、（7）的统计和预测结果进行汇总，得出未来流失人力资源需求。

（9）将现实人力资源需求、未来人力资源需求和未来流失人力资源需求汇总，即得企业整体人力资源需求预测。

四、人力资源需求预测方法

经济全球化及信息技术的飞速发展，使得当今企业面临的内外部环境日趋复杂。如今，企业在进行人力资源需求的预测时，考虑的往往不是单个因素的影响，而是多种因素的共同作用和相互影响。因此，将人力资源需求预测方法总体上分为定性和定量两大类，下面介绍几种常用的分析方法。

（一）管理评价法

管理评价法是预测企业人力资源需求最常用的一种主观预测法。它是由高层管理者、部门经理和人力资源管理部门员工等人一起预测和判断企业在某段时间对人力资源的需求。管理评价法可分为下级估计法和上级估计法两种。下级估计法是首先由基层管理人员根据其生产能力、员工流动等情况预测人员需求，然后向上级主管部门汇报。上级估计法是由高层管理者根据组织发展目标和发展战略以及经营环境的变化预测人员需求。利用管理评价法预测人员需求的主要依据是企业的目标、生产规模、生产需求、销售或者服务规模、人员配置及流动性等。这种方法的主要缺点是：具有较强的主观性，受判断依据以及判断者经验的影响较大。该方法通常用于中短期预测，并且在预测中将下级估计法和上级估计法结合起来运用。

（二）德尔菲法

德尔菲法是在20世纪40年代由赫尔姆和达尔克首创，经过戈尔登和美国兰德公司进一步发展而形成的。1946年，兰德公司首次用这种方法来进行预测，后来该方法被广泛迅速采用，它适合于对人力资源需求的中长期趋势预测。德尔菲法又称集体预测法，它依据系统的程序，采用匿名发表意见的方式，即专家之间不得互相讨论，不得发生横向联系，对多轮次调查专家对问卷所提问题的看法进行反复归纳、征询、修改，最后汇总成专家基本一致的看法，作为预测的结果，如图3-3所示。这种方法具有广泛的代表性，较为可靠。

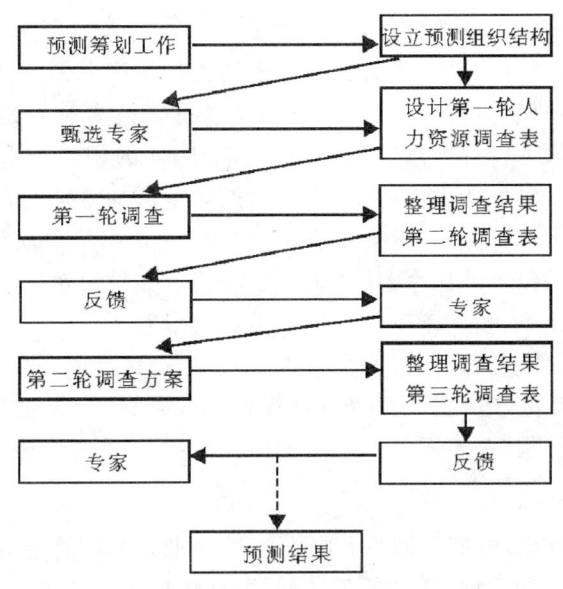

图 3-3 德尔菲法

德尔菲法一般采用问卷调查的形式，具体操作过程可分为以下几步。首先，在企业内外广泛选择各个方面的专家，人力资源管理部门要通过对企业战略定位的审视，确定关键的预测方向、相关变量和难点，然后使用匿名填写问卷等方法，设计一套可以使各位专家自由表达自己观点的预测工具系统。其次，人力资源部门需要在每一轮预测后，将专家提出的意见进行归纳，并将综合结果反馈给他们，然后再进行下一轮预测。最后，通过多次反复以达到在重大问题上取得较为一致的意见和看法。在预测过程中，人力资源部门应该为专家们提供充足的信息，以便专家能够做出正确的判断。另外，所提出的问题应尽可能简单，以保证所有专家能够从相同的角度理解相关的概念。德尔菲法的优点是能充分发挥各位专家的作用，集思广益，准确性高；能把各位专家的分歧点表达出来，取各家之长，避各家之短；能够使专家独立地表达自己的意见，不受其他人的干扰。缺点是过程比较复杂，花费时间较长。

（三）零基预测法

零基预测方法以组织现有员工数量为基础来预测未来对员工的需求。而实际上人力资源规划也是采取同样的步骤进行零基预测，每年每项预测都要据此重新加以调整。如果一位员工退休、被解雇或出于某种原因离开公司，这个位置不会自动补充人。公司必须进行分析，以确定是否有必要补充人。当需要设立新职位时，也要进行同样的分析。零基预测的关键是要对人力资源需求进行详尽分析。通常，企业不会对职位进行人员补充，工作会被分配给现有员工。

（四）转换比率分析法

人力资源需求分析是要揭示未来经营活动所需要的各种员工的数量。转换比率分析法的目的是将企业的业务量转化为人力资源的需求，是一种适合于短期需求预测的方法。

转换比率分析法的具体操作过程如下：首先估计组织中关键岗位所需的员工数量，然后根据这一数量估计辅助人员的数量,从而加总出企业的人力资源总需求。企业经营活动规模的估计方法是:经营收益=人力资源数量×人均生产。例如,销售收入=销售人员数量×人均销售额。在使用这种方法将企业的业务量转换为对人力资源的需求量时,实际上是以组织过去的人力资源需求数量同某个影响因素的相互关系为依据,对未来的人力资源需求进行预测。以一所大学为例,当学生的数量增加一定的百分比时,教员的数量也需要相应地增加一定的百分比,否则难以保证学校的学生培养质量。类似的还有根据过去销售额与销售人员数量的比率,预测未来的销售业务量对销售人员的需求;再根据销售人员对文秘人员的比率,预测未来的文秘人员需要量等。

应该注意的是,这种预测方法有两个特点:一是进行估计时需要对计划期内的业务增长量、目前人均业务量、生产率增长率等进行较精确的估计;二是这种预测方法只考虑员工需求的总量,没有说明其中不同类别人员的情况。

(五)经验预测法

经验预测法是根据以往的经验进行预测,有些企业常采用这种方法做预测。例如,企业认为车间里一个管理者管理10个员工最佳,因此依据将来生产员工增加数就可以预测管理者的需求量。又如,依照经验一个员工每天可以加工10件上衣,则若要扩大生产规模即可按产量(如上衣件数)计算出员工的需求量。运用这种方法,还可以计算出有关方面的预报数。这种方法的优点是简便易行,通常用于普通的工作岗位,缺点是不够准确。

(六)回归分析法

回归分析法是数理统计学中的方法,比较常用,它是处理变量之间相互关系的一种统计方法。回归分析法是从过去情况推断未来变化的定量分析方法。最简单的回归分析是趋势分析,即根据企业或企业中各个部门过去的员工数量变动状况,对未来的人力资源需求变动做出预测。简单的回归分析是把过去趋势直接导向未来,这实际上是以时间因素作为唯一解释变量,没有考虑未来时间变化中其他相关因素对趋势的影响,因此比较简单。在实际工作中,一般不会使用这种回归分析法。

较为实用的回归分析法是计量模型分析法。它的基本思路是:首先找出对组织中劳动力需求影响最大、最直接的一种变化的规律,并考虑业务规模变动和劳动生产率变化对它的影响;再根据这种趋势对未来的人力资源需求进行预测;最后用预测的需求数量减去供给的预测数量,就是人力资源净需求的预测量。

(七)描述法

描述法是人力资源规划人员通过对本企业组织在未来某一时期的有关因素的变化进行描述或假设,并从描述、假设、分析和综合中对将来人力资源的需求进行预测规划。由于这是假定性的描述,因此人力资源需求就有几种备选方案,目的是适应和应付环境与因素的变化。例如,对某一企业今后三年情况的变化的描述或假设有以下几种可能性。

(1) 同类产品可能稳定地增长,同行业中没有新的竞争对手出现,在同行业中技术上也没有新的突破。

(2) 同行业中出现了几个新的竞争对手,同行业中技术方面也有较大的突破。

(3) 同类产品可能会跌入低谷、物价暴跌、市场疲软、生产停滞,但同行业中技术方面可能会有新的突破。

企业可以根据上述不同的描述和假设的情况预测和制订出相应的人力资源需求备选方案。但是,这种方法由于是建立在对未来状况的描述、假设的基础上,而未来具有很大的不确定性,时间跨度越长,对环境变化的各种不确定性就越难以进行描述和假设,因此,对于长期的预测有一定的困难。

(八) 计算机模拟预测法

计算机模拟预测法是人力资源需求预测中最为复杂的一种方法。这是在计算机中运用数学模型,并按照情景描述法中假定的几种情况对人力资源需求进行模拟测试,它能综合考虑各种因素对企业人员需求的影响,对组织可能面临的外部环境的变化及自身的复杂动态进行分析,并通过这种分析确定人力资源需求的预测方案。当然,也可以使用这种方法对某一种情况的几种备选方案进行模拟测试,以选择一种最佳方案,也就是说可以用于评估人力资源策略和项目。随着计算机技术的飞速发展,人力资源管理信息化趋势日益明显,运用计算机技术来完成人力资源的需求预测,在很大程度上依靠计算机强大的数据处理能力。一些企业已经在组织内部开发出了完善的人力资源信息系统,使用IT技术辅助人力资源管理,将人力资源部门和直接部门所需信息集中在一起,建立综合的计算机预测系统。

第三节 人力资源供给预测

一、人力资源供给预测的含义

人力资源需求预测要确定公司为达成目标,在未来某个时间可能需要的员工数量、技能及所在的工作地点。而人力资源供给预测,是为了确定公司能否获得具备所需技能的员工,及这些员工的来源过程。人力资源供给预测有助于显示所需的员工是来自公司内部、外部,还是都需考虑。另一种可能性是当前可用的员工在短期内无法具备所需技能。例如,位于沿海的一家大型制造公司下属的一个新工厂准备开工,分析者们曾认为市场对其新产品的需求是长期的、大量的。资金已经到位,设备也已经就绪,可两年过去了,工厂还没有开工。其管理者犯了一个关键性错误:他们研究了人力资源需求,但没有分析人力资源供给,在当地劳动力市场上没有开办新工厂所需的足够数量的合格工人。在开始新工作之前,工人们不得不接受全面培训。因此,只有进行人力资源供给预测,并把它与人员需求相比之后,才能制订各种具体的规划。人力资源供给预测需要从组织内部和组织外部两方面进行。在供给分析中,首先要考察组织现有的人力资源存量,然后在假定人力资源策略不变的前提下,结合企业内外条件,对未来的人力资源供给数量进行预测。

二、人力资源供给预测的步骤

人力资源供给预测的步骤如下。
(1) 进行人力资源盘点,了解企业员工现状。
(2) 分析企业的职务调整政策和历史员工调整数据,统计出员工调整的比例。
(3) 向各部门的人事决策者了解可能出现的人事调整情况。
(4) 将(2)、(3)的情况汇总,得出企业内部人力资源供给预测。
(5) 分析影响外部人力资源供给的地域性因素。
(6) 分析影响外部人力资源供给的全国性因素。
(7) 根据(5)、(6)的分析,得出企业外部人力资源供给预测。
(8) 将企业内部人力资源供给预测和企业外部人力资源供给预测汇总,得出企业人力资源供给预测。

三、人力资源供给预测的方法

(一) 内部供给预测方法

企业内部人力资源供给预测是企业满足未来人力资源新需求的基础,是人力资源的内部来源。内部供给分析的思路是:首先确定各个工作岗位上现有员工的数量,然后估计下一个时期在每个工作岗位可能留存的员工数量。这就需要估计有多少员工将会调离原来的岗位或离开组织。由于实际情况比较复杂,如组织的职位安排会发生变化等,因此在进行预测时,需要依照管理人员的主观判断加以修正。常用的内部供给预测方法有以下几种。

1. 技能清单

技能清单是用来反映员工工作能力特征的列表,这些特征包括培训背景、以前的经历、特有的证书、通过的考试、主要的能力评价等。技能清单是对员工竞争力的反映,可以帮助人力资源规划工作者估计现有员工调换工作岗位的可能性,决定哪些员工可以补充企业未来的职位空缺。人力资源规划不仅要保证为组织中空缺的工作岗位提供相应数量的员工,还要保证每个空缺都由合适的人员补充,因此,有必要建立员工的工作能力记录,其中包括基层操作员工的技能和管理人员的能力,包括这些技能和能力的种类及所达到的水平,如表3-2所示。

技能清单可以用于晋升人选的确定、管理人员接替计划的制订,以及对特殊项目的人员分配、调动、培训、工资奖励、职业生涯规划和组织结构分析等。员工调动频繁的企业,经常组建临时性团队或项目组的企业,其技能清单应包括所有骨干员工。而那些主要强调管理人员接替计划的企业,技能清单可以只包括管理人员。

表 3-2 技能清单示例

姓名		部门		职位		填表日期	
工作职称		出生年月		婚姻状况		到职日期	
教育背景	类别	学校		毕业日期		主修课程	
	高中						
	大学						
	硕士						
	博士						
技能	技能种类				所获证书		
训练背景	训练主题		训练机构			训练时间	
志向	你是否愿意担任其他类型的工作?				是		否
	你是否愿意到其他部门去工作?				是		否
	你是否愿意接受工作轮换以丰富工作经验?				是		否
	如有可能,你愿意承担哪种工作?						
你认为自己需要接受的训练是		改善目前的技能和绩效					
		晋升所需要的经验和能力					
你认为自己现在可以接受的工作指派是							

2. 管理人员接替计划

管理人员接替计划是指在关键的管理职位出现空缺时,确保有合格的员工足以担任该职位工作的过程。接替计划关系到关键管理人员的突然死亡、辞职、终止合同或常规退休。其目标是确保平稳过渡和运作效率。它记录各个管理人员的绩效、晋升的可能性和所需的训练等内容,由此决定有哪些人员可以补充企业的重要职位空缺,如图 3-4 所示。制订这一计划的过程是:对管理人员的状况进行调查、评估后,列出未来可能的管理人员人选。该方法被认为是把人力资源规划和企业战略结合起来的一种较好的方法。管理人员接替计划主要涉及的内容是:对管理者总的评价;主要管理人员的现有绩效和潜力,发展计划中所有接替人员的现有绩效和潜力;其他关键职位上的现职人员的绩效、潜力及对其评定意见。

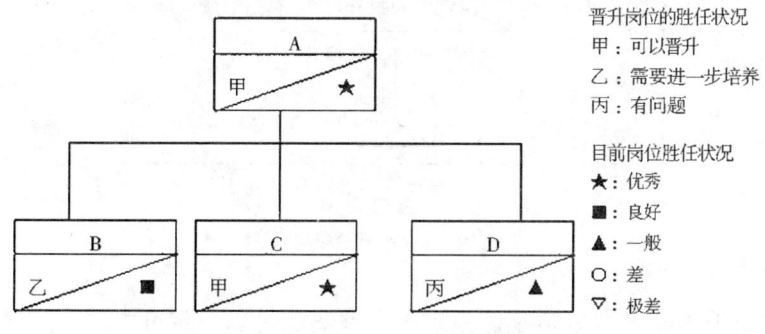

图 3-4 管理人员接替计划

3. 人力资源接续计划

人力资源接续计划是对组织现有人力资源以及人员的流入、流出状况进行调查，指出组织内部每一职位的内部供应源和供应数量。具体来说，就是根据工作分析结果、人员流动状况、人员分布状况及其绩效评估资料，为组织内部人力资源供给提供参考。对组织内部人力资源供给数量的预测公式为

未来的供给量＝现有的人员数量＋流入的人员数量－流出的人员数量。

人力资源接续计划的关键是根据工作分析信息明确工作岗位对员工的具体要求，然后确定一位显然可以达到这一工作要求的候选员工，或者确定哪位员工具有潜力可以经过培训后胜任这一工作。对于组织中各个工作岗位上普通员工的供给预测，可以使用下面的方法来确定某一具体工作岗位上的内部人力资源供给，如图3-5所示。

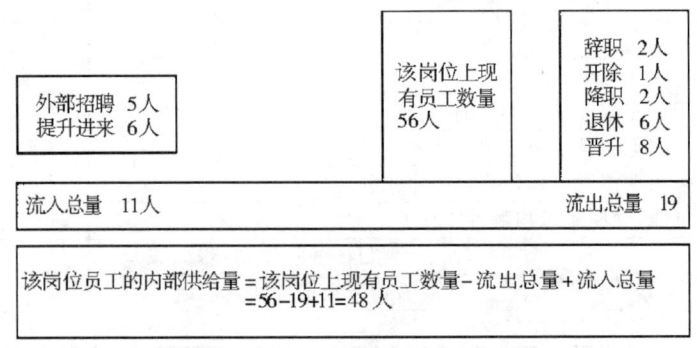

图 3-5 具体工作岗位内部人力资源供给

如果用横轴来代表时间（年份），用纵轴来代表职位的级别，然后将组织中各个工作岗位采用上述方法得到的分析综合在一起，就可以得到一个人员接续预测模型。图3-6是一个年份与一个职位级别交叉点上的情况。

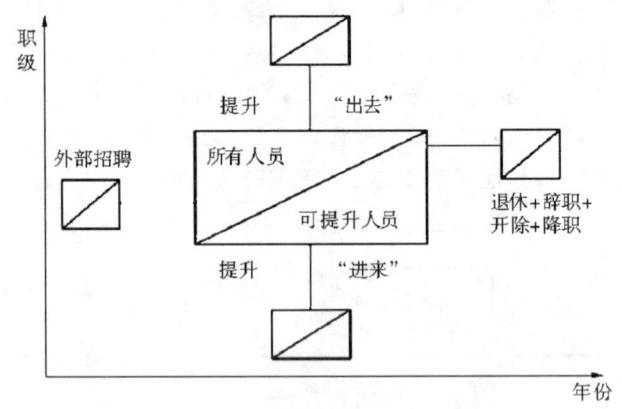

图 3-6 人力资源接替模型

4. 马尔可夫预测法

马尔可夫是俄国著名的数学家。马尔可夫预测法是以马尔可夫的名字命名的一种特殊的市场预测方法。马尔可夫预测法主要用于市场占有率的预测和销售期望利润的预测。运用马尔可夫预测法，离不开转移概率和转移概率的矩阵。事物状态的转变也就是

事物状态的转移。事物状态的转移是随机的。例如,本月份企业产品是畅销的,下个月产品是继续畅销或是滞销,是企业无法确定的,是随机的。由于事物状态转移是随机的,因此,必须用概率来描述事物状态转移的可能性大小,这就是转移概率。那么在人力资源供给预测中,我们也可以用这种方法来进行预测。

例如,表3-3表明,在一年里,平均80%的高层领导者仍留在公司,而有20%流出;在一年里,大约65%的会计师仍留在原工作岗位,15%被提升为高级会计师,另有20%离职。用这些历年数据来代表每一工作中人员变动的概率,就可以推测出未来的人员变动(供给量)情况。将计划初期每一种工作的人员数量与每一种工作的人员变动概率相乘,然后纵向相加,即得到组织内部未来劳动力的净供给量,如表3-4所示。

表3-3 某企业人力资源供给状况的马尔可夫分析(一)

	人员调动的概率				
	E	M	S	Y	离职
高层领导(E)	0.80				0.20
中层领导(M)	0.10	0.70			0.20
高级会计师(S)		0.05	0.80	0.05	0.10
会计师(Y)			0.15	0.65	0.20

表3-4 某企业人力资源供给状况的马尔可夫分析(二)

	初期人员数量	E	M	S	Y	离职
高层领导(E)	40	32				8
中层领导(M)	80	8	56			16
高级会计师(S)	120		6	96	6	12
会计师(Y)	160			24	104	32
预计的人员供给量		40	62	120	110	68

从表3-4可以了解到,如果一个时期和另一个时期相同,可以预计下一时期将有同样数量的高层领导者40人,以及同样数量的高级会计师120人,但中层领导者将减少18人,会计师将减少50人。这些人员变动的数据与正常的人员扩大、缩减或维持不变的计划相结合,就可以用来决策怎样使预计的劳动力供给与需求相匹配。

马尔可夫法在GM、IBM、AT&T等公司都已经得到了广泛的应用。显然,转移矩阵中的概率与预测期的实际情况可能有差距,因此使用这种方法得到的内部劳动力供给预测的结果也就可能会不景气。所以,在实际应用中,一般采取弹性化的方法,即估计出几种概率矩阵,然后得出几种预测结果。转移矩阵的最大价值就在于它为组织提供了一种理解劳动力流动形式的分析框架。

(二)外部供给预测方法

当企业内部的人力资源供给无法满足需要时,企业就要分析企业外部的人力资源供给情况。一般说来,进行外部供给预测,应考虑以下几个方面的因素。

1. 宏观经济形势和失业预期的影响

主要了解劳动力市场供给情况,判断预期失业率。一般说来,失业率越低,劳动力供给越紧张,招聘员工越困难;失业率越高,劳动力供给越充足,招聘员工越容易。相关数据可以参考各类统计资料和公开出版物。

2. 地域性因素

地域性因素包括企业所在地的人力资源整体现状、企业所在地的有效人力资源的供求现状、企业所在地对人才的吸引程度、企业薪酬对所在地人才的吸引程度、企业能够提供的各种福利对当地人才的吸引程度、企业本身对当地人才的吸引程度等。外部供给是企业在劳动力市场采取的吸引活动引起的,所以,外部供给分析也需要研究企业可能吸引的潜在员工的数量、能力等因素。企业可以根据过去的招聘与录用经验,了解那些有可能进入组织的人员状况,以及这些潜在员工的工作能力、经验、性别和成本等方面的特征,从而把握他们能够承担组织中的哪些工作。

3. 劳动力市场状况的影响

劳动力市场是人力资源外部供给预测的一个重要因素。据此可以了解招聘某种专业人员的潜在可能性。有些机构定期为企业进行外部劳动力市场条件的预测和劳动力供给的估计。劳动力市场对企业人力资源外部供给预测有十分重要的影响,主要涉及以下几个方面:劳动力供应的数量,劳动力供应的质量,劳动力对职业的选择,当地经济发展的现状与前景,为员工提供的工作岗位数量与层次,为员工提供的工作地点、工资、福利,等等。这种分析的主要意义在于为企业提供一个研究新员工的来源和他们进入企业的方式的分析框架。

4. 国家政策法规的影响

国家政策法规,特别是国家的教育政策、产业政策、人力资源政策等,对人力资源供给的影响很大。对于一个国家来说,为了及时有效地供给人力资源,要从政策环境运行机制上努力培育劳动力和人才市场,完善劳动力和人才市场体系,健全各种必需的法律和法规,充分发挥劳动力和人才市场对人力资源的有效配置作用。

5. 科学技术的发展

科学技术的发展,特别是互联网技术和电脑技术的迅速发展,对人力资源的外部供给产生很大影响。比如,掌握高科技的白领员工需求量增加,以前需要大量蓝领员工的纺织业、冶金业正在不断更新、裁员,而信息技术产业、电子工业、生物工程、材料工业等领域则需要大量白领员工;随着办公室自动化的普及,中层管理人员大规模削减,而有创造力的人员却更显珍贵;科学技术的发展使人们从事生产的时间越来越少,闲暇时间越来越多,因此服务行业的劳动力需求量越来越大。

四、人力资源供求平衡方法

在人力资源供需预测的动态之中,产生了人力资源供求的平衡问题。人力资源供求平衡不仅包括供求在数量上的大致相等,还包括供求在员工的质量、多元化及成本水平上的协调。这时就需要考虑哪一方面的差距是关键缺口,并依此建立弥补的方式和平衡的目标。实际上,在经营过程中,企业始终处于人力资源的供求失衡状态。在企业发展时期,企业人力资源需求旺盛,人力资源供给不足,人力资源部门用大部分时间进行人员的招聘和选拔;在企业稳定时期,企业人力资源表面上可能稳定,但实际上仍然存在着退休、离职、晋升、降职、补充空缺、不胜任岗位、职务调整等情况,即处在结构性失衡状态;在企业停滞时期,人力资源需求过剩,人力资源管理部门要制定退休、裁员、下岗等制度。总之,在企业的整个发展过程中,企业的人力资源供求都不可能自然处于平衡状态。人力资源管理部门的重要工作之一就是进行人力资源动态管理,使企业的人力资源供求不断取得平衡。只有这样,才能有效地提高人力资源利用率,降低人力资源成本,进而提高组织的整体效益,最终实现组织的目标。

(一) 人力资源需求大于供给时的解决方案

当人力资源供需预测表明需求大于供给,呈现出供不应求的情况时,组织内部出现空缺职位,组织可以采取以下方法来平衡供求。

1. 充分有效地利用现有员工

充分有效地利用现有员工是解决组织人力资源不足最常采用的方法。当组织出现人力资源短缺时,特别是结构性短缺时,可以考虑将员工从人员过剩的岗位转换到人员短缺的岗位。这种做法面临的问题是有些员工缺乏新岗位所需的技能,无法胜任新的工作,这就需要通过员工培训使员工掌握新技能,适应新工作。

另外,还可以通过改进工作方法和工作程序,制定一系列的激励策略,或者改善员工的工作技能等途径提高员工的工作效率。

如果人力资源的短缺矛盾并不十分突出,那么可以通过适当增加工作时间的办法加以解决。

2. 增加雇用,补充人力资源不足

如果组织存在总量上的人力资源短缺,无法通过组织内部员工轮换来解决,或者现有人员的知识、技能都无法适应新业务发展的需要,那么就必须通过外部招聘增加雇用来解决。采取增加雇用的方法补充人力资源的不足,关键是要对劳动力市场人力资源的供给情况有准确的了解。

3. 减少对人力资源的需求

当组织由于突然间得到一个大订单无法在短时期内招聘到合适的员工,或者雇用成本很高时,可以通过将生产任务转包给其他组织,或通过增加设备利用机器代替人工劳动等途径,减少组织对人力资源的需求。

避免人力资源短缺的各种方法的效果是不同的,如表 3-5 所示。

表 3-5 避免人力资源短缺的方法比较

序号	方法	解决速度	可撤回的程度
1	加班	快	高
2	临时雇用	快	高
3	外包	快	高
4	培训后换岗	慢	高

续 表

序号	方法	解决速度	可撤回的程度
5	减少流动数量	慢	中等
6	外部雇用新人	慢	低
7	技术创新	慢	低

(二) 人力资源供给过剩时的解决方案

当人力资源供给大于需求时,可以采取以下方法进行平衡。

1. 限制雇用

采取限制雇用措施实际上是通过自然减员的方式减少人力资源的供给量。一般情况下,当员工因退休、调离的原因离开岗位时,该岗位不再被补充。只有当空缺的岗位会影响到整个组织时,才需要补充该空缺岗位。

2. 减少工作时间

减少工作时间也是解决人力资源过剩的一种方法。但是,这种方法更适合于计时工资制的工人。通过减少工作时间调节人员过剩,降低成本。

3. 鼓励提前退休

许多企业通过提前退休的优惠政策,鼓励那些接近退休年龄的员工提前退休,以此减轻企业人力资源的过剩压力。但是,这种方法也存在一些问题,一是成本高,二是会有一些企业还需要的员工也离开了企业。

4. 减少工资或限制工资增长

在很多情况下,裁员或减员会引起员工和工会的反对,甚至会在全体员工中产生不必要的恐慌。企业可以通过限制工资增幅或者适当减少工资的办法来降低人工成本,提高市场竞争力。

5. 工作轮换或工作分享

组织有时通过工作轮换或工作分享来减少组织内部人力资源过剩的问题,这种方法尤其适用于组织调整或组织内部结构性过剩,通过这种办法,既可以解决组织内部人力资源过剩和人力资源短缺的问题,又可以使员工获得更多的技能。

6. 裁员

裁员无论对管理者还是对员工来说,都是一次痛苦的经历,所以组织应尽量避免通过裁员解决组织人力资源过剩的问题。然而,有些时候组织为了应付强大的市场压力,为了求得良好的发展,不得不进行裁员。

裁员会产生许多问题:会导致关键性人才和技术的流失,公司可能失去那些最能焕发企业员工竞争活力的员工;会使留职员工士气低落;实施过裁员的公司,其中大多数最后又不得不重新聘请原来的员工作为顾问,除了直接的雇用成本外,为了替代流失的关键人才的成本花费也很惊人。

由于组织人力资源供给和需求的不平衡,不可能是单一的人力资源短缺的调节和人力资源过剩的调节,二者往往会相互交织在一起,出现某些部门或某些职位的人力资源短缺,而其他部门或其他职位的人力资源过剩。例如,关键职位人力资源短缺,但普通职位的人力资源过剩。因此,组织在采取平衡供需的措施时,应当从实际出发,综合运用这些方法,使人力资源的供给和需求在数量、质量以及结构上都达到平衡匹配的状态。

第四节 人力资源规划的编制

由于组织的具体情况不同,所以编写人力资源规划的步骤也不尽相同。下面是编写人力资源规划的典型步骤,具体编写时可根据企业的实际情况进行裁减。

(一) 制订职务编制计划

企业发展过程中,除原有的职务外,还会逐渐有新的职务诞生,因此,在编制人力资源规划时,不能忽视职务计划。编制职务计划要充分做好职务分析工作,根据企业的发展规划,综合职务分析报告的内容,详细陈述企业的组织结构、职务设置、职位描述和职务资格要求等内容,为企业描述未来的组织职能规模和模式。

(二) 制订人员配置计划

根据企业的发展规划,结合企业各部门的人力资源需求报告进行盘点,确定人力资源需求的大致情况。结合企业现有人员及职务人员,职务可能出现的变动情况,职务的空缺数量等,掌握企业整体的人员配置情况,编制相应的配置计划。

(三) 预测人员需求

根据职务编制计划和人员配置计划,使用预测方法来进行人员需求预测。人员需求预测中应阐明需求的职务名称、人员数量、希望到岗时间等,最好形成一个标明有员工数量、招聘成本、技能要求、工作类别,以及为完成组织目标所需的管理人员数量和层次的分列表。实际上,预测人员需求是整个人力资源规划中最困难和最重要的部分。因为它要求以富有创造性、高度参与性的方法处理未来经营和技术上的不确定性问题。

(四) 确定人员供给计划

人员供给计划是人员需求的对策性计划,主要阐述了人员供给的方式(外部招聘、内部招聘等)、人员内部流动管理办法、人员外部流动管理办法、人员获取途径和获取实施计划等。通过分析劳动力过去的人数、组织结构和构成以及人员流动、年龄变化和录用等资料,就可以预测出未来某个特定时刻的供给情况。预测结果勾画出了组织现有人力资源状况以及未来在流动、退休、淘汰、升职及其他相关方面的发展变化情况。

(五) 制订培训计划

为了提升企业现有员工的素质,适应企业发展的需要,对员工进行培训是非常重要的。培训计划中包括了培训方案、培训需求、培训内容、培训形式及培训考核。

(六) 制订人力资源管理制度调整计划

该计划中要明确阐述人力资源政策调整的原因、调整步骤和调整范围等。人力资源调整的内容牵涉面很广,包括招聘方案调整、绩效考核制度调整、薪酬和福利制度调整、激励制度调整、员工管理制度调整等。人力资源管理制度调整计划是编制人力资源规划的先决条件,只有制订好相应的管理制度调整计划,才能更好地实施人力资源调整,实现调整的目的。

(七)编写人力资源部的费用预算

费用预算包括招聘费用、员工费用、工资费用、劳保福利费用等。有详细的费用预算,让公司决策层知道本部门的每一笔钱花在什么地方,才更容易得到相应的支持。

(八)关键任务的风险分析及对策

每个企业在人力资源管理中都可能遇到风险,如招聘失败、新决策引起员工不满等,这些事件很可能会影响公司的正常运转,甚至会对公司造成致命的打击。风险分析就是通过风险识别、风险估计、风险驾驭、风险监控等一系列活动来防范风险的发生。

人力资源规划编写完毕后,应先积极地与各部门经理进行沟通,根据沟通的结果进行修改,最后再提交公司决策层审议通过。

小　结

1. 人力资源规划(HRP)是根据组织在发展变化的环境中,根据自身的战略发展目标与任务的要求科学地分析与预测人力资源的供给与需求,制定必要的策略和措施,以确保组织在需要的时间和需要的岗位上获取需要的人选的过程。人力资源规划的实质是实现组织人力资源供给和需求的平衡过程。

2. 人力资源总体规划侧重于人力资源总的、概括性的谋略和有关的重要方针、策略和原则。人力资源业务规划是总体规划的具体实施和人力资源管理具体业务的部署,包括人员补充规划、人员晋升规划、培训开发规划、退休解聘规划、劳动关系规划等。

3. 人力资源规划的程序包括四个步骤:一是信息收集阶段,二是需求和供给预测阶段,三是规划制订阶段,四是实施和评估阶段。

4. 人力资源规划的核心是进行人力资源的需求和供给预测。需求预测的主要方法有管理评价法、德尔菲法、零基预测法、转换比率分析法、经验预测法、回归分析法、描述法、计算机模拟预测法等。常见的内部人力资源供给预测方法有技能清单、管理人员接替计划、人力资源接续计划、马尔可夫预测法。外部人力资源供给预测的方法有文献法、直接调查和对应聘人员进行分析等。在人力资源供给和需求预测的基础上,进行人力资源的综合平衡。

5. 编制人力资源规划的步骤一般包括编制职务计划、编制人员配置计划、编制人员需求计划、编制人员供给计划、编制培训计划、编制人力资源管理制度调整计划、编制费用预算计划。

复习思考题

1. 如何理解人力资源规划？它包括哪些内容？
2. 人力资源规划的程序是什么？
3. 人力资源需求预测的方法有哪些？
4. 人力资源供给预测的方法有哪些？
5. 如何平衡人力资源的供给和需求？

案例讨论

IBM 的继任计划

继任计划，又称接班人计划，是公司确定关键岗位的后继人才，并对这些人才进行开发的整个过程。继任计划对公司的持续发展有着至关重要的作用。制订和管理公司的人才继任计划，能为公司培养和储备关键的人才，能提高管理者对未来角色和挑战的准备，建立起企业持续经营和稳定的人力资本，防止因人才流失引起的公司经营和业绩的大的波动，能充分激励员工，留住高素质的人才。

IBM是人才培养和继任计划管理方面的卓越专家，在美国《经理人》杂志推出的"发展领导才能的最佳公司"排名中，IBM曾多次名列首位。IBM在人才培养方面的实践被视为全球企业的典范。

一、管理高层的重视与参与

IBM认为，公司的将来依赖于对高潜质领导者的培养和开发。在IBM，高层管理者在开发有潜力的领导人上花费相当多的时间。正如公司高级副总裁、销售与渠道部CEO麦克·劳瑞尔所言："人的问题的确是最重要的问题，企业的经营最终都可以归结为人的问题。如果我把一个不合适的人放在一个关键的岗位上，那将带来很大的麻烦。"IBM的其他许多领导者都很赞同劳瑞尔的话，说他们至少要花费三分之一的时间在培养人才上。

IBM对人才培养的观念贯穿于整个组织，在IBM，所有业务单元的管理团队都和他们的老板一样，定期对领导力问题进行被称为"5分钟训练"的讨论，而事实上讨论的时间并不限于5分钟。

二、战略取向的领导者胜任力模型

胜任力模型是IBM继任计划的核心部分。1996年，为了加速IBM的变革过程，提升和奖励那些能支撑新的IBM公司的管理者，在郭士纳的领导下，公司开发了领导者胜任力模型。这套胜任力模型是在对IBM最优秀的员工的技能、能力、特点的了解和研究的基础上建立的。胜任力模型由以下几个方面内容构成。

必胜的信心：每时每刻都了解业务环境，从而制定能取得突破性成果的战略。这一胜任力具体细分为对顾客的了解、创新的思考和实现目标的干劲。

执行的能力：迅速、有弹性以及依靠团队精神执行的能力。具体细分为团队领导、团队精神和决断力等。

持续的动能：获得可持续性增长的结果。具体细分为培养组织能力、培训工作奉献度。

对事业的激情：因 IBM 技术和服务能为世界做贡献而兴奋。对事业的激情以及占领市场的热情是 IBM 领导者胜任力模型的核心。

胜任力模型是 IBM 继任计划的重要组成部分，公司每年会对所有的管理人员进行一个 360 度的绩效评估，评价管理者在这些胜任力、管理风格和为员工所创设的氛围等方面的表现并将结果反馈给参与者。具有高潜质的员工将由他们的管理者告知自己的状态，并得到鼓励继续保持在这些胜任力上的发展。

在 IBM 作为继任计划核心的胜任力模型并非一成不变，而是动态地发展以保持与公司战略的一致。郭士纳认为，随着 IBM 的发展，那些原则和工作胜任资格应该更加简化并渗透到人们的日常工作中去，于是将胜任力模型进一步分解为成功、执行和团队协作。这一宗旨严格贯穿于 IBM 体系当中，成为许多工作程序与精神的重要组成部分。

2002 年秋季开始，IBM 转向了随需应变的战略，公司将员工组成跨功能的团队，致力于以整合的解决方案来满足客户的要求。团队在项目完成后自动解散。整合的解决方案要求团队领导者有许多不同领域的经验，这驱动了 IBM 对领导者胜任力模型和价值观的更新。在新的战略要求下，对高潜质领导者的培养和开发必须面向未来而不是面向过去。

IBM 由此开始研究哪些经验对公司关键角色发展特殊能力是必需的，以及这些经验中哪些是最重要的。

三、鉴别和发展未来的领导者

IBM 的继任管理方法基于以下两个信念。

一是人才的发展大多通过工作实现。在 IBM 领导者的开发和学习以现实世界为基础，公司为高潜质的人才指派有挑战性的工作任务，并为他们提供强有力的指导。

二是领导者培养新的领导者。虽然人力资源部门是继任过程的有力支持者和促进者，但在 IBM 更强调正式的工作环境中的领导者的作用，他们通过评估、辅导、训练和帮助等方式来开发高潜质的领导者。

在 IBM 人才鉴别和发展的关键项目包括：

一是"长板凳"接班计划。IBM 要求主管级以上员工将培养手下员工作为自己业绩的一部分。每个主管级以上员工从上任开始都有一个硬性指标，确定自己的位置在一两年内由谁接任，三四年内由谁接任，甚至你突然离开了，谁可以接替你，由此发掘出一批有才能的人。IBM 有意让他们知道公司发现了他们并重视他们的价值，然后为他们提供指导和各种各样的经历，使他们有能力承担更高的职责。相反，如果你培养不出自己的接班人，就得一直待在原有的位置上，得不到晋升。IBM 的这种接班人计划与美国棒球比赛换人时的现象相似，因此称为"长板凳"计划。

"长板凳"计划是一个完整的管理系统。由于接班人的成长关系到自己的位置和未来，所以经理层员工会尽力培养他们的接班人，帮助同事成长。

二是"明日之星"计划。IBM 有一个成长通道，可以通过一个"新人—专业人员—领导者—新时代开创者"的人才梯队培养模式，让新人逐次成长。在这个过程中，IBM 会不断发掘"明日之星"。

在 IBM 公司新进的人员都要参加集中的入职培训，认识公司、了解规章制度并启动个人职业规划。从大学招聘来的新生要学习包括专业、财务、销售等方面的知识技能。一年之后,新进员工再次参加专业学院的再教育,学习专业素质和技能,公司开始有意识地将员工归类,分为专业型人才和有管理潜质的人才。公司将从参加过专业学院培训的优秀员工中挑选出接班人计划的"明日之星",并安排他们参加新主管训练课程,提供公司内的资深员工充当他们的良师益友,并对他们进行领导力方面的强化训练,训练的方式包括电子学习、课堂教学、角色模拟演练、案例讨论、工作讨论及面对面的沟通等。在"明日之星"的训练中,公司的高级主管必须亲力亲为。

三是由下而上的人才回顾。该项目在整个组织中寻找高潜质的人才。在由下而上的人才回顾中,所有的管理者都在两个维度上对下属进行评价:一是在他们的部门中谁是最佳的绩效者或者贡献最大的人,二是谁对领导的角色表现出兴趣。由下而上的人才回顾项目中挑选出的人才,在具备了一定的管理经验后,将被放入领导者发展通道。

四是下一代天才项目。在IBM,有一个由公司300名高层管理者组成的高级领导力小组,该小组致力于关注领导力及其变化。郭士纳将这个组织视为实现IBM变革的组织机构。IBM的CEO每年会主持召开一次高级领导力小组会议。在会议中,高级领导力小组的每一位成员将负责在他们所在的组织内部寻找一位具有10年以下工作经验但是将来某一天却能够坐上他们所在位置的年轻人。该项目并没有使用复杂的评估和识别程序。得到小组成员推荐的人才被称为"下一代天才",公司将为这些人才指派教练协助他们迅速发展。他们有机会参加IBM的高级领导序列,该序列由两部分组成:全球发展中心和全球商业管理中心。他们会收到360度的信息反馈,并且在大量的模拟练习中,由高级领导力小组对他们进行评估。

五是总裁助理计划。Next Gens 是总裁助理计划的关键人才。总裁计划是IBM公司全球顶尖总裁的"左膀右臂"。在IBM,由52名顶尖总裁以及8名负责最大市场的总经理组成的IBM全球管理委员会负责挑选总裁助理,并为他们提供在业务和领导者面前表现的最大机会,让他们承担最具挑战性的工作,而总裁则会成为总裁助理的良师益友,通过言传身教,提高他们的高级决策方法、领导风格等。

(资料来源:《人力资源开发》,2005年11期)

讨论:

1. 案例有何借鉴之处?
2. 如果让你为一家公司做继任计划,你会采取怎样的步骤?
3. 如果继任计划真的那么重要,为什么没有更多的公司用心对待呢?

第四章 人员招聘

【学习目的与要求】

1. 通过对本章的学习,理解并熟悉招聘的含义。
2. 掌握招聘的程序、招聘的方法。
3. 理解甄选、面试、心理测试以及评价中心的含义,掌握甄选的过程、甄选的技术,最终能够组织有效的招聘活动。

【教学重点与难点】

1. 招聘的含义及方法。
2. 招聘和甄选的程序、技术。

【引导案例】

宝洁(中国)的校园招聘活动

宝洁公司始创于1837年,是世界上最大的日用消费品公司之一。宝洁公司通过其旗下品牌服务全球大约48亿人。公司拥有众多深受信赖的优质、领先品牌,包括帮宝适、汰渍、碧浪、护舒宝、潘婷、飘柔、海飞丝、威娜、佳洁士、舒肤佳、玉兰油、SK-II、欧乐B、金霸王、吉列、博朗等。宝洁公司在全球大约70个国家和地区开展业务。

1988年,宝洁公司在广州成立了在中国的第一家合资企业——广州宝洁有限公司,从此开始了其中国业务发展的历程。宝洁大中华区总部位于广州,目前在广州、北京、上海、成都、天津、东莞及南平等地设有多家分公司及工厂。宝洁公司来到中国超过25年,中国市场成长为宝洁全球发展速度最快的市场之一。宝洁公司的宗旨是在现在和未来的世世代代确保每个人有更高的生活质量。宝洁公司的价值观是吸引和招聘世界上最优秀的人才。公司实行从内部发展的组织制度,选拔、提升和奖励表现突出的员工而不受任何与工作表现无关的因素影响。宝洁坚信,宝洁的所有员工始终是公司最为宝贵的财富。

宝洁(中国)完善的招聘选拔制度得到了商界的肯定和赞扬,尤其是其值得称道的校园招聘。宝洁的校园招聘程序主要包括以下步骤。

一、前期的广告宣传

派送招聘手册,招聘手册基本覆盖所有的应届毕业生,以达到吸引其参加校园招聘会的目的。

二、校园宣讲会

宝洁公司的校园宣讲会程序一般包括:公司领导讲话、播放招聘专题片、公司招聘负责人详细介绍公司情况、发放宝洁宣讲会介绍材料。

宝洁公司会请公司有关部门的副总监以上高级经理以及那些具有校友身份的公司员工来参加校园招聘会。通过双方面对面的直接沟通和介绍,展示企业的业务发展情况及其独特的企业文化、良好的薪酬福利待遇,并为应聘者勾画出新员工的职业发展前景。通过播放公司招聘专题片,公司高级经理的有关介绍及具有感召力的校友亲身感受介绍,使应聘学生在短时间内对宝洁公司有较为深入的了解和更多的信心。

三、网上申请

从 2002 年开始,宝洁将原来的填写邮寄申请表改为网上申请。毕业生通过访问宝洁(中国)的网站,点击"网上申请"来填写自传式申请表并回答相关问题。这实际上是宝洁的一次筛选考试,1/4 比例左右入选。

宝洁的自传式申请表是由宝洁总部设计的,全球通用。宝洁在中国使用自传式申请表之前,先在中国宝洁的员工中及中国高校中分别调查取样,汇合其全球同类问卷调查的结果,从而确定了可以通过申请表选拔关的最低考核标准,同时也确保其申请表能针对不同文化背景的学生仍然保持筛选工作的相对有效性。申请表还附加一些开放式问题,供面试的经理参考。

因为每年参加宝洁招聘的同学很多,一般一个学校就有 1 000 多人申请,宝洁不可能直接去和上千名应聘者面谈,而借助于自传式申请表可以帮助其完成高质高效的招聘工作。自传式申请表通过电脑扫描来进行自动筛选,一天可以检查上千份申请表。宝洁公司在中国曾做过这样一个测试,在公司的校园招聘过程中,公司让几十名并未通过申请表筛选这一关的学生进入到了下一轮面试,面试经理也被告之他们都已通过了申请表筛选这关。结果,这几十名同学无人通过之后的面试。

网上申请不仅包括个人信息、简历,还有性格测试。个人信息包括联系方式、教育背景、毕业日期等比较简单的信息。公司要求以附件的形式发送一份简历。性格测试题一共 67 个,题目主要是一些行为和态度的问题,包括决策风格、工作风格、团队工作风格、领导力和影响力,大多是客观题,只有两道是主观题。

四、笔试

笔试主要包括三部分:解难能力测试、英文测试、专业技能测试。

(1) 解难能力测试。这是宝洁对人才素质考察的最基本的一关。在中国,使用的是宝洁全球通用试题的中文版本。试题分为 5 个部分,共 50 小题,限时 65 分钟,全为选择题,每题 5 个选项。第一部分是读图题(约 12 题),第二和第五部分是阅读理解题(约 15 题),第三部分是计算题(约 12 题),第四部分是读表题(约 12 题)。整套题主要考核申请者以下素质:自信心(对每个做过的题目有绝对的信心,几乎没有时间检查改正),效率(题多时间少),思维灵活(题目种类繁多,需立即转换思维),承压能力(解题强度较大,65 分钟内不可有丝毫松懈),迅速进入状态(考前无读题时间),成功率(凡事可能只有一次机会)。考试结果采用电脑计分,做对 25 道题为底限,如果没通过就被淘汰了。

(2) 英文测试。这个测试主要是考核母语不是英语的人的英文能力。考试时间为 3

个小时,45分钟的100道听力题,75分钟的阅读题,以及用1个小时回答3道题,都是要用英文描述以往某个经历或者个人思想的变化。

(3) 专业技能测试。并不是任何部门的申请者都需经过该项测试,它主要是考核申请公司一些有专业限制的部门的同学,这些部门如研究开发部、信息技术部和财务部等。宝洁公司的研发部门招聘的程序之一是要求应聘者就某些专题进行学术报告,并请公司资深科研人员加以评审,用以考察其专业功底。对于申请公司其他部门的同学,则无须进行该项测试,如市场部、人力资源部等。

五、面试

宝洁公司的面试分为两轮。第一轮是初试,一位面试经理对一个求职者,一般都用中文进行。面试人通常是有一定经验并受过专门面试技能培训的公司部门高级经理。这位经理一般是被面试者所报部门的经理,面试时间为30～45分钟。

通过第一轮面试的学生,宝洁公司将出资请他们来广州宝洁中国公司总部参加第二轮面试,也是最后一轮面试。为了表示宝洁对应聘学生的诚意,除免费提供往返机票外,面试全过程在广州的酒店或宝洁中国总部进行。

第二轮面试大约需要60分钟,面试官至少是3人,为确保招聘到的人才真正是用人单位(部门)所需要和经过其亲自审核的,都是由各部门高层经理来亲自面试。如果面试官是外方经理,宝洁还会提供翻译。

(1) 宝洁的面试过程主要可以分为以下4大部分:

第一,相互介绍并创造轻松的交流气氛,为面试的实质阶段进行铺垫。

第二,交流信息。这是面试中的核心部分。一般面试官会按照既定8个问题提问,要求每一位应聘者能够对他们所提出的问题作出一个实例的分析,而实例必须是自己亲身经历过的。这8个题由宝洁公司的高级人力资源专家设计,无论你如实或编造回答,都能反映你某一方面的能力。宝洁希望得到每个问题的回答细节,高度的细节要求让个别应聘者感到不能适应,没有丰富实践经验的应聘者很难很好地回答这些问题。

第三,讨论的问题逐步减少或合适的时间一到,面试就引向结尾。这时面试官会给应聘者一定时间,由应聘者向面试官提几个自己关心的问题。

第四,面试评价。面试结束后,面试官立即整理记录,根据求职者回答问题的情况及总体印象做出评定。

(2) 宝洁公司的面试评价体系。宝洁公司在中国高校招聘采用的面试评价测试方法主要是经历背景面谈法,即根据一些既定考察方面和问题来收集应聘者所提供的事例,从而来考核该应聘者的综合素质和能力。

宝洁的面试由8个核心问题组成:

第一,请你举一个具体的例子,说明你是如何设定一个目标然后达到它的。

第二,请举例说明你在一项团队活动中如何采取主动性,并且起到领导者的作用,最终获得你所希望的结果。

第三,请你描述一种情形,在这种情形中你必须去寻找相关的信息、发现关键的问题并且自己决定依照一些步骤来获得期望的结果。

第四,请你举一个例子说明你是怎样通过事实来履行你对他人的承诺的。

第五,请你举一个例子,说明在完成一项重要任务时,你是怎样和他人进行有效合作的。

第六,请你举一个例子,说明你的一个有创意的建议曾经对一项计划的成功起到了重要的作用。

第七,请你举一个具体的例子,说明你是怎样对你所处的环境进行一个评估,并且能将注意力集中于最重要的事情上以便获得你所期望的结果。

第八,请你举一个具体的例子,说明你是怎样学习一门技术并且怎样将它用于实际工作中的。

根据以上8个问题,面试时每一位面试官当场在各自的"面试评估表"上打分,得分分为3等:1~2分(能力不足,不符合职位要求;缺乏技巧、能力及知识),3~5分(普通至超乎一般水准,符合职位要求;技巧、能力及知识水平良好),6~8分(杰出应聘者,超乎职位要求;技巧、能力及知识水平出众)。具体项目评分包括说服力/毅力评分、组织/计划能力评分、群体合作能力评分等。在"面试评估表"的最后一页有一项"是否推荐栏",有3个结论供面试官选择:拒绝、待选、接纳。在宝洁公司的招聘体制下,聘用一个人,须经所有面试经理一致通过方可。若是几位面试经理一起面试应聘人,在集体讨论之后,最后的评估多采取一票否决制。任何一位面试经理选择了"拒绝",该生都将从面试程序中淘汰。

宝洁公司的招聘标准包括:

(1) 宝洁公司重视诚实正直的原则和信条。

(2) 具有创新精神,能找到新的工作方法,发现最佳的解决方案。

(3) 有合作精神,能领导一个集体取得最佳的成绩。

(4) 工作主动,能够克服困难完成任务。

(5) 具有分析能力,能够全面地思考问题,得出合理的结论。

(6) 表达能力较强,能够清楚地表达自己的想法,并且说服别人。

(7) 具有领导才能,能领导及号召别人。

六、招聘的后续工作

发放录取通知后,宝洁还会确认应聘者被录用与否,开始为接受录用者办理有关入职、离校手续。除此以外,后续工作还包括:

1. 招聘后期的沟通

宝洁认为他们竞争的人才与许多著名的跨国公司争取的人才在许多方面是一样的。在物质待遇大致相当的情况下,宝洁认为感情投资便是竞争重点了。所以一旦成为宝洁决定录用的毕业生,人力资源部都会专门派一名公司的员工去跟踪服务,定期与录用人保持沟通和联系,把他当成自己的同事来关怀照顾。

2. 招聘效果考核

在公司招聘结束后,公司也会对整个招聘过程进行一些可量化的考核和评估,考核的主要指标包括:是否按要求招聘一定数量的优秀人才;招聘时间是否及时或录用人是否准时上岗;招聘人员素质是否符合标准,即通过所有招聘程序并达到标准;因招聘录用新员工而支付的费用,即每位新员工人均因招聘而引起的费用分摊是否在原预算之内。

(资料来源:彭剑锋《人力资源管理概论》,复旦大学出版社,2006年版)

第一节　招聘概述

招聘是一个组织补充新鲜血液的主渠道，它主要通过招募、甄选和录用，使组织获取必需的人力资源，实现人力资源的合理配置。招聘直接关系到组织人力资源的获取，并影响组织人力资源开发管理等其他环节工作的开展。研究表明，高素质员工的绩效是平均绩效的129%(Boyatzes,1999)，因此，成功的招聘是组织人力资源管理的起点，获取合格和优质的人力资源，已经成为增强组织核心竞争力的必要前提。

一、招聘的含义

招聘是组织根据人力资源规划和工作分析的要求，通过发布招募信息和科学的甄选，使组织获取所需的合格人选，并把他们安排到合适岗位工作的过程。人力资源招聘是一个复杂、完整、连续的程序化操作过程，包括了从招募、甄选、录用到评估的完整过程。正确理解招聘的含义，我们必须把握招聘工作以下几个方面的特点。

(一) 招聘必须以人力资源规划和工作分析为前提

人力资源招聘是以人力资源规划和工作分析的要求为前提的。人力资源规划决定了组织预计要招聘的岗位、部门、数量、时限、类型等要求；工作分析则对组织中各个岗位的职责、所需的资质进行分析，为招聘工作提供必要的参考依据，同时也为应聘者提供了有关岗位的主要信息。基于组织战略的人力资源规划与工作分析确定了招聘的内容和人员数量、质量目标，企业根据这些要求组织内部人员和外部人员进行招聘工作，同时招聘工作还受到劳动力市场的影响。

(二) 招聘是组织与应聘者的互动选择

组织与应聘者之间的双向选择，是招聘工作的一个重要特征。应聘者根据组织发布的招聘信息，依照所招聘岗位的标准和条件，进行自我分析、衡量，并了解组织的整体情况，从而选择合适的组织和合适的岗位作为其应聘目标。而组织则从应聘者中，根据岗位的要求择优录用。组织应尽量避免"人才高消费"的现象，尽量使录用人员与岗位相匹配。

(三) 招聘必须考虑成本问题

招聘应该同时考虑三方面的成本：一是直接成本，包括招聘过程中的广告费、工作人员工资和差旅费、考核费用、办公费用及聘请专家费用等；二是重置成本，重置成本是因为招聘不慎必须重新再招聘所花费的费用；三是机会成本，是指因离职及新员工尚未胜任工作造成的费用支出。一般来说，招聘的职位越高，招聘成本越大。招聘时必须考虑成本和效益，既要将成本降到最低，又要保证人员的质量。

二、招聘的意义

（一）企业获取人力资源的主要途径

企业从创建到发展，人力资源的状况都处于不断变化之中。随着企业发展阶段的不同，面临的竞争环境的改变，竞争战略的调整，企业对人力资源的需求也会发生变化。企业需要在不同时期获取不同的人力资源。无论是从外部补充新的员工，还是在内部进行人力资源的再配置，都需要通过规范的招聘程序来更好地满足企业对人力资源的需求。因此，人员招聘是企业一项经常性的工作，是获取人力资源的主要途径。

（二）提高企业核心竞争力的重要途径

现代企业竞争的实质是人力资源竞争，有效的招聘才能确保录用人员的质量，一方面直接关系到高质量的人力资源的形成，另一方面直接影响企业人力资源管理其他环节工作的开展。高素质的员工才能保证提供高质量的产品和服务，有竞争力的产品必然是有创造力的员工或团队开发的，企业的核心竞争力归根结底是人力资源的竞争力。

（三）促进人力资源的合理流动

招聘是促进企业人力资源流动的一个重要因素。有效的招聘系统能促进员工通过合理流动找到适合的岗位，更好地调动员工的积极性、主动性和创造性，使员工的能力得以充分发挥。有效的招聘系统是企业人力资源的动态调节机制，能在企业内部形成良性竞争和人员的"优胜劣汰"，在一定程度上促使在岗员工主动适应岗位需求的变化。

（四）宣传企业形象的有效途径

在招聘过程中，企业利用各种渠道和形式发布招聘信息，除了吸引更多的求职者，还能让外界更好地了解企业。有些企业以高薪、优厚的待遇和精心设计的招聘过程来表明企业对人才的渴求和重视，显示企业的实力。招聘对于企业而言，在招收到所需的各种人才的同时，也是企业通过招聘工作的运作和招聘人员的素质向外界展现企业良好形象的重要途径。

三、招聘的原则

（一）人岗匹配原则

招聘工作常见的误区就是盲目追求高学历、高素质的"优秀"人才。能力和素质与应聘岗位的任职要求匹配的"优秀"人才才是企业的最佳选择，因此人岗匹配是招聘工作中遵循的最为重要的原则。人岗匹配具有两层含义，一是岗位要求与任职者的知识、技能、能力等素质相匹配，二是工作报酬与工作动机相匹配。

（二）信息公开原则

需要公开的招聘信息通常包括：空缺职位名称、入职要求、选拔程序、薪酬待遇等。招聘信息公开有利于求职者全面了解应聘职位的情况，做出理性选择。特别是当企业进行内部招聘时,公开招聘信息能更好地对招聘的过程进行监督,防止不公正的现象发生,提高员工的信任感和公平竞争的意识。

(三)平等竞争原则

对所有应聘者应一视同仁。刻意制造各种不平等现象或在招聘过程中徇私舞弊,既影响企业形象又影响录用员工的质量,直接损害企业利益。科学而客观的考核方法是保证平等竞争。有些企业靠直觉、经验和印象来选人,有较大的主观片面性,难保招聘的公平性。只有遵循平等竞争的原则,以严格的标准、科学的考核方法对候选人进行测评,根据测评结果确定人选,才可以创造一个公平竞争的环境,选出真正适合企业的人才。

(四)双向选择原则

招聘是一个双向选择的过程。企业要选择能够胜任某岗位工作为企业创造价值的员工,而个人则是在寻找一份报酬公平能够体现其个人价值的工作。双向选择能够实现人力资源的最优配置。在招聘工作中,有些企业为了吸引人才,不实事求是地介绍企业情况,而是刻意美化或夸大其辞,承诺一些无法兑现的待遇,在这种情况下,求职者一旦到工作岗位正式任职,容易产生较大的心理落差,反而会消极怠工甚至离职,导致招聘工作的失败。

(五)效益最佳原则

招聘的效益是指投入与产出的关系。投入是指招聘成本,包括发布招聘信息的广告费用,对应聘者进行审查、甄选的费用,录用安置候选人的费用。产出是指通过招聘工作,最终录用员工的数量、质量及新员工在工作岗位创造的工作业绩。所谓效益最佳原则是指投入最少的招聘成本获取适合职位的最佳人选。在实际工作中,没有绝对的最佳,但以效益最佳原则来管理招聘工作,对企业获得竞争优势具有重要意义。

另外,良好的招聘活动还必须满足7R的要求:恰当的时间(Right Time)、恰当的来源(Right Source)、恰当的成本(Right Cost)、恰当的人选(Right People)、恰当的范围(Right Area)、恰当的信息(Right Information)以及运用恰当的方法(Right Methods)。

四、招聘的影响因素

(一)外部影响因素

1. 国家的法律法规

国家的法律法规对企业的招聘活动与对象选择进行了限制和约束。我国《劳动法》规定了所有劳动者都享有平等就业和选择就业的权利。企业在招聘过程中,如因应聘者的民族、性别、宗教信仰等原因而给予其不平等的对待,都属于就业歧视,是违法行为。我国2008年开始实施的《劳动合同法》规定了个人与组织必须通过签订劳动合同来确立劳动关系。如果企业未按规定与招聘的员工签订劳动合同也是违法行为。

2. 宏观经济形势

一般而言,宏观经济形势良好,就业率高,招聘岗位就较多,招聘活动较频繁。反之,宏观经济出现危机,企业对经济形势不乐观,投资信心不足,会减少招聘岗位,甚至停止招聘。政府对宏观经济的调控，也会在很多方面影响企业的招聘活动。

3. 劳动力市场的供求状况

当企业通过外部招聘来获取人才时，劳动力市场的供求状况会直接影响招聘的效果。如企业所需人才在劳动力市场供小于求时，企业吸引求职者会比较困难，应加大宣传或通过提高待遇来吸引更多的人才。相反，劳动力市场供大于求时，企业招聘会相对容易，可选择的范围更大。

4. 竞争对手

一方面，同为某一行业的竞争企业对人才需求的相似度较高，容易形成争夺人才的局面；另一方面，应聘者也往往会在同类企业中进行比较后做出选择。因此，企业在招聘过程中，取得与竞争对手的比较优势非常重要。

（二）内部影响因素

1. 企业形象和自身条件

影响企业形象的因素有企业的发展前景、行业的竞争地位、企业文化、薪酬待遇等。企业的形象越好，越能吸引应聘者，有利于招聘工作的进行。另外，企业的规模、地理位置、管理水平、发展阶段、能支付的待遇水平等自身条件也在一定程度上影响着招聘活动的开展。

2. 职位的性质

拟招聘职位的性质直接决定了招聘什么样的人、通过何种渠道进行招聘等招聘工作中最重要、最基础的要求，该职位的基本情况和任职资格条件也是求职者最为关注的信息。

3. 招聘的成本预算

企业往往会根据招聘职位的重要性、招聘的数量以及自身的经济实力制定招聘的成本预算。企业的招聘成本预算会影响招聘信息发布的渠道、招聘的方式、选拔流程的设计、招聘工作人员的数量和职位的高低等。企业的招聘活动必须考虑成本和效益，在成本约束的条件下招聘到最合适的人才，就是实现了招聘效益的最大化。

4. 企业用人策略

企业的用人策略不同，对员工的素质要求不同，相应的招聘方式也会有差异。如有的公司认为素质比专业知识更重要，因此，在选择应届毕业生时更倾向于学生干部；有的公司则认为学习成绩更优秀的毕业生更具有学习能力和敬业精神；而有的公司却认为非常优秀的人员眼高手低，难以管理，或者跳槽率高，70分的求职者被认为是最"适合"的人才。

【资料阅读】

华为招聘的7大原则

深圳华为是中国最具影响力的通信设备制造厂商，是中国电信市场的主要供应商。华为的成功与其科学的人才战略是密不可分的，从华为的招聘原则便可见一斑。

自1988年创立以来，从最早在人才市场或是社会上零星招聘，到20世纪90年代后期主要通过校园招聘选拔和储备人才,不论采用何种方式进行招聘,华为始终遵循一个原则:招聘公司最需要的人才,做到让所有员工能实现人尽其才。

原则1:最合适的,就是最好的

原则2:强调"双向选择"

原则3:坚持条条都要有针对性的招聘策略

原则4:招聘人员的职责=对企业负责+对应聘者负责

原则5:用人部门要现身考场

原则6:设计科学合理的应聘登记表

原则7:人才信息储备就是给企业备足粮草

如案例所述,华为的成功很大程度上是其人才战略的成功。而员工招聘是企业获取人才以保持自身活力和健康发展的重要环节。

(资料来源:文丽颜《华为的人力资源管理》,海天出版社,2006年版)

微软公司的用人标准

微软公司作为一家全世界的巨型高科技公司,之所以取得成功,除去运气和远见之外,无可否认,拥有世界优秀的人才也是重要因素之一。这一点,从对美国500家最大企业的一次评估调查中也可以得到证明:在"对人才最具有吸引力"这项中,微软公司排在第二名。确实,对于从事智力产品开发的软件公司而言,拥有最优秀的人才特别是软件工程师,其重要性是不言自明的。让我们看一看微软公司的用人标准。

(1) 聪明:不一定有广博的知识和丰富的经验,但能够迅速掌握工作必需的知识和技术。

(2) 能够完成工作:以结果为衡量的标准。

(3) 进取心强:能不断地迎接来自市场的挑战。

(4) 团结协作精神:能保证步调一致,实现目标。

微软公司的业绩应当说正是微软用人标准正确的体现。试想,一批具有聪明才智又不断进取创新的员工,一批善于与人合作又能够完成工作的员工,怎么能不使微软公司快速发展并占有领先地位呢?以微软的名气和实力而言,招聘到优秀而有经验的软件工程师并非难事,但微软却招收了很多刚毕业的大学生,因为他们年轻、有朝气、聪明、易于合作,这也正是微软公司用人标准的直接写照。

(资料来源:《人力资源管理案例》,百度文库)

第二节 招募

招募是组织为了吸引更多更好的应聘者而进行的一系列活动,包括招聘计划的制订和审批、招聘信息的发布、应聘者申请的收集和整理等,它是招聘工作的基础。

一、招募的流程

(一)制订招聘计划

人员招聘计划是组织人力资源规划的重要组成部分,通过定期或不定期地招聘组织所需要的各类人才,为组织人力资源系统充实新生力量,实现组织人力资源的合理配置,为组织提供可靠的人力资源保证,同时弥补人力资源的不足。招聘计划的主要内容如下。

1. 确定招聘需求

招聘工作一般是从招聘需求的提出开始的。招聘需求通常是由用人部门提出的,由于招聘需求往往受组织的人员预算制约,因此用人部门应该与人力资源部门共同分析实际工作的需要和业务的变化来确定人员的预算。

人力资源需求一般产生于下列几种情况:新建组织时,现有职位因种种原因发生空缺时,组织业务不断扩大时,调整不合理的员工队伍时等,由此而提出人员增补需求。

(1)提出招聘需求。根据组织统一的人力资源规划,或由各部门根据长期或短期的实际工作需要,准确地把握有关组织对各类人员的需求信息,确定人员招聘的种类和数量。

(2)填写"人员需求表"。人力资源部门可根据具体的情况制定不同的"人员需求表",需求表应依据职务说明书制定,包括如下内容:所需人员的部门、职位,工作内容、责任和权限,所需人数以及何种录用方式,人员基本情况,要求的学历、经验及技能。

2. 确定招聘人数

招聘计划应该确定招聘录用人数以及达到规定录用率所需要的人员。为了确保组织人力资源构成的合理性,各年度的招聘录用人数应大体保持均衡。录用人数的确定还要兼顾到录用后员工的配置、晋升等问题。此外,还要根据以往的招聘经验,确定达到固定录取率至少应吸引多少人前来应聘。

在招聘过程中,企业必须吸引到比空缺职位更多的求职者,但究竟吸引到的应聘者应该比录用的人数多多少才合适,需要计算投入、产出的比例。投入是指全部应聘者的数量,而产出则是招聘结束后最终到企业报到的人数。估算投入、产出比例的一个有用的工具是招聘收益金字塔,如图 4-1 所示。

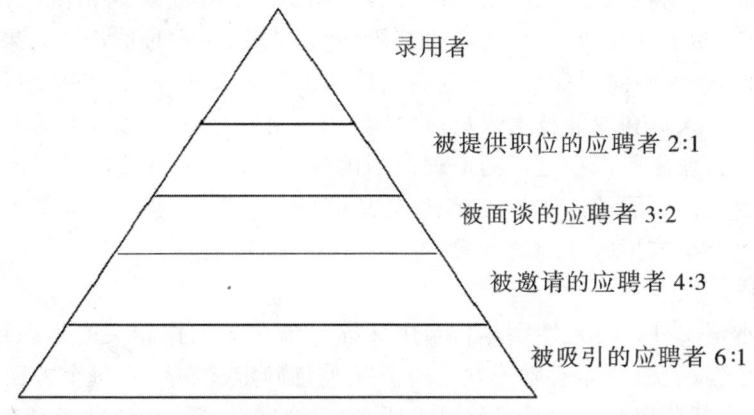

图 4-1 招聘收益金字塔

例如,一家企业需要在明年招聘50名市场营销人员。同时,企业也知道,最近在劳动力市场上一般被提供职位的人有一半可能不到企业报到,即发出通知的人数与录用的人数比例为2:1,被面谈的应聘者和被提供职位的应聘者的比例为3:2,即参加面谈的应聘者中3个有2个被挑选,而被邀请参加面谈的应聘者与实际被面谈的应聘者比例为4:3,即4个被邀请参加面谈的应聘者只有3个参加了面谈;这些被邀请参加面谈的人又是从最初的被吸引的应聘者中产生出来的,假设其比例为6:1,即从各种招聘途径被企业吸引到的应聘者中间,6个申请者中可以挑选1名被邀请面谈。那么,这个企业最初被吸引的应聘者应为1 200人。

当然,在不同国家、不同的时期,甚至在同一国家的不同地区,每一步的收益率都是不一样的。这些比例的变化与劳动力市场供给有很大的关系。劳动力供给越充足,比例就越小,反之亦然。需要的劳动力素质越高,收益比例越小。这些比例也是要不断地调整的,如在招聘广告中如果招聘要求说明得非常详细,那么就可以提高应聘阶段的产出率,因为详细的说明会使一些不合格的潜在申请者对自己进行自我淘汰。

3. 估算招聘时间

有效的招聘计划还应该准确地估计从候选人应聘到录用之间的时间间隔。随着劳动力市场条件的变化,这些数据也要相应地发生变化。为保证新聘人员准时上岗,在什么时间开始进行招聘工作最合适呢?一般来说,招聘日期的具体计算公式为

招聘日期=用人日期-准备周期

=用人日期-培训周期-招聘周期。

式中,培训周期是指新招员工接受上岗培训的时间,招聘周期指从开始报名、确定面试名单、面试直到最后录用的全部时间。例如,某企业要招聘20名财务会计人员,根据预测,招聘中每个阶段的时间占用分别为:征集个人简历需要10天,邮寄面谈邀请信需要5天,面谈准备安排需7天,企业聘用与否的决定需5天,接到聘用通知的应聘者在10天内做出接受与否的决定,受聘者21天后到企业参加工作,前后共需耗费58天的时间。那么招聘广告必须在活动前两个月登出,即如果招聘20名财务会计人员的活动是某年的6月1日,则招聘广告必须在当年4月1日左右登出。

4. 确定招聘范围

确定招聘范围即确定在多大的范围内开展招聘工作。确定招聘范围时,首先应考虑招聘职位的特点,为了节省费用,企业应将其招聘的范围限制在最能产生效果的劳动力市场上。一般来说,企业倾向于在全国范围内招聘高级管理人员;通常在跨地区的劳动力市场上招聘中级管理人员和专业技术人员;常常在企业所在地的劳动力市场上招聘操作工人和办事人员。企业之所以在这样的地理范围内进行招聘,是因为在不同范围内的市场提供的劳动力素质是不同的。此外,组织所处地区的经济和技术发展水平和当地的劳动力市场的状况也会影响招聘范围的确定。

5. 确定招聘标准

除个人基本情况外(年龄、性别等),录用标准可以从与工作相关的知识背景、工作技能、工作经验、个性品质、身体素质等方面的情况进行确定。在明确每个方面的具体标准时,还应该进一步区分哪些素质是职位要求所必需的,哪些是希望应聘者具有的。

6. 确定招聘方法

任何一种确定的招聘方案,对企业应采取的招聘方法都应做出选择。费用最高的来源通常是猎头公司,其代理费约为个人年薪的 1/3,比较适用于组织招聘高级管理人才,而一般人员的招聘费用较低。

7. 估算招聘成本

一般来说,录用一个人需要的费用可以用招聘总费用除以雇用人数得出。除此以外,下列的成本计算也是必不可少的。

(1) 个人费用。包括工资、福利及加班费。

(2) 业务费用。包括电报费、电话费、转业费及服务费、信息服务费、广告费、物质及邮资费用等。

(3) 一般管理费用。包括租用临时设备、办公用具设备等费用。

(二) 报送主管领导审批

人力资源部门应该对人力资源资料进行确认,估算有关费用,经综合平衡,提出是否受理的具体建议,报送主管上级审批。

(三) 招聘工具的设计和招聘信息的发布

1. 招聘工具的设计

招聘工具包括招聘广告和应聘者工作申请表(登记表)。

(1) 招聘广告。设计招聘广告需要注意以下三个方面。

① 确定广告类型。招聘广告的基本类型有行式(列式)广告和展示广告两种。行式(列式)广告是分离广告中的一些小广告,费用通常取决于字数或行数。展示广告是较大的、四周封围的广告,经常包括标识图片和显著标题,费用较高。

② 选择广告媒体。广告媒体包括报纸、杂志、电视、广播、招聘现场的宣传资料、户外公告栏、互联网等。在选择广告媒体时,要注意比较各种媒体的优缺点和适用场合,根据自身的需要和实力,有针对性地选择一种媒体或者几种媒体的组合。

③ 制作广告内容。广告内容必须提供能够使受众响应的信息,通常招聘广告的内容应该包括的信息有:

第一,岗位名称。

第二,组织名称、经营的内容或服务的领域、工作地点。

第三,工作的目标、责任以及所属部门负责人的职位。

第四,要求的学历和工作经验。

第五,在工作要求与年龄相关时,要具体说明年龄限制。

第六,薪酬以及福利。如有可能,应该说明大致的薪酬范围。

第七,注明希望应聘者答复的方式、联系方式和联系人员等。

第八,截止日期。

(2) 应聘者工作申请表。应聘者在获得招聘信息以后,可以向招聘单位提出申请。应聘申请有两种:一种是应聘者的个人简历,另一种是申请表。

2. 招聘信息的发布

发布招聘信息就是向应聘者传递组织将要招聘的信息。发布招聘信息是一项很重要的工作，直接关系到招聘的质量。应该注意的问题有：

（1）信息发布的范围。信息发布的范围由招聘对象的范围决定。在确定发布范围时要考虑信息发布的成本。

（2）信息发布的时间。为了缩短招聘进程，吸引更多的招聘者，招聘信息应尽早公布。

（3）招聘对象的层次性。为提高招聘的成功率，节约招聘成本，应该根据招聘职位的要求和特征，有针对性地向特定层次的潜在应聘者发布招聘信息。

（四）收集、整理和分析应聘者的信息

收集、整理和分析应聘者的信息，是对应聘者进行初步筛选。对应聘者进行初步筛选是招聘系统的重要组成部分，主要是对应聘人员登记表及其个人简历进行初审及评价。一般情况下，专业性岗位候选人的筛选由人力资源部门进行，组织最好能够成立由部门经理、人力资源管理者及技术专家组成的小组来进行这项工作。对普通职位的申请者，可以由接待人员或人力资源部门的工作人员来进行甄选和筛选。

收集、整理与分析应聘者的信息，要遵循以下原则。

（1）规定底线。即是要在一定的时间内完成收集、整理与分析应聘者信息的工作。最后的时间招聘者和应聘者都要知道。

（2）客观。根据工作分析的结果，把一些应聘者的信息进行分类，切忌同时进行选拔工作。

（3）及时通知。一旦完成收集、整理与分析应聘者信息的工作，立即通知应聘者进入甄选阶段，而通知最好是双向通知或双渠道通知，以免一些适合人才由于没有接到通知而未能进入甄选阶段。

二、招聘的渠道和方法

在招聘需求获得批准以后，需要选择合适的渠道和方法来获取职位候选人。组织中的职位候选人招募有内部招聘和外部招聘两种方式。

内部招聘是指在企业内部通过晋升、竞聘或人员调配等方式，由企业内部的人员来弥补空缺职位。企业内部招聘和人才选拔机制的确立，有利于员工的职业生涯发展，有利于企业留住核心人才，形成人力资源内部的优化配置。内部招聘是企业人才招聘的一个重要渠道。

外部招聘是指从企业外部获取符合空缺职位工作要求的人员来弥补企业的人力资源短缺，或为企业储备人才。当企业内部的人力资源不能满足企业发展的需要时，应选择通过外部渠道进行招聘。

这两种招聘渠道各有其优点和缺点，具体如表4-1所示。

表 4-1　内部招聘和外部招聘的优缺点比较

内部招聘	外部招聘
优点： 　组织对候选人的能力有清晰的认识 　候选人了解工作要求和组织 　鼓励高绩效、有利于鼓舞员工士气 　更低的成本	优点： 　更大的候选人选择空间 　会把新的技能和想法带入组织 　比培训内部员工成本低 　降低徇私的可能性 　激励老员工保持竞争力，发展技能
缺点： 　会导致"近亲繁殖"状态 　会导致为了提升的"政治性行为" 　需要有效的培训和评估系统 　可能会因操作不公或心理因素导致内部矛盾	缺点： 　增加与招聘和甄选相关的难度和风险 　需要更长的培训和适应阶段 　内部员工可能感到自己被忽略 　新的候选人可能并不适应企业文化 　增加搜寻成本

内部招聘和外部招聘都是企业行之有效的招聘渠道，具体如何选择并无定论，应根据组织战略、职位类别、外部环境变化以及组织在劳动力市场上的相对位置等因素综合权衡。

(一) 内部招聘

组织在进行招聘活动的时候，首先应该考虑公司已有的员工。内部招聘是指吸引现在正在组织任职的员工填补组织职位空缺的一种方式。严格来说，内部招聘不属于人力资源吸纳的范畴，但它又确实是组织重要的员工招聘来源，特别对于组织的管理职位来说最为重要，如在美国有抽样调查资料显示，90%的管理职位是由内部征召来填补的。

1. 内部招聘的方法

在内部招聘中，最常用的方法就是职位公告和职位竞聘、员工推荐以及档案法。

(1) 职位公告和职位竞聘。职位公告是通过公告或组织的报刊向员工通告组织空缺职位的情况。职位竞聘是指允许那些自认为具备资格的员工申请公告中职位的自荐过程。职位公告和职位竞聘体现了招聘工作的公开性和公平性原则。负责招聘的管理者通常想优先考虑内部候选人，职位公告和岗位竞聘过程有助于减少内部员工的抱怨，提高员工的士气。

空缺职位的信息通常公布在公司内部网络、布告栏或者时事通讯上。对空缺职位感兴趣的员工必须在规定的时间内提出职位申请，他们不需要得到直接上级的同意。有些布告仅仅接受与空缺职位相关部门的申请，或者仅接受本部门内的申请。普华永道将拟招聘的职位信息放在公司局域网上，并使用电子邮件和声讯邮件提醒公司的 123 000 名员工去查看空缺职位清单。

北电网络在 monster.com 公布其职位公告。公司的内部调动主管说："我想让你在公司内部找工作变得像点头一样容易。"目的是让外部可得到的工作机会，在内部也可以得到。因此，这种做法使得北电网络在不断增长的业务部门间重新分配人才，从而阻止人才外流。

今天，如果员工不了解内部是否有空缺职位，是因为他们没有定期关注内部职位公告的信息。但即使在网上,职位公告和职位竞聘仍然存在一些弊端。有效的系统需要花费金钱、时间和精力,公司要确保正确地对待内部求职者,不能让他们感到受打压,或者因为竞聘不成功产生离职的念头。当竞聘不成功时,必须有人向他们解释不成功的原因。管理者必须选择出最适合的人选,否则这种做法就会丧失可信度。

(2) 员工推荐。员工推荐一直都是发现高绩效员工的有效途径。组织员工根据岗位的需要,通过推荐的形式为组织找寻相关人才。员工将人才推荐进来之后,企业再组织用人部门与人力资源部门进行相关的选拔与测评。很多公司加强了他们的员工内部推荐制度,因为这些公司发现员工积极推荐朋友和熟人来求职,在招聘过程中发挥着很重要的作用。有些公司甚至为举荐成功的员工提供物质方面的奖励。由当前员工推荐的求职者,往往有更高的生产力。

通用医疗系统公司发明和制造了 CT 扫描仪、核磁共振成像仪以及其他需要软件编码和电子工程技术的生物医学设备。公司在招聘人才时,要与英特尔、思科、微软、惠普等公司竞争,每年要招聘 500 名技术工人。在通用医疗系统公司,员工推荐被广泛应用,因为多达整整 10% 的被员工推荐的人,最终获得聘用。与之相比,仅有 1% 的投寄简历到公司的人获得面试机会。公司为了鼓励员工推荐,主要采取的鼓励措施有:推荐合格人才的员工将会收到一份小礼物;如果推荐的人才得到了公司的聘用,则推荐人可以得到 2 000 美元的奖励,如果推荐的新员工是一名软件工程师,则可以得到 3 000 美元的奖励。这看起来可能是一大笔支出,但内部推荐为招聘节省的其实更多。如果借助猎头进行招聘,招聘的费用可能高达 20 000~25 000 美元。

(3) 档案法。这是指企业通过查阅员工档案寻找空缺岗位合适人选的方法。一般来说,企业都建立自己的人力资源档案,详细记录员工的简历、技能资料包括员工工作经历、教育经历、已参加或计划参加的培训、具备的特殊技能或能力、业绩评估等。一旦组织出现岗位空缺,通过人力资源信息系统保存的员工资料信息可以很快发现哪些员工满足空缺岗位的招聘要求。这种方法常与工作张榜法结合使用,这样可以简化人员选拔的过程。

2. 内部招聘的优缺点比较

内部招聘的优点:首先,对员工具有激励作用,有助于提高员工的工作绩效和士气,有助于增强员工对组织的忠诚度,减少员工的流失;其次,由于组织对员工的技能、才能了解比较清楚,所以能够较好地实现人适其职;此外,内部征召可以节约大量的征召广告费和筛选录用方面的相关费用,以及部分培训费用。

内部招聘的缺点:容易使申请了但却没有得到职位的员工失望,容易引起员工的忌妒、攀比等心理问题;如果从内部征召的人被证明不适合新的职位,组织会面临比较尴尬的局面。内部征召最大的问题是容易导致"近亲繁殖"。

但是,内部征召已经成为建立员工忠诚意识的一种有效方法,它的不足可以通过细致的工作来弥补和消除。

(二) 外部招聘

外部招聘是指组织从外部寻找、吸引求职者,填补空缺职位的过程。特别是当组织需要大量人员补充时,主要通过外部招聘来解决。

1. 外部招聘的方法

（1）广告招聘。组织通过报纸、广播电视和行业出版物等媒体对空缺职位进行广告招聘。这种方法通常能够吸引大量的应聘者，可以迅速地传达企业的招聘信息，还可以帮助企业建立良好的企业形象。

利用广告进行招聘，首先应明确广告包括的内容。如：本组织的基本情况，招聘是否经过有关部门批准，空缺职位的责任与义务，申请者必须具备的条件，报名的时间、地点，需要的证件及材料，以及求职者普遍关心的有关组织和工作的情况，如工作环境、管理方式、工作的满足度、组织文化等。

为吸引更多求职者的关注，招聘广告应满足"AIDA"（Attention-Interest-Desire-Action）的设计原则。A——能引起求职者对广告的注意；I——能激起求职者对工作的兴趣；D——能激发求职者申请工作的欲望；A——鼓励求职者积极采取行动。

可选择的广告媒体主要有报纸、杂志、广播电视和互联网等。在选择媒体时应考虑各种媒体的优缺点及媒体本身承载信息的传播能力、受众群体等因素。

① 报纸。报纸的优点在于它的发行量大，广告的大小可以灵活选择，发行范围集中在一个特定的区域。由于报纸将栏目分类编排，有专门的求职类型的报纸或版面，不容易被积极的求职者忽视，利于他们查找。但是由于发行对象无特定性，会带来大量水平参差不齐的应聘者或应聘者资料，增加人力资源部门的工作负担。而报纸保留的时间较短，很多报纸只能在某一天内被人看到，导致潜在的候选人可能错过这个时间而没有看到。并且报纸的纸质和印刷质量会对广告的设计造成限制。因而报纸广告适用于想在某个特定地区招聘一些短期内就需要补充上空缺职位的企业。如果企业所在行业或空缺职位具有高流失率的特点，地方报纸往往是最好的选择。在进行报纸广告之前，应该了解当地有什么报纸、各家报纸的发行数量，并且要了解它的受众群体情况。一个媒体的受众是哪些人远比它的受众人数有多少更为重要，因为这会关系到有多少潜在的职位候选人在看广告。另外，要考虑广告的版面大小。一般大版面要比小版面更吸引人，但研究表明，小版面通常也能够吸引相当于大版面的70%~80%的读者注意，企业要根据自身的情况加以选择。

② 杂志。杂志的优点在于：接触目标群体的概率比较大，便于保存，能够在较长时间内被看到，并且纸质和印刷质量好，可以产生较强的视觉冲击力。杂志的缺点是：每期的发行时间间隔较长，地域范围较分散，广告的预约期较长。针对杂志的特点，企业可以在空缺职位非迫切补充且职位候选人集中在某专业领域时使用，这时选择该专业领域较广泛阅读的杂志会比较适用。

③ 广播电视。广播电视最不容易被人忽视，能够更好地让那些不是很积极的求职者了解到招聘信息。而且，广播电视较强的视听感觉比印刷广告更能有效地渲染雇用气氛。如果选择在黄金时段则受众人数众多，容易给人留下深刻印象。但广播电视的成本较高，并且持续时间短，不能查阅。但是当招聘处于竞争的情况下，企业急需扩大影响，将企业形象的宣传与人员招聘同时进行的时候，广播电视很容易达到效果。

④ 其他印刷品。海报、广告、招贴、传单、宣传旗帜、小册子、直接邮寄、随信附寄等都是在特殊的场合如展示会、招聘会或校园等有特别效果的方法。这些方法与其他招聘方法结合使用能够产生更高的效率。值得注意的是，要充分考虑印刷品发放的场合，以免街

头发放带来的环境污染损害企业形象。

（2）人才招聘会。人才招聘会是一种比较传统的招聘方式。人才招聘会可以分为两大类。一类是专场招聘会，即只有一家公司举行的招聘会。专场招聘会是公司欲招聘大量人才或面向特定群体（如校园招聘会）时举行。另一类是非专场招聘会，即由某些人才中介机构组织的有多家单位参加的招聘会。组织举办或参加招聘会是展示形象和实力的良好机会，为此，组织应做好以下准备工作。

① 选择对自己有价值的招聘会。各种各样的招聘会繁多，要想选择到适合公司招聘职位的人才就要先选择恰当的招聘会。首先，要了解招聘会的档次，如果与其他参加的公司不属于同一个档次，来参加的应聘者就可能不会满足公司的需要或者公司无法满足应聘者的需要。其次，要看招聘会的组织者，组织者的组织能力、社会影响力、宣传力度等都将影响招聘会的声势以及参加的人员数量和质量。另外，应该注意的是，招聘会的时间是否与其他的招聘会冲突，是否有竞争对手来参加。如果有竞争对手参加，而且竞争对手提供的条件更胜一筹，就不要轻易同时参加招聘会，因为应聘者会更容易选择竞争对手。

② 准备一个有吸引力的展位。参加招聘会对公司来讲也是一件具有挑战性的工作，因为只有自己的公司出类拔萃才能在招聘会的竞争中取胜。因此，如果有条件可以争取选择一个尽量好的位置，并且有一个比较大的空间。在制作展台方面最好请专业公司帮助设计，并留出富余时间，以便对设计不满意的地方进行修改。在展台上可以利用放像机或计算机投影等方式放映公司的宣传片。在展位的一角设置一个较安静的区域，公司的人员可以和有必要进行较为详细交谈的应聘者谈话。

③ 准备好会上所用的资料。在招聘会上，通常可以发放一些宣传品和登记表格。这些宣传品和登记表格要事先准备好，并要足量。如果准备一些小的纪念品，将会更受应聘者的喜欢。如一些印有公司标识和网址的笔、鼠标垫、钥匙扣等，或者制作精美的纸袋，可以将宣传资料放在里面。

④ 准备好相关的设备。在招聘会上，必要时可以使用电脑、投影仪、电视机、放像机、录像机、照相机等设备加强公司招聘的效果。这些设备要提前备好，并要注意现场是否有合适的电源。

⑤ 招聘人员应做的准备。参加招聘会的人员要事先做好充足的准备，对应聘者可能提出的问题以及公司方面、职位方面、待遇方面等情况要了解清楚，并对所有的招聘人员做到统一、一致。招聘人员应该由人力资源部门和用人部门两方面人员共同组成，并设计好工作流程。

⑥ 与有关的协作方沟通联系。在招聘会开始之前，要与有关的协作方进行沟通。这些协作方包括招聘会的组织者、负责后勤事务的单位，还可能会有学校的负责部门等。在沟通中，一方面了解协作方的要求，另一方面提出需要协作方帮助的事项，以便早做准备。

在招聘会上，招聘人员代表着公司的整体形象，因而要时刻保持良好的精神风貌，应目视应聘者，微笑礼貌地回答问题。不要在展台内交头接耳，展台前面不要有障碍物影响视线，把展台充分暴露在求职人员面前；不要在展台内使用手机，以免错过求职者；也不要在求职者走后对他们进行评论，这样对应聘者的不尊重会令其他的求职者也望而却步。招聘人员反应要迅速、果断，给求职者留下高效率的印象。

在招聘会后,要用最快的速度将收集到的简历整理出来,通过电话或电子邮件的方式与应聘者取得联系,防止由于反馈过慢而给求职者留下管理效率低下的印象以及合适的应聘者被其他公司抢去。对公司满意的应聘者,应通知他们到公司来面试;对不合适的应聘者,也应该给他们一个答复,告诉他们虽然很遗憾这次没有适合他的职位,但他的个人信息已经进入了公司的人才库,有合适的职位时会主动与他联系。

(3) 就业服务机构。社会上有各种就业服务机构,其中有人事部门开办的人才交流中心、劳动部门开办的职业介绍机构,还有一些私营的职业介绍机构。这些中介机构都是用人单位和求职者之间的桥梁,为用人单位推荐用人,为求职者推荐工作,同时也举办各种形式的人才交流会、洽谈会等。

一般看来,企业在以下三种情况下会愿意借助就业服务机构的力量来完成招聘工作:一是企业没有自己的人力资源管理部门,不能较快地进行人员招聘活动;二是某一特定职位需要立即有人填补;三是企业发现自己去招聘有困难,比如招聘对象是目前仍在别的组织中工作的人,他们可能不太方便直接同当前组织的竞争对手接触,那么就可以通过就业服务机构来解决人员招聘问题。

企业要借助就业服务机构,首先要选择一家好的就业服务机构,目前市场上的就业服务机构良莠不齐,选择一家正规合法、声望好、有实力的就业服务机构是十分重要的;其次,必须向他们提供一份精确而完整的工作说明,这有利于就业服务机构找到合适的人员;再次,要参与监督就业服务机构的工作,比如限定他们使用的甄选技术和方法,定期检查那些被就业服务机构接受或拒绝的候选人资料,以及时地发现他们工作不合意的地方。根据美国的经验,通过就业服务机构帮助获得的求职者主要是蓝领工人或低层次的管理者,很难获得专业技术人员和高级人才。从我国现实状况来看,也明显存在这样的问题。

(4) 专职猎头机构。猎头机构是指专门为企业招聘中级、高级管理人员或重要的专门人员的私人就业服务机构。由于人才的短缺,主动求职的愿望相对较低,并且他们已经有很好的工作,因此运用公开的招聘方法难以吸引他们。而猎头公司拥有自己的人才数据库,并经常主动去发现和寻找人才,还能够在整个搜寻和甄选过程中为企业保守秘密。所以,如果企业要征召一些核心员工,猎头公司的帮助是必不可少的。猎头公司服务费相对较高,一般是招聘职位年薪的1/3。

在我国,猎头公司在招聘高级管理人才方面占有一席之地。这些公司一般进行两项业务:一类是针对需要人的组织进行的,另一类是针对需要工作的个人进行的。这些公司通晓各种各样的组织对人才的特殊需要,同时也掌握着丰富的有特殊才能的个人信息。在针对个人进行服务时,个人无论应聘成功与否,都要支付一定的费用给猎头公司。在针对组织进行服务时,只有在组织需要的人才被招聘成功时,组织才支付给猎头公司相应的费用,一般相当于被招聘者头一年工资的30%~35%。

组织通过猎头公司招聘高级管理人才既可以节省时间又可以节省开支。因为组织可以节省大笔的广告费用和对所有的申请者进行筛选的费用。组织在与猎头公司合作时,应注意以下几点:一是组织要避免与过多的猎头公司接触,应精心挑选少数信誉较好的猎头公司进行合作;二是在与之合作的猎头公司中,应与几个熟悉组织需求的顾问建立联系,如果这个顾问离开了他所服务的公司,组织也应该离开这家公司,寻求新的猎头公司;

三是组织要向猎头公司提供空缺职位的详细信息,以便寻求"猎物";四是猎头公司所推荐的人与其原来工作过的组织或公司应该已经解除了聘用关系,特别是涉及组织的技术开发人员时必须小心。这是因为由于技术人员改变聘用关系而引发法律诉讼事件时有发生,而且涉及的赔付金额巨大,易对用人单位造成极大的损失。

(5)校园招聘。校园招聘已经成为我国越来越多组织喜欢运用的招聘手段。校园招聘的好处是:组织可以吸引到相当数量的具有一定素质的应聘者。其不足之处是:许多毕业生脚踏几只船,而且这些刚刚进入劳动力市场的毕业生由于缺乏实际的工作经历,对工作和职位都容易产生一种不现实的期望,也有的毕业生参加招聘仅仅是为了增加面谈经验。因此,通过校园招聘来的人员五年内有比较高的流失率,士气也比较低。另外,校园招聘成本较高,花费的时间也较多,如要进行较长时间的准备,印发宣传小册子安排各种事宜,面谈的时间也很长。

宝洁公司每年都会从各大高校中招聘大量的人才,他们对校园招聘十分重视,通常在每年毕业际,都会派出大型的招聘团到几大名校积极出击。在招聘过程中,宝洁公司不仅注重对企业基本情况、部门设置、工作环境、企业文化等各个方面的详细介绍,同时还会为学生提供许多精美的宣传资料。宝洁公司派出的招聘团成员大多是各个部门的精英,有的是所要招聘岗位的部门经理或更高级别的管理人员,有的甚至还是从该校毕业的优秀生。他们每个人都能以自己的亲身经历与体会向你描绘他们眼中的宝洁公司,他们在宝洁公司中所获得的知识与技能、机会与成长、激励与拼搏,在真实、自然、大方、幽默的气氛中使学生对宝洁公司有一个更为深入的了解,并且对企业文化与形象起到了一个良好的宣传作用。

为了提高招聘的质量和效率,组织可以在以下几方面进行工作:第一,根据组织空缺职位的情况选择好学校及专业;第二,要与学生工作部门建立联系,为了宣传组织,可组织学生到组织实习,采取某些助学措施;第三,培养好招聘人员。校园招聘与其他招聘相比有其独特之处,因为招聘人员要在比较短的时间内与大量的毕业生交谈,而且这些人的资历都差不多,要从中鉴别出适合组织发展的人才是比较困难的,所以高素质的招聘人员是很重要的。

(6)网络招聘。随着互联网的普及,网络招聘因其不受地域和时间的限制,且高效、快捷、费用低、信息传播范围广等优势,成为目前企业普遍采用的招聘方式。网络招聘的方式主要有两种。第一种方式是在公司的主页设置专门的栏目发表招聘信息。有些企业的网页还提供在线申请功能,求职者可以直接在网页上填写职位申请表,并可以通过电子邮件获得回复。还有些企业利用网络的视频功能进行在线面试,减少企业和求职者双方的招聘支出。第二种方式是利用专业的人才招聘网站。专业的人才招聘网站信息集中、访问量大,一般由专业的就业服务公司举办,除发布招聘信息外,还可提供人才测评、代理招聘等其他服务。

网络招聘过程可以被分解为以下四个步骤:

① 吸引求职者。编制详细的招聘计划和确定全面的市场战略,是确保组织进行网络招聘获得成功的至关重要的因素。比如,组织可以在招聘广告中以类似的结构、颜色和式样发布产品广告,用产品品牌来塑造人力资源品牌;还可以在组织的促销产品上印上组织的网址,这样可以增加求职者对组织网站的访问量。组织的主页是求职者比较关注的地方,也常常被求职

者当作组织的基本评估因素。因此,组织在网络招聘的设计中要体现出其潜在的招聘意识。

② 人才分类。网络招聘使求职者提交求职材料变得更轻松,然而也导致组织招聘网站上个人简历泛滥,其中有相当一部分是不符合要求的。对求职者迅速分类而不漏掉优秀人才,成为网络招聘的一项关键技术。目前许多组织已开发出不同的甄选程序,为网络招聘提供了一定的技术支持。

③ 与应聘者迅速取得联系。一旦组织在网络招聘中选中了优秀的应聘者,就要迅速与应聘者取得联系。在许多组织同时争夺优秀人才的情况下,第一个与求职者取得联系的组织往往更容易占据主动位置,拥有更大的优势。这就要求招聘者具备较高的办事效率,较大的灵活性和市场创造力。

④ 达成一致。到了这一阶段,招聘者就不能过多地依赖网络技术了,组织与应聘者面对面地进行交流沟通、培养互信成为一个关键的步骤。网络招聘最大的缺陷就是招聘者往往花费过多的时间到处去寻找合适的人选,但又缺乏足够的沟通时间去说服对方接受这个职位。这种错误的招聘方式往往导致大批优秀人才与组织擦肩而过,对组织和应聘者都是一种遗憾。因此,有些组织的招聘者会接受销售技巧培训,学习怎样增强沟通能力,以便说服应聘者加入组织。

2. 外部招聘的优缺点

外部招聘的优点:人员来源广,选择余地大,有利于组织广纳贤才;能为组织增添新鲜"血液"及活力,有利于组织发展壮大;比组织自身培养要节省成本,且比较及时;可从一定程度上缓解内部招聘引发的矛盾。

外部招聘的缺点:对应聘者了解少,可能会招错人;应聘者对组织和岗位了解少,适应期较长;可能影响组织内部士气;费用相对较高。

【资料阅读】

欧莱雅的招聘渠道

欧莱雅通过各种渠道与方式来招募人才,按照内外分为外部招聘与内部招聘。外部招聘包括社会招聘和校园招聘。

1. 刊登招聘广告

欧莱雅通过在报纸、网络刊登招聘广告发布用人信息,招募所需人才。欧莱雅运用网络这一覆盖面广、富有效率的新传媒,在网上进行招募,使人力资源在全球共享。它的普及使15个国家10%的招聘工作在网上得以实现。

2. 猎头公司

有时,为了招聘某些高级经理人为欧莱雅服务,欧莱雅也与全球一流的猎头公司等人力资源中介服务机构合作,通过猎头公司提供的专业人力资源服务,寻找优秀的人才加盟。欧莱雅中国人事总监戴青介绍说,她时常叮嘱开展合作的猎头公司,一旦发现欧莱雅需要的具备"诗人与农民"禀赋的人才,无论花费多少费用,都要尽力把他们吸引到欧莱雅来。单靠猎头公司招募人才在欧莱雅的招聘渠道中所占的比例不大,因为仅仅是中高级人才才通过猎头公司寻找。

3. 校园招聘

欧莱雅会根据需要每年在相关大学召开校园招聘会，招募管理培训生，为培养未来的高级经理人做精心准备。每年，来自世界几十个国家顶尖学府的千余名学生会申请加入欧莱雅公司。欧莱雅中国公司也广泛地与中国各著名大学展开交流与合作，每年在北京大学、清华大学、复旦大学、上海交通大学、中山大学等高校招募管理培训生，为培养欧莱雅未来的高级经理人奠定坚实的基础。

欧莱雅的校园招聘选择的大学是世界各地优秀的大学，招聘著名学府中的佼佼者进入欧莱雅。在全球，欧莱雅通过"校园企划大赛"等方式来寻找人才。

4. 实习生制度

欧莱雅还通过实习生制度每年从大学吸收大量优秀学生来公司实习促进双方的沟通与了解，为将来的合作奠定基础。

5. 内部招聘

欧莱雅的员工招聘信息同样在公司内部发布，欢迎公司员工参加应聘。内部员工与外部应聘者竞争某一岗位，完全是在公平的前提下，参加同样的面试，最终由用人部门决定取舍。

6. 建立人才后备力量

区别于每年毕业季各种公司在校园的招聘会，欧莱雅对人才的物色更显示出开放的态度。1993年，欧莱雅集团开创了"欧莱雅校园企划大赛"，现已风靡全球。2000年开始，欧莱雅在中国区举办"欧莱雅校园企划大赛"，这一鼓励大学生投身实际企业商业运行的全球经典赛事，赋予当代中国大学生活力和创意，使中国学生无论是在创新意识还是对市场的了解，以及将理论与实际相结合上，都拥有与世界各国同龄人同台竞技的机会，受到大学生们的热烈欢迎。获得头等奖的代表队会被邀请到巴黎的欧莱雅总部参观其主要生产基地和研究中心等，对欧莱雅这一跨国企业的管理风范和市场经营策略有更深入的了解。欧莱雅相信这一系列活动一定会给学生们留下先入为主的印象。

(资料来源：王丽娟《员工招聘与配置》，复旦大学出版社，2007年版)

第三节　甄选

组织经过招募过程，得到了一定数量的求职者，那么怎样在众多求职者中识别出与岗位要求最相匹配的人呢？这就需要对其进行甄选。甄选是指采用科学的方法从招募的人中挑选最适合特定岗位及组织的求职者的过程。甄选的目的就是实现个人、工作岗位以及组织之间的良好匹配。如果员工的素质高于职位的要求、低于职位的要求，或与组织文化不匹配，员工就会工作效率低下，最终可能自愿或非自愿地离开组织。对于企业来说，甄选已经在招聘过程中占据了核心地位。如果员工不能胜任工作，为替换该员工所花费的总成本将达到该员工工资的2.5倍。据20世纪70年代美国的一项调查显示，筛选一名年薪为6万美元的经理全部成本高达4.17万美元,占其年薪的80%。

一、甄选的作用

(一) 降低人员招聘的风险

通过各种人员测评方法对候选人进行筛选和评价可以了解一个人的能力、个性特点、工作风格等与工作相关的各方面素质,得出一些诊断性的信息,从而分析该候选人是否能够胜任工作。这样可以使组织找到适合职位要求的人,有效地避免不具备任职资格的人,降低由于雇用不胜任的人员而带来的人事风险。

(二) 有利于节省人工成本

有效的筛选工作可以使进入组织的人员的素质更符合空缺职位的要求,从而可以降低培训工作的投入。当人员素质低于职位要求时,企业支付的工资就可能大于该员工为企业创造的实际价值;反之,所招人员的素质如果远远高于工作所需,企业是难以留住人才的。人员与工作的匹配将带来组织的稳定,减少由人员流失造成的其他成本消耗,如新一轮招聘的费用、培训费等。有人做过这样的调查,招募和甄选一名经理人才大约要花费4.7万美元。如果甄选有效,即选到了合适的人才,就可以为企业创造年平均30万至50万美元的价值;如果甄选错误,则企业至少损失20万美元。

二、甄选的原则

要做好甄选工作,必须遵循一定的原则和标准。为此,在介绍各种甄选方法之前先着重介绍甄选工作的基本原则和标准。

(一) 因事择人原则

所谓因事择人就是以事业的需要、岗位的空缺为出发点,根据岗位对任职者的资格要求来选用人员。坚持因事择人的原则,从实际的岗位需要出发去选用合适的人员,才能实现事得其人、人适其事,使人与事科学结合起来。相反,如果先盲目地录用人,然后再找岗位进行安排,就难免出现大材小用或小材大用的现象。如果因人设事,为了安排人而增加不必要的岗位,就会造成机构臃肿,人浮于事,增加用人成本,导致工作效率低下。可见,贯彻因事择人原则是避免因人设事和防止机构膨胀的前提。

(二) 人岗匹配原则

每个岗位都有特定的工作内容、岗位规范和对从业者的素质要求,每个求职者也都有自己的素质特征和个人意愿。组织在甄选过程中应尽量达到两者的匹配。人的能力和岗位需要相契合,人才能够胜任岗位的各项工作,才能够最大限度地发挥任职者的才能,从根本上实现人力资源管理的目标,把合适的人放在合适的位置上,实现人力资源的合理配置。

(三) 德才兼备原则

德才兼备是我们历来的用人标准。实际上,纵观古今中外人事管理的实践,就会发现,任何时代任何阶级的用人标准都有德才两个方面的要求。就连我国历史上主张"唯才是举"的曹操,在用人上也并不是没有德的要求。他所用之人,虽然可以对父母不孝,可以为富不仁,可以对朋友不义,甚至是"盗嫂受金"之人,但是他必须忠君,必须为曹操治国平天下。而忠诚于君主,维护君主的最高利益,正是德的要求。在当代,我们用人坚持德才兼备标准自不待说,西方国家用人在能力考核之后也要进行背景调查,应征者品行端正、声誉良好才能被录用。

(四) 用人所长原则

坚持用人所长的甄选原则就是在甄选工作中,要克服求全责备的思想,树立主要看人的长处、优点的观念。这一原则是美国著名的管理学者杜拉克提出的。用人之道不在于如何减少人的短处,而在于如何充分发挥人的长处。在人员的甄选中,并非最优秀的才是最好的。工作的难易程度和性质的不同,对人员的要求也各异,重要的是找到最合适的人选。否则,既是人才的浪费,又会给企业带来负担。

当然,在用人之长的同时也要正确对待其短处。如果短处直接影响长处的发挥,则要采取积极的态度和措施,使其在发挥所长的过程中,把短处的干扰降低到最低限度。如果其短处已直接危害到我们的事业,对于短处的程度乃至其性质的变化问题就该另当别论,必须把用人之长和德才兼备标准统一起来。

(五) 民主集中原则

发扬民主,就是在甄选工作中要采用切实可行的措施,让员工有更多的发言权和决定权。集中,是在民主基础上的集中,通过民主程序选拔出来的拟聘对象要经过组织人事部门考察后,报经组织最高管理当局讨论审批。在讨论中,应有2/3以上成员到会,每个成员要认真负责地发表意见,最后按少数听从多数的原则形成决议。

(六) 回避原则

在甄选工作中要坚持任职回避和公务回避原则。任职回避要求组织内具有亲属关系(包括夫妻关系、直系血亲关系、夫妻双方的近亲属关系以及儿女姻亲关系等)的人员不得担任同一领导班子内的职务,不得担任有直接领导关系的职务,不得担任有监督关系的职务。公务回避是指负责招募的工作人员和领导人员,在甄选工作中凡触及处理与自己有亲属关系的人员问题,必须回避,不得以任何方式进行干预或施加影响。

三、甄选的程序

甄选决策通常被认为是申请者需要通过一系列的步骤,在每一个步骤上都会有更多的申请者因被组织筛选出去,或者因接受其他职位而从申请者名单上退出。甄选过程应该由人力资源部门和用人部门经理共同完成,其步骤如下。

(一) 评价求职申请表和简历

甄选过程的第一步通常就是要求应聘者填写申请表和简历。求职申请表和简历是对应聘者进行的初次筛选。如何从一大堆申请表和简历中筛选出组织所需要的人才,是组织继招募后做的第一件事,也是把握好组织员工入口的第一个环节。要把握好员工入口关,提高组织招聘效率和员工的素质,首先要做好求职申请表和简历筛选工作,尽可能把不符合岗位要求的应聘者排除在外,尽可能避免把真正合适的人才拒之门外。

查看应聘者的申请表和简历,使企业第一次有了了解应聘者的机会,能够简便、快捷地掌握应聘者的一些基本信息,比如姓名、住址、电话号码、受教育程度、接受到的相关培训、专业程度或者在相关行业的经历,以及个人兴趣爱好等。如果等到面试的时候才去花时间了解这些重要的信息,就会发现自己几乎没有时间去深入考察应聘者的实际工作表现,而后者对于希望做出可靠的雇用决策来说又是必不可少的。所以组织需要对申请表和简历进行评价,看看应聘者和招聘职位是否匹配。

精心设计、使用得当的申请表可以为甄选过程节省大量时间,因为它在一个标准化的表格中包含了需要了解的个人基本信息。在招聘管理和专业技术职位时,很多组织一开始不要求填写申请表,而是填写个人简历。企业在以后的甄选阶段要求填写完整的申请表。在申请表格中,通常会有几段预先印制的说明文字。首先,填表人应保证所填内容都是准确的、真实的,企业拒绝在重要问题上提供虚假信息的求职者;其次,在不违反法律的前提下,还应指出其属于自由雇佣,雇主或员工双方均可随时中止关系;最后,表格中还应包含一项声明,即候选人允许雇主进行背景调查和证明材料核实。

简历是一种目标导向的个人经验、教育及培训经历的总结,被用于企业甄选过程中。专业技术及管理类求职者的甄选程序,往往始于简历提交。简历中包括求职者期望的理想职位。简历的其余部分应当用于展示个人是否具有完成工作任务所需要的技能、素质。在简历中,只需包括与求职目标有关的信息。

求职申请表和简历都会存在一些不可靠的成分。初次筛选的目的在于通过申请表和简历的片面观察分析其潜在的危险信号。对显示危险信号的申请者,应该在初次筛选中予以剔除。一般情况下,下列可视为"危险信号":申请表信息不完整;在某职位上短期任职,且没有合乎逻辑的原因;就业经历存在间断;在某职位上缺乏所期望的成绩;缺乏有效的离职原因;所描述的职责与原任职岗位不一致;过去的经验与申请的职位不符;不合逻辑地提供申请职位所必需的经验或技能。

(二)进行面试、测试和考核

对初选合格的人进行面试,必要的话还要进行测试和考核。通过对应聘者进行面试、测试和考核,可以对他们的知识、能力、技能等条件,以及个性品质、职业方向、动机和需求等方面加以评定,从中选出合适的人选。

(三)背景调查

背景调查就是核实求职者的申请材料和个人简历与实际是否相符,以便获得求职者更为全面的信息。在整个招聘选拔过程中,所有的信息都是从应聘者那里直接获得的:审阅应聘者自己提供的简历,与应聘者面谈,在各种人才测评活动中观察应聘者的表现。尽管在选拔人员时,最关键的是从应聘者那里直接获得的信息,然而最重要的还是应聘者的胜任力,但是也不排除应聘者的一些其他背景信息的重要性。

背景调查就是对应聘者的工作背景信息进行查证,以确定其任职资格。通过背景调查,一方面,可以发现应聘者过去是否有不良记录;另一方面,也可以对应聘者的诚实性进行考察。

1. 调查时间

背景调查一般安排在面试、测试和考核之后与拟聘人员上岗之前进行,因为此时大部分不合适的人已经被淘汰。

2. 调查内容

背景调查的主要内容如下。

(1) 学历、学位。在应聘中最常见的一种谎言就是在受教育程度上的作假。因为在很多招聘的职位中都会对学历提出要求,所以有些没有达到学历要求的应聘者就有可能对此进行伪装。目前,大学的毕业证书已经逐渐进入计算机管理系统,可以在互联网上进行查询,这为招聘单位进行有关的背景调查提供了便利条件。

(2) 过去的工作经历。背景调查的另一个重要方面就是对过去的工作经历进行调查。过去的工作经历调查侧重了解的是受聘时间、职位和职责、离职原因、薪酬等问题。了解过去工作经历最好的方式就是向过去的雇主了解,此外还可以向过去的同事、客户了解情况。

(3) 过去的不良记录。主要调查应聘者过去是否有违法犯罪或者违纪等不良行为。尽管人们愿意相信一个人过去犯过错误会改过自新,但这些信息仍然要引起注意。在进行背景调查时要注意从各个不同的信息渠道验证信息,不要听信一个被调查者或者一个渠道来源的信息,必要时可以委托专业的调查机构进行调查。

3. 调查的具体实施

背景调查可以委托给中介机构进行,提出调查的项目和时限要求。如果工作量较小,也可以由人力资源管理部门操作。

一旦完成了背景调查,招聘工作就进入了决定性的阶段——做出录用决策。

四、甄选技术与方法

甄选是招聘过程中的一个重要环节,甄选工作对组织绩效和成本有重要的影响,决定了组织能否最终获取适合工作岗位的理想人选。因此,甄选已经成为招聘过程的一个最重要的阶段,在甄选过程中要用到多种评价技术和方法。

(一) 面试

面试是使用得最为普遍的一种选拔测评方法,几乎所有的人员筛选过程都会使用面试,而且还常常在一个甄选程序中不止一次地使用。面试因其方便、容易操作、不需要额外的资料设备等特点被人们乐于使用。但是往往越是熟悉的方法越是令人不以为然,招聘者和管理者很少觉得自己不会面试,但是事实上,面试却又总是不能达到令人满意的效果。

面试是指在特定时间、地点所进行的,有着预先精心设计好的明确目的和程序的谈话,通过面试者与被面试者双方面对面的观察、交谈等沟通方式,了解被面试者的个性特征、能力状况以及求职动机等情况的一种人员甄选方法。通过面试并不能获得被测评者的全部信息,但与其他方法相比,面试往往可以给被测评者更大的发挥空间,面试者也可以根据进行中的状况灵活决定某些问题的取舍与先后次序。

1. 面试的种类

从不同的角度分析,面试可以分为不同的类型。根据面试的结构化程度,可将面试分为结构化面试、非结构化面试；根据面试的具体形式，可将面试分为个别面试、小组面试和集体面试；根据面试题目的内容，可以将面试分为情景面试和经历面试；根据面试的气氛设计，可以将面试分为压力面试和非压力面试。组织可以根据自身招聘不同层次人员的不同需要，有针对性地选择面试的方法和种类。

（1）结构化面试。它是指依照预先确定的内容、程序、分值结构进行的面试形式。通常，结构化面试的过程有一定的遵循格式。面试前通常测定一系列问题，然后在面试过程中，根据应试者的回答与标准答案相比较，给出相应的分数。它具有规范性、客观性、相对准确性、便于掌握评分尺度等特点，也称为标准化面试。值得注意的是，并非对所有问题都一定要按次序一一提问，面试中根据应试者的表现可以跳过一些问题，也可以加上一些问题。

在进行结构化面试之前，组织必须通过工作分析确定应聘岗位对应聘者的素质要求，在此基础上确定录用标准、设计面试问题、合理安排问题的顺序、确定提问者以及明确评分标准和评分人、设计规范的评分表。

（2）非结构化面试。它是指面试的内容、程序都没有明确的规定，主试者可以根据被试者的具体情况以及面试的需要随机提出探索性、开放性的问题，并且根据被面试者回答的某一方面进行深入、彻底、多层次的了解。也就是说，对于不同的应试者，提出的问题、测试过程和问题的答案，都是因人而异的。因此，非结构化面试具有面试问题的不确定性、面试答案的非标准性、面试过程的发散性和面试评分标准的模糊性等特点。

（3）个别面试。它也即是一对一面试，一个面试人员面试一个应聘者。这种面试有利于双方建立较为亲密的关系，加深互相了解。但是由于只有一个面试人员，所以决策时难免有失偏颇。

（4）小组面试。它是指由几个面试人员组成的面试小组使用事先准备好的问题，共同对被面试人员进行提问的一种面试方法。面试小组由人力资源部门及职能部门的人员组成，所以这种面试可以从多种角度对应聘者进行全面考察，从而有利于提高判断的准确性，克服个人偏见。

（5）集体面试。它是指两个以上人员组成的面试小组同时对几个应聘者进行面试。它是通过应聘者集体完成一些测试，来判断应聘者的逻辑思维能力、解决问题的能力、人际交往能力以及领导力等。这种面试的效率较高，但对面试人员有善于观察和控制局面能力等方面的要求。

（6）压力面试。压力面试要测试应试者对压力的承受能力和对工作上各种压力的应对能力。在面试过程中，主试者就某一问题提问，在应试者回答的过程中找出破绽或薄弱之处，然后对此进行集中提问。如果测试者能做出合理的解释，则面试可以继续进行；如果应试者表现出紧张或者恼怒情绪，则可以认定其承受能力较差。比如，在面试中一切都很顺利，面试官突然说："我觉得你的回答很不充分，它和我提问的问题风马牛不相及，你不能回答得更好些吗？"这时，意味着正在进行压力面试。

在压力面试中，面试官有意识地制造压力。面试官会提出一系列直率（甚至不够礼貌、找茬、挑错）、往往有些失礼的问题，置应聘者于窘境，使其不舒服或感觉到压力，然后观察其在压力下的反应。例如，一位公关经理介绍自己过去两年的工作经历时提到分别从事了四个岗位的工作，针对这种情况，主试者对其频繁地更换工作表示质疑，认为其可能缺乏责任感和不够成熟。此时,若应试者给出必要的解释,则可以开始其他话题;若应试者表现出愤怒或不知所措的情绪,则可以将这些看作是压力承受力弱的特征。压力面试对面试官控制场面的能力要求很高。

2. 面试的准备

(1) 明确面试的目的。明确面试的目的有利于面试官在面试过程中把握方向,使面试更有针对性地进行,从而提高面试的效率。通常,面试的目的主要有收集应聘者能做什么的信息、收集应聘者愿意做什么的信息、向应聘者提供组织的相关信息以及检查应聘者与空缺职位的匹配程度等。

(2) 回顾工作说明书。工作说明书是在面试中判断一个候选人能否胜任该职位的依据,因此面试者在进行面试之前必须熟悉工作说明书。在回顾工作说明书的时候,要侧重了解的信息是职位的主要职责,对任职者在知识、能力、经验、个性特征、职业兴趣等方面的要求,以及工作中的汇报制度、环境因素、晋升和发展机会、薪酬福利等。所以,在明确面试目的之后,面试者如果能够回顾工作说明书,将有利于把握重点,从而使面试不会偏离重心。

(3) 阅读应聘者简历。在面试之前,一定要仔细阅读被面试者的简历。这样做的原因主要有两点:一是熟悉被面试者的背景、经验和资格,并将其与职位要求和工作职责相对照,对被面试者的胜任程度做出初步的判断;二是发现被面试者的简历中的问题,供面试时讨论。对被面试者的应聘简历需阅读的内容包括教育背景、工作经历、工作调换频率以及应聘者身上的无形资产等,并与筛选简历时记录下来的疑问和重点相对照,重新构思和整理在面试中需要从应聘者那里得到的信息。

(4) 制定面试评分表。在面试过程中,由于面试者的知识背景、专业背景、工作和个人兴趣的差异,他们往往会特别关注应聘者不同的侧面,不可避免会表现出自己的主观偏好,对同一个应聘者往往会做出不同的评判,使评分的稳定性和客观性降低。所以,在面试之前,必须制定相应的面试评分表,如表 4-2 所示。面试评分表主要包含以下几个方面的项目。

① 序号、姓名、性别、年龄。
② 报考的类别与职位。
③ 面试考察的重点内容及考核要素。
④ 面试评价的标准与等级。
⑤ 评语栏(包括录用建议或录用决策)。
⑥ 面试评委签字栏。
⑦ 面试时间等。

表 4-2　面试评分表

序号		姓名		性别	
年龄		文化程度		目标岗位	
面试要素	权重	观察要点		满分	要素得分
综合分析	17	对事物能从宏观方面总体考虑;对事物能从微观方面考虑其各个组成部分;能注意整体和部分间的关系及各部分间的有机协调组合		10	A
言语表达	17	能理解他人意思,口齿清晰、流畅;内容有条理,富逻辑性;他人能理解并具有一定说服力;用词准确、恰当、有分寸。		10	B
应变能力	14	有压力状况下,思维反应敏捷;情绪稳定;考虑问题周到		10	C
计划组织与协调	14	据部门目标,预见未来的要求、机会和不利因素,并做出计划;看清冲突各方之间关系;根据现实需要和长远效果做适当选择,及时做出决策;调配、安置人、财、物等有关资源。		10	D
人际交往的意识与技巧	13	人际合作主动,理解组织中权属关系(包括权限、服从、纪律等意识),人际间的适应,有效沟通(传递信息),处理人际关系原则性与灵活性结合		10	E
自我情绪控制	10	较强烈刺激情境中,表情和言语自然;受到有意挑战甚至有意羞辱的情况,能保持冷静;为长远或更高目标,抑制自己当前的情绪。		10	F
求职动机与拟任职位的匹配性	7	兴趣与岗位情况匹配,成就动机(认知需要,自我提高,自我实现,服务他人的需要,得到锻炼等)与岗位情况匹配,认同组织文化		10	G
举止仪表	8	着装打扮得体,言行举止符合一般礼节,无多余动作		10	H
考生得分(T)					
考官评语		考官签字:	年	月	日

评分说明:①对每一评分要素,考官按0~10给分:表现好的给8~10分,一般的给4~7分,差的给0~3分;②总分 $T=0.17A+0.17B+0.14C+0.14D+0.13E+0.1F+0.07G+0.08H$。

(5)确定时间和场地。面试双方必须事先约定好时间,避免面试与其他事情在时间上发生冲突。在场地的选择上,一般公司会选择办公室作为面试场所,但要注意的是安排一个不受干扰的面试场地。

3. 面试的过程

面试的过程通常分为准备阶段、导入阶段、核心阶段、确认阶段和反馈阶段这五个阶段。

(1) 准备阶段。面试前的准备工作至关重要。一方面是面试者的准备。主要包括仔细阅读工作说明书和工作规范，对工作岗位有充分的了解。除此之外，还需要准备提问提纲，设计面试记录表和面试评分表。另外，还需要选择合适的面试地点，面试的房间应该安静、舒适，不易受外界干扰。另一方面是应试者的准备。企业应当把面试的时间和地点提前通知应试者，以便应试者提前做好准备。

(2) 导入阶段。面试的开始主要是消除应试者的紧张情绪，建立和谐的气氛，使应试者尽快恢复常态。主试者可以通过聊一些人们经常议论的问题如天气、交通等来消除应试者的紧张情绪，还可以向应试者介绍各位主试者，向应试者说明面试的目的、主要步骤和程序。

(3) 核心阶段。核心阶段是整个面试过程最为重要的阶段。在此阶段，面试者将通过提问、倾听和观察，着重收集应试者能够胜任应试岗位能力方面的关键信息，并依据这些信息对应试者做出基本的判断。组织应根据实际情况需要来选择适当的提问形式。通常，通过对应试者过去曾经发生过的关键事件的提问和对应试者的回答进行分析，面试者能够对应试者的各项关键胜任能力做出评价，并做出最初的录用决定。

(4) 确认阶段。一般来说，经过核心阶段的测试，面试者对应试者的工作能力有了一个整体的判断。在此阶段，面试者回顾检查是否遗漏了能够反映应试者关键胜任能力的核心问题，并进一步确认这些关键问题。结束阶段还可以向应试者提供了解信息和询问工作相关情况的机会。

(5) 反馈阶段。在应试者离开后应抓紧时间整理面试记录。在评价时要尽量避免容易犯的错误，以便对应试者做出正确的评估。

4. 面试的技巧

面试的技巧涉及多个方面，如陈述的技巧、提问和倾听的技巧、如何捕捉非语言信息的技巧、如何面对不同个性的应试者的技巧、如何进行现场控制的技巧等。在此我们只介绍面试提问的STAR步骤。

STAR是Situation(背景)、Task(任务)、Action(行动)和Result(结果)四个英文单词的首字母组合。在招聘面试中，仅仅通过应聘者的简历无法全面了解应聘者的知识、经验、技能的掌握程度及其工作风格、性格特点等方面的情况，而使用STAR技巧则可以对应聘者做出全面而客观的评价。

首先要了解应聘者工作业绩取得的背景。通过不断提问与工作业绩有关的背景问题，可以全面了解该应聘者取得优秀业绩的前提，从而获知其所取得的业绩有多少是与应聘者个人有关，多少是与环境因素有关。

其次，要详细了解应聘者为了完成业务工作都有哪些工作任务，每项任务的具体内容是什么样的。通过这些可以了解应聘者的工作经历和经验，以确定他所从事的工作与获得的经验是否适合现在所空缺的职位。

再次，继续了解该应聘者为了完成这些任务所采取的行动，即了解他是如何完成工作的,都采取了哪些行动,所采取的行动是如何帮助他完成工作的。通过这些,可以进一步了解他的工作方式、思维方式和行为方式。

最后,才来关注结果,每项任务在采取了行动之后的结果是什么,以及造成这种结果的原因是什么。

这样,通过STAR式发问的四个步骤,一步步将应聘者的陈述引向深层,一步步挖掘出应聘者潜在的信息,为企业更好的决策提供正确和全面的参考,既是对企业负责也是对应聘者负责,从而获得一个双赢的局面。

(二) 心理测验

心理测验起源于实验心理学中个别差异研究的需要。1879年德国心理学家冯特在德国莱比锡大学设立了第一所心理实验室。心理测验是通过一系列手段将人的某些心理特征数量化,来衡量人的智力水平和个性差异,并据以预测被测评者与拟任职位符合程度的方法,以达到甄选的目的。它可以在一定程度上测评出被测评者的能力特征,预测其发展潜能,也可以测定求职者的人格品质及职业兴趣等。在人员招聘中,较为常用的心理测验有认知测验和人格测验两大类。

1. 心理测验的步骤

(1) 确定测验的目的和对象。不同的测验,适用于不同的对象,具有不同的功用。对于任何一次测验来说,测评者必须明确地知道该测验用来测量什么心理变量以及受测者的组成和特点,以便确定测验的难度、取样范围和形式。

(2) 编制测验题目。心理测验题目的编制不是找几套题目那么简单的事,而是一个系统而严谨的过程。实施心理测验不仅要针对岗位编制或选择有效的测验题目,还要对它进行不断的修正,这是个不断循环的长期过程。首先通过工作说明书,了解岗位需要什么样素质的人才;其次从已有的心理测验试题库去寻找和选择与这些因素相关的测试题,或委托心理学家针对这些因素编制试题;再次,通过用编制好的试题对在这项职位上任职的人员进行测试,从而判断试题的信度和效度、区分度;最后,根据测试的结果,对试题进行修正。由于所需时间和成本大,一般采用已经经过验证的成熟的测量工具,如果没有现成的合适的工具,才考虑自行编制,但必须在专业的心理测量专家的参与下才能完成。

(3) 培训工作人员。在实施测验前,组织应对参与测验的工作人员进行适当的培训,一方面让工作人员明确测验的目的、形式,以便他们更好地开展测评工作,另一方面让他们熟悉测评的程序,确保测验高效地进行。

(4) 实施。实施测验就是对应聘者进行心理测试。在实施过程中,测评者应做到客观化、标准化,从而保证收集到的测评结果能够公正、真实地反映被测评者的心理特征。

(5) 结果分析。结果分析即对测验结果的记分、统计,参照常模进行解释并给出聘用与否的建议,以及对聘用者的绩效进行跟踪,以对测验过程的效度进行检验。

2. 认知测验

认知测验测评的是认知行为,认知测验又可以按具体的测验对象分为智力测验、能力倾向测验与成就测验。

(1) 智力测验。智力测验主要是测评认知活动中较为稳定的行为特征,是对认知过程或认知活动的整体测评。它是对智力水平的科学测评,主要测验一个人的思维能力、学习能力和适应环境的能力。智力的高低间接影响到一个人在社会上能否成功。一般来说,智商比较高的人,学习能力比较强,但仅这两者之间不一定是完全正相关关系。因为智商还包括社会适应能力,有些人学习能力强,但社会适应能力并不强。在甄选阶段运用智力测验可以了解一个人的基本水平。但并不是智商高的人对所有的工作都适合。在实际操作中,个人智商太高并不一定有利于工作;在一个团体中所有的人智商都很高,往往容易产生矛盾。一般来说,智商高的人可以担任比较重要、比较高难度的技术工作,而智商一般的人可以担任一般的操作性工作。

在智力测验中,智力水平的高低以智商(IQ)来表示。智商有两种表达方式:一种叫比率智商,一种叫离差智商。比率智商的计算方法是用智力年龄(MA)和实际年龄(CA)之比乘以100,即

$$IQ=(MA/CA)\times 100。$$

离差智商假设的是,从人类总体来看,人的智力的测验分数是服从正态分布的。离差智商以平均数为100,标准差为15来计算。某一个人的离差智商(IQ)应是$100+15z$,其中 z 代表标准差的个数,即

$$IQ=100+15z。$$

也就是说,一个人的智商水平的高低取决于他在一个特定团体中的位置,是一种相对的比较。如果一个人的智商恰好得了平均分100分,那么就说明有50%的人比他的分数低,50%的人比他的分数高;如果分数在一个正的标准差位置,即115分,那么就说明有84%的人比他的分数低,有16%的人比他的分数高。

(2)能力倾向测验。能力倾向测验是对人的认知潜在能力的测评,是对认知活动的深层次测评。常用的能力倾向测验有两种:一般能力倾向测验和特殊能力倾向测验。

一般能力倾向测验在一般的招聘中经常采用。一般能力倾向测验的内容主要包括:言语理解能力、数量关系能力、逻辑推理能力、综合分析能力、知觉速度与准确性等。这些能力往往是在各种工作中比较经常运用的能力。如美国著名的"区别性向测验"就包括8个分测验——语文推理、数学推理、抽象推理、空间关系、机械推理、文书速度与准确度、语文拼字习惯和语文造句习惯。测验后,根据个人在各个方面所得分数,评估其在哪些方面能力较强。

而特殊能力倾向测验是在一些特定的职业或职业群中所需要的,它在一般的招聘中并不常用。所谓特殊能力就是指某些人具有他人所不具备的能力,如美术能力。对美术能力倾向进行测验并不是要知道这个人目前已有的美术水平,而是想测评该个体在未来有没有潜在的美术能力,以及以后在美术方面是否会有所成就。飞行能力测验是较早编制并应用于实践中的一种特殊能力测验,它测评的是一个人是否具有一种潜在的飞行能力,从而降低飞行员的淘汰率。

(3)成就测验。成就测验主要测评人的知识与技能,是对认知活动结果的测评。它测评的主要是个体在一般的或是某一特殊的方面,经学习或训练后实际能力的高低。成就测验一般有笔试和现场操作两种方式,了解被测评者对该项工作的"应知""应会"掌握的水平。现场操作测验如表演操纵一种机器、组装零件或者排除机器故障等。笔试又可以分为再认式与回忆式两类。再认式题目是把若干学习或培训过的事物重新呈现在被测

评者面前,让被测评者辨认或加以排列组合,如是非题、多选题、顺序题、匹配题;回忆式题目是学习过的东西或者事物不被呈现在被测评者面前,被测评者必须通过回忆才能写出答案,题目形式如填空题、简述题、论述题等。

成就测验适用于招聘专业管理人员、科技人员和熟练工人,特别是当对应聘者实际具有的专业知识和技能不能确认时,便于应聘者间的公平竞争。

3. 人格测验

人格测验测评的是社会行为。人格测验按其具体的对象可以分成态度、兴趣与品德(包含性格)测验,心理学家开发了各种问卷来进行人格测验。

人格,又称之为个性,是在人们先天和后天的交互作用下形成的个体独特且稳定的对待现实的态度和习惯化了的行为方式,是一个人区别于其他人的稳定的心理特征。每个个体的个性都包含两层意义:外在的自我和内隐的自我。外在的自我体现了个体扮演的不同的社会角色;内隐的自我则是个体由于某些原因不能或不愿表现出来的自我。

测试人格的方法还有很多种,在招聘筛选中最常用的是自陈量表。另外,投射测验和情景测验在招聘筛选中也有一定的应用。

(1) 自陈量表。自陈量表是由被测评者自己填写测评问卷,依照答案得分判断被测评者的性格特征。自陈量表是测评个性最常用的方法。自陈量表的优点是将主观式的自我报告客观化和标准化,使其易于评分;这种方法的缺点在于它不能避免被测评者的社会赞许标准倾向,被测评者可能会为了给别人以好印象而在作答时按照社会赞许评价标准把自己装扮成具有某种个性特征的人。

自陈量表的基本假设是,被测评者最了解自己,且个性特征具有内隐性,有时不能从外部观察到。自陈量表的题目一般都是关于个性特征的具体行为和态度的描述,被测评者需要提供封闭式的答案。对自陈量表的结果应该有可供参照的常模资料,也就是将某个被测评者的得分放在一个特定的常模团体中进行比较,得出被测评者是否符合要求的结论。

自陈量表中比较有名的是明尼苏达多项人格测验(MMPI)、卡特尔16种人格因素测验(16PF)、爱德华个体偏好量表(EPPS)、艾森克人格问卷(EPQ)和加州心理调查表(CPI)等。

(2) 投射测验。所谓投射,就是让人们在不自觉的情况下,把自己的态度、动机、内心冲突、价值观、需要、愿望等下意识的个性特征在他人或环境中其他事物上反映出来的过程。投射测验是通过向被测评者提供一些意义不明确的刺激情境,让被测评者在不受限制的条件下自由地反应,这样可以通过分析反应的结果来推断被测评者的某些个性特征。由于人格结构的大部分处于潜意识中,很难凭意识去说,当时测验本身不显示任何目的,被测评者就不会有意地防范而做出虚假的反应,所以常常将隐藏在潜意识中的欲望、需求、动机、冲突等表现出来。常用的投射测验方法有罗夏墨迹测验、主题统觉测验、句子完成式测验、绘画测验以及笔迹分析等。

但是投射测验方法的信度和效度并不高,它对测评者的专业素养要求较高,只有经过严格训练的专家才能胜任。一般来说,在招聘甄选中不主要依据投射测验的结果做出决策,而是将投射测验的结果作为参考性的信息。由于这些测验在解释上的复杂性,它们更多是在临床和咨询领域使用。

(三) 评价中心技术

评价中心技术是近几十年西方企业中流行的一种测评管理人员的方法。评价中心技术起源于第二次世界大战期间,由德国军事部门和美国战略情报局开始使用,在第二次世界大战以后迅速发展起来。德国心理学家哈茨霍恩等人于1929年为德国军事部门建立了一套挑选军官的多项评价程序。随后,美国战略情报局也将此方法用于军事人才的选拔,使用小组讨论和情景模拟练习来选拔情报人员,并获得了成功。由于战略情报局的特工人员要在高度压力下的敌后进行活动,所以他们设计了一套具有这种情景压力的测验来选拔特工人员。1956年,美国心理学家Douglas Bray首先研究和使用评价中心技术,对美国电报电话公司的管理人员进行素质与潜能测评选拔和培训活动,公司几百名初级管理人员接受了评价,这是在工业企业中率先使用评价技术进行人员素质测评。

评价中心技术就是测评人员把应聘者置于模拟的工作情景中,采用多种评价技术,观察和评价应聘者在特定场景下的实际行为表现,从而判断应聘者是否与空缺职位相匹配,预测应聘者的能力、潜力和工作绩效的前景,并了解应聘者的不足之处,以确定培养、使用的方法和内容。评价中心是一种综合运用多种评价技术对被评价者进行全面了解的程序,由这种方法得出的结果适用于人力资源管理的各项工作。

研究表明,评价中心能有效地评估个人当前的工作绩效,同时也能有效地确定个人在处理新的扩展性任务时的绩效。很多美国的顶级公司都建立了评价中心制度,首先面试潜在员工,随后在真实的工作环境下评价他们。美国电话电报公司从1956年起,用了长达8年的时间对评价中心技术的效度进行追踪研究,结果表明,该技术选拔中层管理人员的效度极好。例如,在一次测评中,用评价中心技术进行预测,确定出55人是中层管理人员的最佳人选,追踪结果表明,评价中心技术的预测效度达0.78。经过8年的追踪研究,该公司正式决定采用评价中心技术作为其中层管理人员的选拔手段。

1. 评价中心的特点

评价中心的特点主要表现在以下几个方面。

(1) 可靠性。评价中心综合使用了多种测评技术,如心理测验、面试等,由多个评价者进行评价。各种技术从不同的角度对被评价者的目标行为进行观察和评价,各种手段之间可以相互验证,因此能够对被评价者进行较为可靠的观察和评价。

(2) 动态性。评价中心的组成部分以及它最突出的特点就是使用了情境性的测验方法,通常它将被评价者置于模拟的工作情景中,了解被评价者与其他人员进行交往和解决问题过程中的行为。因此,它是一种动态的测评方法,这种对实际行为的观察往往比被评价者的自我陈述更为准确有效。

(3) 现实性。评价中心注重发现被评价者对新工作岗位的适应能力,而不太看重其以往的工作经历,更多地测评被评价者实际解决问题的能力,而不是他们的观念和知识,这对组织而言,极具有现实意义。

(4) 客观性。人们在评价中心的行为表现都与拟任职的工作岗位有关,被评价者的行为比较接近于真实情形,被评价者伪装的可能性极低,便于评价人得出更为客观和可信的评价结果。

当然,评价中心也存在一些明显的不足,主要缺点表现在以下几个方面。

(1) 成本较高。实施评价中心的时间成本和费用成本都比较高,一般只适用于中高层管理者的选拔。

(2) 主观性程度较高。在评价中心采用的情境性测验中,制定统一的评价标准比较困难,因此,评价者的主观性较高。

(3) 实施较为困难。评价中心由于模拟情景的复杂程度较高,所以对任务的设计和实施中的要求也比较高。

2. 评价中心的主要形式

评价中心有公文筐测验、无领导小组讨论、即席发言、案例分析、角色扮演、管理游戏等多种形式。其中,无领导小组谈论、公文筐测验、角色扮演以及案例分析等四种形式在员工招聘中比较常用。

(1) 无领导小组讨论(Leaderless Group Discussion,简称 LGD)。无领导小组讨论是评价中心常采用的一种测评技术,其采用情景模拟的方式对被评价者进行集体面试。无领导小组讨论的操作方法是,它通过给一组被评价者(一般是 5~7 人)一个与工作相关的问题,让他们进行一定时间(一般是 1 小时左右)的讨论,讨论过程中不指定谁是领导,也不指定被评价者应坐的位置,让被评价者自行安排组织,评价者观察被评价者的团队合作能力、组织协调能力、语言表达能力、决策能力、沟通能力、应变能力等能力特征,又可以考察被评价者的情绪稳定性、宽容性、自信心、内外倾向性等个性特征,由此来对被评价者做出综合评价。

无领导小组讨论的正式测评流程包括准备阶段、自由发言阶段、讨论辩驳阶段和结束总结阶段四个环节。

① 准备阶段。主持人将介绍整个测评程序,宣读指导语;考生了解试题,独立思考,列出发言提纲。一般为 5 分钟左右。

② 自由发言阶段。被评价者轮流发言阐述自己的观点;要求每个人先阐明自己的观点,摆明自己的态度和立场;发言顺序可以是随机的;保证每个人有发言机会,给那些个性内向、表现欲不强的人提供一个展现风采的舞台;评价者的任务是观察记录每个发言者的内容,形成初步印象。

③ 讨论辩驳阶段。被评价者交叉辩论,继续阐明自己的观点,或对别人的观点提出不同的意见,并最终得出小组的一致意见;每个被评价者必须充分展示自己的聪慧才智;杰出者在这个阶段脱颖而出,成为小组的核心人物;被评价者的人际沟通能力、决策能力、应变能力和组织领导能力充分展现在评价者面前;在整个讨论过程中,每个评价者要根据自己的观察对被评价者的表现根据公正、客观的原则在评分要素上打分;评价者在评分时不能相互商量,以避免相互影响。

④ 结束总结阶段。各组需要推荐一名小组长进行总结发言;评价者需要写一份评定报告,内容包括此次讨论的整体情况、所问的问题内容以及此问题的优缺点,重点说明每个被评价者的具体表现、最终录用结果和自己的建议等。

(2) 公文筐测验(In-Tray Tests)。公文筐测验又称公务处理,公文筐测验模拟了管理人员日常进行的公文处理情景。这是一个模拟管理者进行文件处理工作的活动,是评价中心中运用的最多的也是最重要的测评方法之一。在这种测评方式中,被评价者将扮演企业中某一重要角色(一般是需要选拔的岗位)。然后把这一角色日常工作中经常遇到的各种类型的公文经过编辑加工,设计成若干种公文筐等待被评价者处理。这些待处理的公文筐包括各部门送来的各种报告、上级下发的各种文件、与企业相关的部门或业务单位发来的信函等,其内容涉及企业经营管理的各方面,如生产原材料的短缺、资金周转不灵、部门之间产生矛盾、职工福利、环境污染、生产安全问题、产品质量问题、市场开发问题等,既有重大决策问题,也有日常琐碎小事。要求被评价者对每一份文件都要做出处理,如写出处理或解决问题的意见、批示,或直接与其他部门的人员联系,发布指示等。

被评价者应在规定的时间内把公文处理完。评价者待被评价者处理完后,应对所处理的公文逐一进行检查,并根据事先拟定的标准进行评价,如看被评价者是否分轻重缓急、有条不紊地处理这些公文,是否恰当地授权下属。被评价者处理完后,评价者还要对被评价者进行采访,要求被评价者说明是如何处理这些公文的,以及这样处理的理由等。

通过对被评价者处理过的公文的检验以及与之交谈,评委们就要根据事先拟定的标准,通过讨论交换意见,在达成一致意见的基础上,给被评价者一个评价的结果。

(3)角色扮演。角色扮演是一种比较复杂的测评方法,主要用于测评人际关系处理能力的情景模拟活动。在这种测评活动中,评价者设置了一系列尖锐的人际矛盾与人际冲突,要求被评价者扮演某一角色并进入角色情境去处理各种问题和矛盾,依次观察被评价者的各种行为表现,了解其心理素质和潜在能力。角色扮演主要采用模拟上下级对话的形式,请被评价者扮演某级管理者,安排同"模拟下级"谈话,针对下级的各种问题做工作。评价者对谈话的全部内容进行记录、分析,对被评价者的表达力、说服力、解决问题的能力和效果做出评价。

评价者对角色扮演中各角色的评价一般分为四个部分。

① 角色的把握性。被评价者是否能迅速地判断形势并进入角色情境,按照角色规范的要求去采取相应的对策。

② 角色的行为表现。包括被评价者在角色扮演中所表现出的行为风格、价值观念、人际倾向、口头表达能力、思维敏捷性、对突发事件的应变能力等。

③ 角色的衣着、仪表与言谈举止是否符合角色及当时的情境要求。

④ 其他内容。包括缓和气氛、化解矛盾的技巧,达到目的的程度,行为策略的正确性,行为优化程度,情绪控制能力,人际关系技能等。

(4)案例分析。案例分析是指要求被评价者阅读一些关于组织中问题的材料,让他们提出一系列的建议,以考察、评价被评价者的行为的一种情景模拟测试。通常,评价者根据被评价者所提出的建议对其综合分析能力、管理以及业务技能做出评价。

除此之外,管理游戏、演讲等也是经常用到的评价中心技术。各种方法应结合使用,仅仅使用某一种特殊的评价技术不能称为评价中心;同时,必须由多名评价者参与评价工作,仅仅由一个人主持评价工作或者仅仅是每一个人各自写出评价报告而没有经过评价小组成员讨论的情况,也不足以称为评价中心。

(四)其他甄选方法

除了上述最常见的几种甄选方法外,还有一些方法也经常用到,比如测谎仪技术、笔迹测试以及药物测试等。

1. 测谎仪技术

测谎仪(Polygraph)是一种记录被测试者回答一系列问题时生理变化的仪器。操作人员根据测谎仪所记录的被测试者的血压、呼吸及流汗等生理变化情况来判定被测试者的诚实性。测谎仪的使用是建立在一系列因果假设基础上的：压力引起人体内的某些生理变化，害怕和心虚会产生压力，说谎导致害怕和心虚。实际上，测谎仪本身并不能查出谎言，而只能记录被测试者生理上的变化。做出被测试者是否在说谎推断的实际上是操作人员。1988年美国出台的《员工测谎保护法》(Employee Polygraph Protection Act)严禁用测谎仪对工作申请者和员工的诚实性施测，在这种情况下，出现了一些新的测试方法，如纸笔测试和化学测试。

2. 笔迹测试

笔迹测试(Graphology Handwriting Analysis)是指利用分析人员来研究被测试者笔迹中的线、圈、笔画、曲线和花边，以此来评价被测试者的个性特征、行为倾向、情感问题和诚实性。与测谎仪技术相似，笔迹测试也要在很大程度上依赖分析人员所接受的培训及其拥有的专门技术。

3. 药物测试

药物测试是为了剔除滥用药物对人们正常工作业绩的影响而采用的一种测试技术。药物测试中最常见的方式之一是尿检。此外，通过测量个人头发中的药物分子进而确定其服用药物的程度也是一种常用的方法。相关研究表明，员工服用药物和酗酒往往会导致生产率下降、事故增加以及缺勤率上升，甚至导致组织的赔偿负担加重。随着毒品泛滥，越来越多的组织也逐渐将药物测试引入到员工选拔中来。

【资料阅读】

丰田的全面招聘体系

丰田公司全面招聘体系的目的就是招聘最优秀的有责任感的员工，为此公司做出了极大的努力。丰田公司全面招聘体系大体上可以分成6大阶段，前5个阶段要持续5～6天。

第一阶段，丰田公司委托专业的职业招聘机构进行初步的人员甄选。应聘人员会观看丰田公司的工作环境和工作内容的录像资料，同时了解丰田公司的全面招聘体系，随后填写工作申请表。1个小时的录像可以使应聘人员对丰田公司的具体工作情况有个概括了解，初步感受工作岗位的要求，同时也是应聘人员自我评估和选择的过程，许多应聘人员知难而退。专业招聘机构也会根据应聘人员的工作申请表和具体的能力与经验做初步筛选。

第二阶段是评估应聘人员的技术知识和工作潜能。通常会要求应聘人员进行基本能力和职业态度心理测试，评估应聘人员解决问题的能力、学习能力和潜能以及职业兴趣爱好。如果是技术工作岗位的应聘人员，更加需要进行6个小时的现场实际机器和工具操作测试。通过第一阶段和第二阶段的应聘者的有关资料转入丰田公司。

第三阶段，丰田公司接手有关的招聘工作。本阶段主要是评价应聘人员的人际关系能力和决策能力。应聘人员在公司的评估中心参加4小时的小组讨论，讨论的过程由丰田公司的招聘专家即时观察评估。

第四阶段，应聘人员需要参加一个1小时的集体面试，分别向丰田的招聘专家谈论自己取得过的成就，这样可以使丰田的招聘专家更加全面地了解应聘人员的兴趣和爱好，他们以什么为荣，什么样的事业才能使应聘人员兴奋，更好地做出工作岗位安排和职业生涯规划。在此阶段也可以进一步了解应聘人员的小组互动能力。

通过了以上四个阶段，应聘人员基本上被丰田公司录用，但是还需要参加第五阶段的全面身体检查。此阶段主要了解应聘人员的身体一般状况和特别的情况，如酗酒、药物滥用的问题。

最后在第六阶段，新员工需要接受6个月的工作表现和发展潜能评估，新员工会接受监控、观察、督导等方面严密的关注和培训。

（资料来源：猎聘网）

第四节　录用

录用是招聘工作的决定性阶段。在我们运用面试、心理测验等多种甄选技术对职位候选人进行评价之后，就得到了关于他们的胜任表现的信息。根据这些信息，可以做出初步的录用决策。在对职位候选人进行评价的全过程中，有若干位评价者参加，他们当中有用人部门的经理，也有人力资源部门的专业人员以及企业管理者等，在进行录用决定时就可以由他们讨论做出最终的结论。

一、对未录用应聘者的处理

很多企业往往只关注那些将要被录用的候选人，而忽视了对未被录用的应聘者的回复。其实，对未被录用的应聘者进行回复是体现公司形象的重要方面。公司在答复未被录用的应聘者上最好采取书面的形式，如电子邮箱。在信上，语言要尽量简洁、坦率、礼貌，同时应该具有鼓励性，并表示与应聘者建立长期的联系。这样就可以方便快捷而且又不失尊重地传达出公司的决定了。

值得注意的是，在决定未被录用者时要留有一定的名额。对于一个职位，初步录用的人选名单要多于实际录用的人数。这样做是因为企业还要对初步录用的人选进行背景调查，因此可能会有一些原因导致无法录用某些人，而应聘者个人也可能由于无法离开原单位或找到了更好的职位等原因而不来企业任职。这样留有备选人名单，以便随时能有合适的人选来替代。

二、初步录用决策

组织通过各种技术和方法对职位候选人的整体素质进行评价之后,应该根据职位的要求,挑选出与职位匹配的候选人,并做出录用决定。值得注意的是,组织招聘并不是挑选各方面都优秀的"完人",而是挑选与职位最匹配的合适的人。

最终做出录用决策的一般是用人部门的经理。在录用决策中,人力资源部门的作用应该是向用人部门提供服务和专家意见,帮助部门经理做出科学决策。如果人力资源部门与用人部门在人选上有分歧,应尊重用人部门的意见。在做出录用决策时,应尽可能地选择那些具有与组织精神、文化相匹配的个性特征的应聘者。

三、入职程序

一切录用的准备工作完成后,符合要求的应聘者就会与组织签订劳动合同,并办理人事档案的转移,完成员工的正式入职。如图4-2所示为某企业员工入职程序。

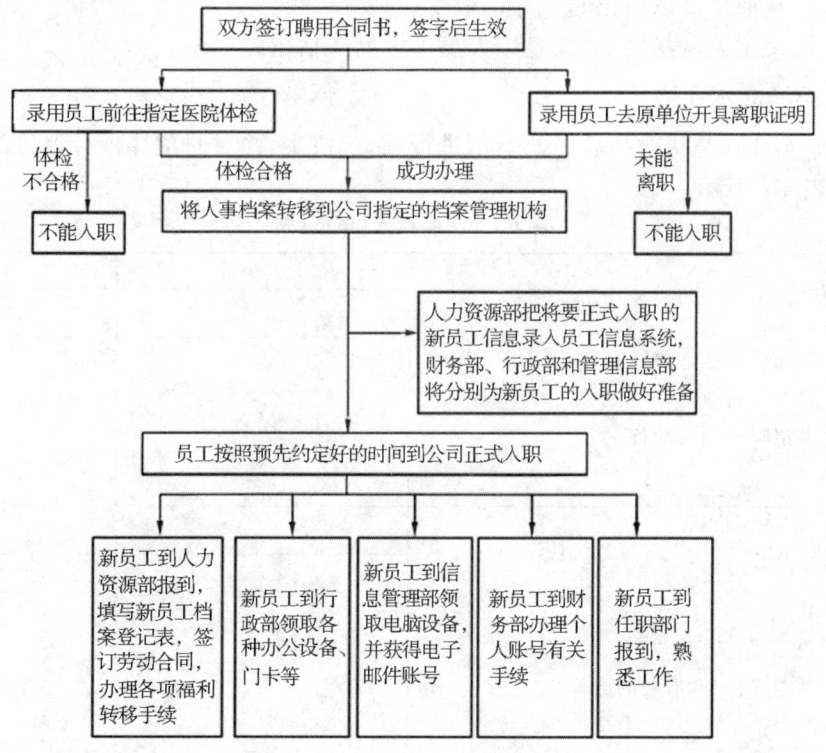

图 4-2　某企业员工入职程序

（1）人力资源部经理与录用员工签订聘用意向书,双方签字后生效,人力资源部保存原件,录用员工留存复印件。

（2）录用人员前往原单位开具离职证明,并加盖原单位的公章或人事章。

（3）体检合格。录用员工前往指定医院进行身体检查，并将体检结果交到人力资源部，以确保其身体条件符合所从事工作的要求。

（4）录用人员到人力资源部领取"入职介绍信"，前往人才交流中心开具档案转移的商调函，并回到原存档单位将人事档案转移到公司指定的档案管理机构。有的公司有自己的档案管理部门，有的公司将人事档案委托给专业机构来管理，无论采取哪种形式，新员工的人事档案都应该转入公司统一的档案管理机构。

（5）人力资源部门把将要正式入职的员工信息录入员工信息管理系统，与新员工预先约定时间到公司正式入职。

（6）让新员工填写档案登记表，并与新员工签订劳动合同，办理各种福利转移手续。

四、招聘评估

招聘的过程结束以后，应该对整个招聘工作进行一个评估。目前，招聘评估尚未得到足够重视，实践调查显示，很少有企业核算招聘评估，即使核算，方法也过于简单，使得计算结果很难说明问题。通过招聘评估的过程，可以发现企业招聘工作中的不足以及适用的招聘手段，从而提高以后招聘工作的效率。

通常，组织主要从招聘成本、录用人员等方面评估招聘工作。

（一）招聘成本评估

招聘成本评估是指对招聘中的费用进行调查、核实，并对照预算进行评价的过程。招聘成本如表4-3所示。

表4-3 招聘成本（单位：元）

	支出小计	累计
征聘前： 　　工作分析的准备和复查 　　增聘人员通知 　　人事招聘计划的准备 　　其他		
征聘时： 　　工作广告费用 　　文具 　　邮费 　　征聘档案（如申请表的成本） 　　咨询表格 　　"猎头"成本 　　职业介绍所收费 　　其他		

续 表

	支出小计	累计
评核申请人： 　　面谈 　　测验 　　交通费用 　　酒店费用 　　体格检查 　　背景调查 　　其他		
辅导： 　　员工手册 　　交通费用 　　酒店费用 　　个人装备（如制服和保护器材） 　　其他		
有关的行政成本： 　　全职的负责征聘与聘选员工的薪酬 　　其他员工在征聘过程中所耗费的时间 和薪酬（按比例计算） 　　其他		
	总计	

招聘成本评估是鉴定招聘效率的一个重要指标。如果成本低、录用人员质量高或录用人数多，就意味着招聘效率高；反之，则意味着招聘效率低。招聘成本通常以录用员工单位成本来评估，其计算公式为

$$录用员工单位成本=总经费(元)/录用人数(人)。$$

（二）录用人员评估

录用人员评估是指根据招聘计划对录用人员的质量和数量进行评价的过程。录用人员的数量可用以下几个数据表示。

(1) 录用比。录用比的计算式为

$$录用比=录用人数/应聘人数×100\%。$$

录用比越小，相对来说，录用者的素质越高；反之，录用者的素质越低。

(2) 招聘完成比。招聘完成比的计算式为

$$招聘完成比=录用人数/计划招聘人数×100\%。$$

招聘完成比等于或大于100%，说明在数量上全面或超额完成了招聘。

(3) 应聘比。应聘比的计算式为

$$应聘比=应聘人数/计划招聘人数×100\%。$$

应聘比越大,说明发布招聘信息效果越好,同时说明,录用人员可能素质较高。

五、招聘小结

评估工作完成之后,最后一个环节就是对招聘工作进行小结,对招聘的实施、招聘工作中的优缺点等进行仔细回顾分析,撰写招聘小结,并把招聘小结作为一项重要的资料存档,为以后的招聘工作提供信息。

撰写招聘小结的原则:
(1) 真实地反映招聘的全过程。
(2) 由招聘主要负责人撰写。
(3) 明确指出成功之处和失败之处。

招聘小结的主要内容:
(1) 招聘计划。
(2) 招聘进程。
(3) 招聘结果。
(4) 招聘经费。
(5) 招聘评定。

小　　结

1. 招聘是组织根据人力资源规划和工作分析的要求,通过发布招募信息和科学的甄选,使组织获取所需的合格人选,并把他们安排到合适岗位工作的过程。人力资源招聘是一个复杂、完整、连续的程序化操作过程,包括了从招募、甄选、录用到评估的完整过程。

2. 招募是组织为了吸引更多更好的应聘者而进行的一系列活动,包括招聘计划的制订和审批、招聘信息的发布、应聘者申请的收集和整理等,它是招聘工作的基础。

3. 组织中的职位候选人招募有内部招聘和外部招聘两种方式。内部招聘是指在企业内部通过晋升、竞聘或人员调配等方式,由企业内部的人员来弥补空缺职位。企业内部招聘和人才选拔机制的确立,有利于员工的职业生涯发展,有利于企业留住核心人才,形成人力资源内部的优化配置。内部招聘是企业人才招聘的一个重要渠道。外部招聘是指从企业外部获取符合空缺职位工作要求的人员来弥补企业的人力资源短缺,或为企业储备人才。当企业内部的人力资源不能满足企业发展的需要时,应选择通过外部渠道进行招聘。内部招聘的主要方法:职位公告和职位竞聘、员工推荐、档案法等。外部招聘的主要方法:广告招聘、人才招聘会、就业服务机构、专业猎头机构、校园招聘、网络招聘等。

4. 甄选是指采用科学的方法从招募的人中挑选其中最适合特定岗位及组织的求职者的过程。甄选的目标就是实现个人、工作岗位以及组织之间的良好匹配。甄选过程应该由人力资源部门和用人部门经理共同完成,其步骤包括评价求职申请表和简历,进行面试、测试和考核,背景调查。甄选的技术方法主要有面试、心理测验和评价中心技术。

5. 录用是招聘工作的决定性阶段。在我们运用面试、心理测验等多种甄选技术对职位候选人进行评价之后,就得到了关于他们的胜任表现的信息。根据这些信息,可以做出初步的录用决策。

复习思考题

1. 什么是人员招聘?
2. 人员招聘应遵循哪些基本原则?
3. 如果你负责组织员工招聘,你将如何开展?具体的程序是什么?
4. 招聘的渠道和方式有哪些?
5. 面试的种类有哪些?
6. 面试的过程是什么?
7. 如何对企业的招聘进行评估?

案例讨论

为什么招聘失败了?

NLC化学有限公司是一家跨国企业,主要以研制、生产销售医药、农药为主,耐顿公司是NLC化学有限公司在中国的子公司,主要生产、销售医疗药品。随着生产业务的扩大,为了对生产部门的人力资源进行更为有效的管理开发,2000年初始,分公司总经理把生产部门的经理于欣和人力资源部门经理建华叫到办公室,商量在生产部门设立一个处理人事事务的职位,主要负责生产部与人力资源部的协调工作。最后,总经理说希望通过外部招聘的方式寻找人才。

在走出总经理的办公室后,人力资源部经理建华开始进行一系列工作,在招聘渠道的选择上,建华设计了两个方案。一个方案是在本行业专业媒体中进行专业人员招聘,费用为3 500元。好处是对口的人才比例会高些,招聘成本低;不利条件是企业宣传力度小。另一个方案是在大众媒体上做招聘广告,费用为8 500元。好处是企业影响力度很大;不利条件是非专业人才的比例很高,前期筛选工作量大,招聘成本高。初步决定选用第一种方案。总经理看过招聘计划后,认为公司在中国处于初期发展阶段,不应放过任何一个宣传企业的机会,于是选择了第二种方案。

其招聘广告刊登的内容如下:
您的就业机会在NLC化学有限公司下属的耐顿公司
1个职位:对于希望发展迅速的新行业的生产部人力资源主管
主管生产部和人力资源部两部门的协调性工作
抓住机会!充满信心!
请把简历寄到:耐顿公司人力资源部

在一周时间里，人力资源部收到了800多份简历。建华和人力资源部的人员在800份简历中筛选出70份有效简历，又筛选后留下5份。建华来到生产部门经理于欣的办公室，将此5人的简历交给了于欣，并让于欣直接约见面试。于欣经过筛选后认为可从两人中做选择——李楚和王智勇。他们将所了解的两人资料对比如下：

姓名/性别/学历/年龄/工作时间/以前的工作表现/结果

李楚，男，企业管理学士学位，32岁，有8年一般人事管理及生产经验，在此之前的两份工作均有良好的表现，可录用。

王智勇，男，企业管理学士学位，32岁，有7年人事管理和生产经验，以前曾在两个单位工作过，第一位主管评价很好，没有第二位主管的评价资料，可录用。

从以上的资料可以看出，李楚和王智勇的基本资料相当，但值得注意的是，在招聘过程中，王智勇没有上一个公司主管的评价。公司通知两人一周后等待通知。在此期间，李楚在静待佳音；而王智勇打过几次电话给人力资源部经理建华，第一次表示感谢，第二次表示非常想得到这份工作。

生产部门经理于欣在反复考虑后，来到人力资源部经理办公室，与建华商谈录用何人，建华说："两位候选人看来似乎都不错，你认为哪一位更合适呢？"

于欣说："两位候选人的资格审查都合格了，唯一存在的问题是王智勇的第二家公司主管给的资料太少，但是虽然如此，我也看不出他有何不好的背景，你的意见呢？"

建华说："很好，于经理，显然你我对王智勇的面谈表现都有很好的印象，人嘛，有点圆滑，但我想我会很容易与他共事，相信在以后的工作中不会出现大的问题。"于欣说："既然他将与你共事，当然由你做出最后的决定。"于是，公司最后决定录用王智勇。

王智勇来到公司工作了6个月，在工作期间，经观察发现王智勇的工作不如期望的好，指定的工作他经常不能按时完成，有时甚至表现出不能胜任其工作的行为，所以引起了管理层的抱怨，显然他对此职位不适合，必须加以处理。

然而，王智勇也很委屈：来公司工作了一段时间，招聘所描述的公司环境和各方面情况与实际情况并不一样；原来谈好的薪酬待遇在进入公司后又有所减少；工作的性质和面试时所描述的也有所不同，也没有正规的工作说明书作为岗位工作的基础依据。

那么，到底是谁的问题呢？

(资料来源：《人力资源案例分析》，百度文库)

讨论：

1. 你认为此次招聘失败的原因是什么？
2. 你觉得应该怎样改进？
3. 确定合适人选应该考虑哪些因素？
4. 通过这个失败的例子，你认为应该怎样对测试进行验证？这一信息如何能有益于经理人员？

第五章　培训与开发

【学习目的与要求】

1. 理解并掌握培训与开发的含义、内容，熟悉传统培训和现代培训与开发的联系与区别。
2. 掌握培训与开发的基本流程。
3. 掌握培训需求分析的主要内容。
4. 掌握培训效果评估的方法。
5. 熟悉培训与开发的方法。

【教学重点与难点】

1. 培训与开发的含义及传统培训和现代培训与开发的联系与区别。
2. 培训与开发系统的构建。
3. 柯氏四层次评估模型的构建。
4. 培训与开发的方法。

【引导案例】

案例一

张某是某知名软件公司开发部的高级工程师，自 2005 年进入公司以来，表现十分出色，每每接到任务总能在规定时间内按要求完成，并时常受到客户方的表扬。在项目进行时还常常主动提出建议，调整计划，缩短开发周期，节约开发成本。但在最近的几个月里情况发生了变化，他不再精神饱满地接受任务了，同时几个他负责的开发项目均未能按客户要求完成，工作绩效明显下降。开发部新任经理方某根据经验判断导致张某业绩下降的原因是知识结构老化，使其不再能胜任现在的工作岗位，由此方某向人力资源部提交了关于部门人员培训需求的申请，希望人力资源部能尽快安排张某参加相关的业务知识培训，让张某开阔一下思路。HR 部门接到申请后，在当月即安排张某参加了一个为期一周的关于编程方面的培训、研讨会。一周结束后张某回到公司，状况没有任何改变。

案例二

小张是天元公司总经理的秘书，工作出色，对每次总经理交办的任务总能认真完成，工作效率高，且办事周到。工作 3 年以后，总经理觉得小张不能总做总经理秘书，应该让她有所提升，故安排小张到党校参加了为期 3 个月的脱产"管理培训班"的学习。小张回来后，人力资源部安排小张到行政部报到，职位是行政主管。可是 3 个月过去了，发现小张的绩效比以前有所下降,工作也不积极了。

(资料来源:职业培训教育网)

思考:
这两则案例说明了什么问题?

培训与开发实质上是一种系统化的智力投资。培训与开发作为人力资源和组织发展的重要手段,并非纯粹是一种成本支付性活动,而是一种智力投资,是创造智力资本的重要途径。企业投入人力、物力对员工进行培训,员工素质提高,人力资本升值,公司获得投资收益。许多企业发展的实践证明,如果企业的员工在两年之内没有接受任何培训与智力开发,那么他们所掌握的知识就落伍了。对于员工个人来说,这种机会不仅可以使员工补充新知识、掌握新技术、确立新观念,还可以增强员工对终身职业的满足感,使员工更加忠诚于自己的职业。而对企业来说,可能一时的投入较大,但其成果迟早会在企业经济效益上反映出来,从而增强企业的竞争力。因此,这种奖励与其说是在奖励员工,不如说是企业回报率更高的智力投资。

第一节 培训与开发概述

一、培训与开发的基本内涵

培训与开发是人力资源开发的重要组成部分,包括的内容很广泛,但核心的思想是关注个人与组织的发展、个人与组织绩效的提升以及个人与组织的学习等。它与职业生涯开发、组织开发一起构成了人力资源开发体系。员工培训与开发是指组织根据组织目标,以多种方式对员工进行有目的、有计划的系统培养和训练,使员工不断更新知识、开拓技能、改进态度、提高工作绩效,确保员工能够按照预期的标准或水平完成本职工作或更高级别的工作,从而提高组织效率、实现组织目标的过程。

对培训与开发含义的准确理解,需把握以下几个要点。

(1) 培训与开发的对象是企业的全体员工,当然这不是说每次培训的对象都必须是全体员工。

(2) 培训与开发的内容应当与员工的工作或者未来的发展有关,与工作和发展无关的内容不应当包含在培训范围之内。

(3) 培训与开发的目的是改善员工的工作业绩并提升企业的整体绩效,应该说这是企业进行培训的根本原因,也是衡量培训工作成败的根本性标准,如果不能实现这一目的,培训工作就不成功。

(4) 培训与开发的主体是企业,也就是说培训应当由企业来组织实施。有些活动虽然客观上实现了培训的目的,但是实施主体并不是企业,因此也不属于培训的范畴。例如,员工进行自学,虽然同样会改善工作业绩,但不能算作是培训;但是如果这种自学是由企业来组织实施的,那它就属于培训。

二、培训与开发的区别

尽管培训与开发往往作为一个名词出现,但是培训和开发两者之间还是有差异的,主要体现在以下几个方面。

(1) 在传统意义上,培训侧重于近期目标,重心放在提高员工当前工作的绩效上;开发则侧重于中长期目标,帮助员工更好地适应新技术、工作设计、顾客或产品市场带来的变化,提高其面向未来职业的能力。

(2) 培训通常侧重于提高员工当前的工作绩效,故员工培训具有一定的强制性;而开发活动只要求被认定具有管理潜能的员工参加,其他员工要有参与开发的积极性。

(3) 传统观念认为培训的对象就是员工与技术人员,而开发的对象主要是管理人员,目的是提高管理人员的有关素质(如创造性、综合性、抽象推理、个人发展等)。

然而,随着培训战略地位的凸显,员工培训将越来越重要,培训与开发的界限已日益模糊。现在,两者都注重员工与企业当前和未来发展的需要,而且员工、经营者都必须接受培训与开发。

三、培训与开发的原则

培训与开发作为人力资源开发的一项重要手段,可以为企业创造价值,但这种价值的实现还要求企业在实施培训的过程中,要遵循以下几个基本原则。遵循这些原则也是完成培训任务和实现培训目标的重要保证。

(1) 服务企业战略目标和规划的原则。企业的战略目标和规划作为企业的最高经营纲领,对企业各方面的工作都具有指导意义,培训作为人力资源管理系统的一个组成部分,自然要服从于企业的战略目标和规划。培训工作的实施应当从企业战略目标的高度出发来进行,不能将两者割裂开来。

(2) 理论联系实际原则。企业员工培训和一般院校的普通教育不同,只有和实际相结合才能产生较好的效果。理论联系实际,就是要求培训要根据企业经营和发展状况及企业员工的特点进行,既讲授专业知识技能和一般原理,提高受训者的理论水平和认识能力,又解决一些管理者在企业的经营管理中遇到的实际问题,以提高企业的整体效益和管理水平。

(3) 差异化原则。培训在普遍性的基础上更强调差异化。这里差异化原则包含两个方面。第一,是指内容上的差异化。由于培训的目的是要改善员工的工作业绩,因此培训的内容必须与员工的工作有关,而企业中每个职位上的工作内容不同,每个员工的工作业绩也不尽相同,因此在培训时应当根据员工的实际水平和所处职位确定不同的培训内容,采取不同的培训方式,进行个性化的培训。第二,是指人员上的差异化。虽然培训开发要针对全体员工来实施,但是这绝不意味着在培训过程中要平均使用力量,没有重点,而应该在实行全员培训的同时,重点培训一批技术骨干和管理骨干,特别是中高级管理员工和关键技术骨干,使这些重点培训对象发挥"火车头"式的带动作用。

(4) 激励原则。为了保证培训开发的效果,在培训过程中还要坚持激励原则,更好地调动员工的积极性和主动性。激励原则应贯穿整个培训的过程,培训前应对员工进行宣传教育,鼓舞员工学习的信心;在员工培训过程中,企业要善于把培训的要求转化为员工的内在需要,运用激励手段充分调动员工学习的积极性和主观能动性,启发员工进行观察、思考、探索、推断,提高员工独立地发现问题、分析问题和解决实际问题的能力;培训结束后要进行考核,增加员工学习的压力。

(5) 讲求实效原则。培训的目的在于改善员工个人与企业的绩效,因此,培训应当讲究实效,不能只注重培训的形式而忽视培训的内容,要根据实际需求来确定培训内容,要有助于绩效的改善。此外,还要注重培训成果的迁移转化,在培训结束后企业应当创造一切有利条件帮助员工实践培训的内容,从而使培训成果在工作中得到有效的发挥,为企业创造效益。

四、培训与开发的类型

员工培训与开发要视企业的需要和员工的具体情况而定。培训与开发从不同的角度可以划分为不同的类型。

(1) 按照培训的内容不同,可以将培训开发分为基本技能培训、专业知识培训和工作态度培训。基本技能培训是指通过培训使员工掌握从事职务工作所必备的技能,如操作技能、处理人际关系的技能、谈判技能等;专业知识培训是指通过培训使员工掌握完成本职工作所需要的业务知识,如规章制度、作业原理、管理理论等;工作态度培训是指通过培训改善员工的工作态度,使员工与组织之间建立起互相信任的关系,增强组织观念和团队意识。

(2) 按照培训的对象不同,可以将培训开发划分为新员工培训和在职员工培训。新员工培训又称向导性培训或岗前培训,是指对新进员工进行的培训,主要是让新员工了解组织的工作环境、工作程序、人际关系等;在职员工培训是对组织中已有人员的培训,主要是为了提高现有员工的工作绩效。

(3) 按照培训的目的不同,可以将培训开发分为应急性培训和发展性培训。应急性培训是组织急需哪类知识、技能就培训哪方面的知识、技能。例如,企业计划新购一台高精度的仪器,而目前又没有员工能够操作,就需要针对此仪器对员工进行应急性培训。发展性培训是从组织长远的发展需要出发而进行的培训。

(4) 按照培训的形式不同,可以将培训开发分为岗前培训、在职培训和脱产培训。岗前培训也称入职培训或引导培训,是为了员工适应新的岗位工作需要而进行的培训;在职培训就是在工作中直接对员工进行的培训,员工不离开实际的工作岗位;脱产培训是让员工离开工作岗位,对其进行专门性的业务和技术培训。

五、员工培训与开发的意义

随着当前新信息、新工艺、新技术、新产品的不断出现,对于企业来讲能否获得竞争优势,成功地适应变革和发展,很大程度上要看企业是否能有效地培训和开发自己的员工。另外,经济的发展及世界经济格局的变化,使许多新兴产业出现,同时又使许多人离开原有的工作岗位,而这些都离不开企业的培训与开发。对于员工来说,培训与开发使员工有了学习和进步的机会,从而更有利于其职业生涯的成功。因此,无论对企业还是对员工个人,培训与开发都具有重要的意义。

1. 有利于企业获得竞争优势

面对激烈的国际竞争,一方面,企业需要越来越多的跨国经营人才,为进军国际市场做好人才培训工作;另一方面,员工培训可提高企业的新产品研究开发能力。员工培训就是要不断培训与开发高素质的人才,以获得竞争优势,这已为人们所认识。尤其是人类社会步入以知识资源和信息资源为重要依托的新时代,智力资本已成为获取生产力、竞争力和经济效益的关键因素。企业的竞争不再依靠自然资源、廉价的劳动力、精密的仪器和雄厚的财力,而主要依靠知识密集型的人力资本。员工培训是创造智力资本的途径。智力资本包括基本技能(完成本职工作的技术)、高级技能(如怎样运用科技与其他员工共享信息、了解客户和生产系统)以及自我激发创造力。因此,这要求建立一种新的适合未来发展与竞争的培训观念,提高企业员工的整体素质。

2. 有利于改善企业的工作质量

工作质量包括生产过程质量、产品质量与客户服务质量等。毫无疑问,培训使员工素质、职业能力提高,将直接改善企业工作质量。培训能改进员工的工作表现,降低成本,增加员工的安全操作知识,提高员工的劳动技能水平,增强员工的岗位意识,增加员工的责任感,规范生产安全制度,增强员工的安全管理意识,提高管理者的管理水平。因此,企业应加强对员工敬业精神、安全意识和知识的培训。

3. 有利于高效工作绩效系统的构建

科学技术的发展导致员工技能和工作角色的变化,企业需要对组织结构进行重新设计。今天的员工已不再是简单地接受工作任务,提供辅助性工作,而是要参与提高产品与服务的团队活动。在团队工作系统中,员工扮演许多管理性质的工作角色。他们不仅具备运用新技术获得提高客户服务与产品质量的信息、与其他员工共享信息的能力,还具备人际交往技能和解决问题的能力、集体活动能力、沟通协调能力等。尤其是培训员工学习使用互联网及其他用于交流和收集信息的工具的能力,可使企业工作绩效系统高效运转。

4. 能提高员工的职业能力

员工培训的直接目的就是要发展员工的职业能力,使其更好地胜任现在的日常工作及未来的工作任务。在能力培训方面,传统上的培训重点一般在基本业务技能的层次上,但是未来的工作需要员工拥有更广博的知识。培训使员工学会知识共享,提高创造性地运用知识来调整产品或服务的能力。同时,培训使员工的工作能力提高,为其取得好的工作绩效提供了可能,也为员工提供了更多晋升和提高收入的机会。

5. 满足员工实现自我价值的需要

在现代企业中,员工的工作更重要的是为了"高级"需求——自我价值实现。培训不断教给员工新的知识与技能,使其能适应或能接受具有挑战性的工作与任务,实现自我成长和自我价值,这不仅使员工在物质上得到满足,而且使员工在精神上得到成就感。

第二节 培训与开发需求分析

一个完整的培训流程从培训需求分析开始,经过培训计划拟定、培训项目实施,最后是培训效果评估和培训跟踪反馈,并以此作为新的培训需求分析的起点,从而形成一个完整的培训过程,如图5-1所示。

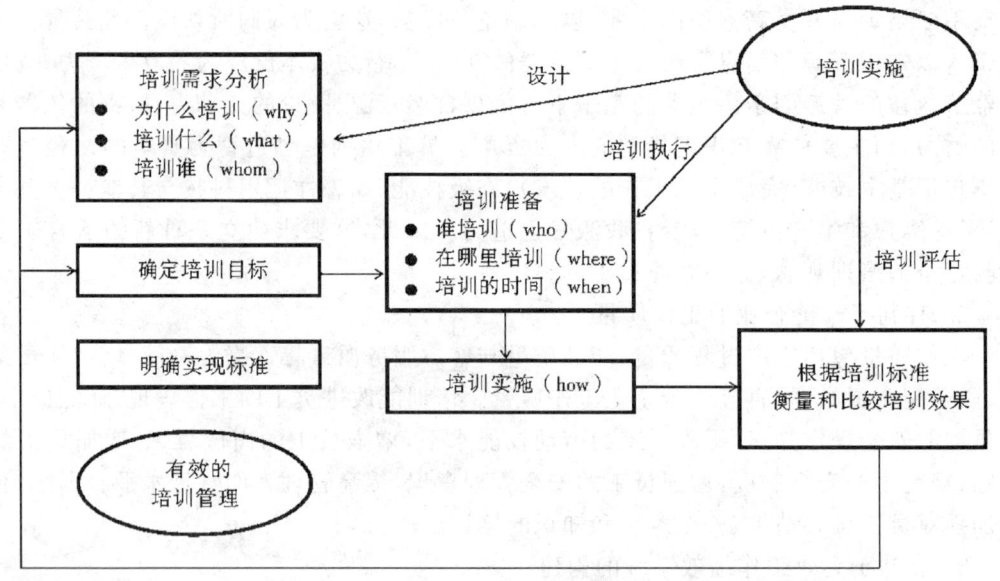

图 5-1 有效的培训系统模型

培训需求分析是根据企业和员工个人的需求,了解员工需要参加何种培训的过程。其有两个关键点:一是找出问题的症结,并通过培训加以解决,使那些可以改进的具体行为和表现得以改进;二是区分哪些是可以通过培训解决的问题,哪些是不可以通过培训解决的问题。有一个小案例,讲的是医院的一名卡车司机,他的主要工作职责是向医疗机构输送麻醉气体。这个司机却错误地将麻醉气体的输送管线与医院的氧气供应管线连在了一起,从而导致医院的氧气供应受到了污染。这个司机为什么会犯这样的错误呢?问题出在哪里?也许多数人会觉得他是缺乏正确的连接麻醉气体管线的基本知识,但也许还有其他的原因,例如是因为最近他对上级拒绝他的福利要求而不满,或者是由于连接气体供应管线的阀门没有标识。因此,只有缺乏麻醉气体管线连接知识这种情况能用培训手段来解决,其他的问题则需要从绩效评估或工作环境再设计等方面来解决。

这个小案例告诉我们:作为一名管理者,首先要了解员工的需求是什么,然后才能采取有效的措施来解决问题。在建立有效的培训体系时,最关键的也是最初的工作就是需求分析。

所谓培训需求分析是指通过收集组织及其成员现有绩效的有关信息,确定现有绩效水平与应有绩效水平的差距,从而进一步找出组织及其成员在知识、技术和能力方面的差距,为培训活动提供依据。培训需求分析是整个培训流程的起点。

一、培训需求分析的内容

培训需求分析的内容可以有多种分类:按照需求分析的层次,可分为组织层次分析、工作岗位层次分析和员工个人层次分析;按照需求分析的对象,可分为新员工培训需求分析和在职员工培训需求分析;按照需求分析的阶段,可分为目前培训需求分析和未来培训需求分析。本书以第一种分类方法进行介绍。培训需求分析模型如图5-2所示。

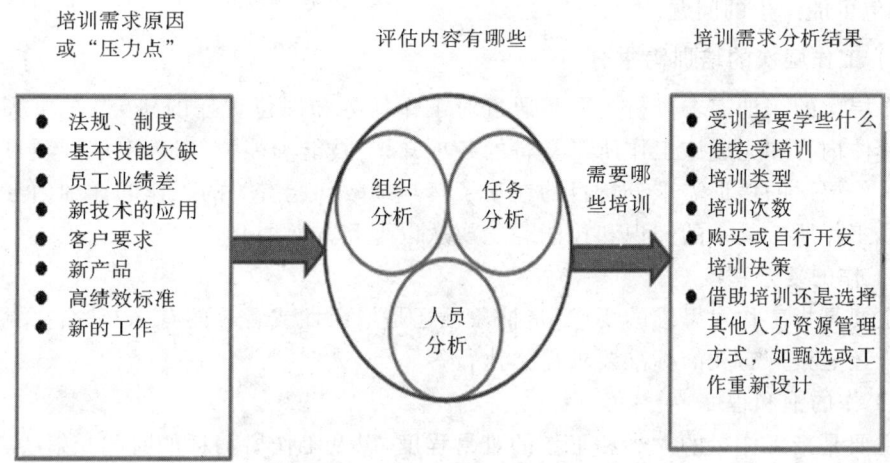

图 5-2　培训需求分析模型

(一) 组织层次的培训需求分析

培训需求的组织分析主要是在给定公司经营战略的条件下,通过对组织的目标、资源、特质、环境等因素的分析并准确地找出组织存在的问题与问题产生的根源,即现有状况与应有状况的差距和造成差距的原因,以确定培训是否是解决这类问题的最有效的方法。具体而言,组织分析主要包括以下几个方面的内容。

1. 组织目标

明确的组织目标既对组织发展起决定性作用,也对培训计划的制订与执行起决定性作用。组织目标分析主要围绕组织目标的达成、决策的贯彻是否需要培训或者组织目标未达成、决策未得到贯彻是否与没有培训有关等展开。比如,如果一个组织的目标是提高产品质量,那么培训活动就必须围绕这一目标进行。

2. 组织资源

组织资源分析包括对组织的资金、时间、人力等资源的分析。资金是组织所能提供的经费,它将影响培训的宽度和深度。培训也需要时间保证,如果时间安排太紧或不当,就会影响培训效果。人力则是决定培训是否可行和有效的另一关键因素。组织的人力状况包括：人员的数量、年龄、技能和知识水平，人员对工作与单位的态度及工作绩效等。

3. 组织特征

组织特征对培训能否取得成功也起重要的影响作用。当培训计划和组织的价值目标不一致时，培训的效果就很难保证。员工的工作态度，对公司的向心力、凝聚力以及对企业文化的理解、接受程度等若与组织目标的达成有重要关系，将产生特定的培训需求。组织特征分析主要就是对组织的系统结构、文化特征和信息传播情况等的分析。

4. 组织环境

当一个公司计划进入新的市场、开展新的业务或生产新的产品时，就需要培训员工如何在新的环境中进行销售、掌握新的技能或者培训生产和服务部门的员工如何生产新产品、提供新服务等。当国家和政府出台涉及劳动的新法律法规时，组织进行相关的遵守法律的培训总是可取的做法。比如请一位专家来向每一个可能受此法律影响的员工作解释，以避免可能产生的问题。

（二）工作层次的培训需求分析

工作层次的培训需求分析主要是通过对工作任务和岗位责任的研究，发现从事某项工作的具体内容和完成该工作所需具备的各项知识、技能和能力，以确定培训项目的具体内容。工作层次的培训需求分析目的在于了解与绩效问题有关的工作的详细内容、标准，以及达成工作所应具备的知识和技能。主要从以下几方面展开。

1. 工作的复杂程度

这主要是指工作对思维的要求，是抽象性还是形象性或者兼而有之，是需要更多的创造性思维还是按照有关的标准要求严格执行等。

2. 工作的饱和程度

这主要是指工作量的大小和工作的难易程度，以及工作所消耗的时间长短等。例如，行政部的工作大多是琐碎而繁杂的，但是工作时间相对固定；技术开发部的工作具体而复杂，工作时间弹性大。如果对这两个部门的员工进行培训，培训内容自然不同。

3. 工作内容和形式的变化

随着公司经营战略和业务的不断发展，有些部门的工作内容和形式的变化较大，有些部门的工作变化则较小。例如，市场部的工作会随着公司业务的发展迅速变化，财务部门的工作则变化较小。因此，在进行培训需求分析时应注意这一点：对于未来所要发生的工作变化有一定的前瞻或预测，从而使公司在不断发展的过程中能够坦然应对，不至于在衔接或过渡中出现问题。

（三）员工层次的培训需求分析

员工层次的培训需求分析主要是从员工实际状况角度出发，通过分析员工实际绩效与期望绩效或绩效标准之间的差距，来确定谁需要接受培训以及培训的内容，以形成培训目标和内容的依据。

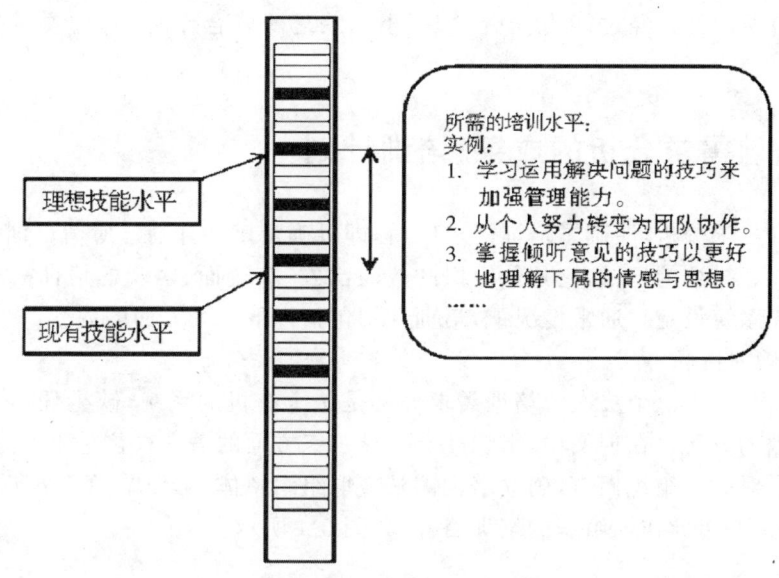

图 5-3　员工层次培训需求分析

员工层次的培训需求分析主要从以下几个方面进行。

1. 员工的知识

对员工知识结构的分析不但是为了准确地制订培训方案，更是为了充分利用各种有效的资源，从而使培训取得更大的经济效益。在对公司员工的知识结构进行分析时，一般从文化教育（如正规的学历教育）、职业教育培训（如社会办教育及业余教育等）和专项短期培训（如各类认证培训等）三个方面进行。

2. 员工的专业（专长）

在公司里工作的有些员工并不是在从事自己专业（专长）的工作。进行专业（专长）结构分析主要应解答以下问题：有多少员工在从事与自己专业对口或不对口的工作，有多少员工在从事自己喜欢或不喜欢的工作，有多少员工认为自己有必要调换岗位并认为这样会有更大的能力发挥余地。

3. 员工年龄结构

培训是一种投资，因此，员工的年龄越小，相对来说，企业预期的投资回报期也就越长。同时，年龄的大小和个人的接受能力有着非常直接的关系，因此，在进行培训需求分析时应考虑合理的年龄构成，并以此决定岗位的培训内容。

4. 员工个性

员工个性分析主要应明确某一岗位的工作特点要求任职者具备什么样的个性。在不少工作中，员工个性不作为一个必须考虑的因素。但是在有些工作中，为了提高工作效率，就必须考虑员工的个性。例如，某人如果具有大大咧咧、易激动、情绪变化大、持久力不够等个性特点，则在一定程度上不适合要求稳重、细心和耐心的财务工作。

5. 员工能力分析

员工能力分析即分析员工实际拥有的能力与完成工作所需能力之间的差距。例如，小王是一位出色的销售人员，但是自从他晋升为销售经理后，销售部门业绩有所下降，员工的抱怨也有所增加。经过能力分析发现，小王缺乏团队合作及协调、领导等方面的能力。

二、培训需求分析的成果：培训计划

经过培训需求分析，明确了培训需求以后，即可确定培训计划。所谓培训计划是按照一定的逻辑顺序排列的记录，它是从组织的战略出发，在全面、客观的培训需求分析基础上做出的预先系统设定。通常情况下，培训计划包括以下几个方面的内容。

1. 确定培训目标

组织、工作、员工三个层次的培训需求分析是一个有机的系统，缺少任何一个层次都不能进行有效的分析。在现实中，组织、工作、员工三方面的需求往往并不完全一致，而是呈交叉现象。对一个组织而言，确立培训需求应取组织整体、工作单元及员工个人三方的共同需求区域，并以此作为组织的培训目标，如图5-4所示。

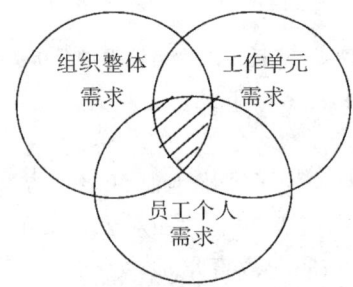

图 5-4　培训目标的确定

2. 安排培训课程及进度表

根据培训对象、培训目标及要求，确定培训项目的形式、学制、课程设置方案及教学方法，拟定培训大纲、培训内容、培训时间、培训方式，选择教材、培训师以及辅助培训器材与设施等。培训进度表为受训人员提供具体的日程安排和详细的时间安排，从而有利于培训进度的控制与实施。

3. 选择培训方法

根据受训者的知识层次、职位类型以及特征选择适当的培训方法，可采用以其中一两种方法为重点、多种方法变换组合的方式，使培训效果达到理想的状态。具体培训方法详见下一节。

4. 预算培训经费

外部培训的费用按照培训单位的收费标准支付。组织内部培训的经费预算应包括多种项目，常见的是组织内部自行培训、聘请培训师来组织培训和聘请培训公司来组织培训等几种形式，其开支预算是不一样的，主要包括培训师及内部员工的工资、场地费、设备材料的损耗费、教材及资料费用等，培训计划应对以上项目做出详细预算。

第三节 培训与开发的实施

一、培训的具体实施

(一)确定培训师

培训师的选择主要有两种途径,一种是从企业内部挑选出来并对其进行相应的培训使其成为培训师,另一种是直接从外部聘请,其中包括大学老师、企业经理人员、专职培训讲师等。内部培训师和外部培训师各有所长,孰优孰劣不能一概而论。但是不管选择哪一类培训师,企业都应制定切实可行的培训师内部培养或外部选拔制度。

(二)确定教材和教学大纲

一般由培训师来确定教材,教材主要来源于四个方面:公开出售的教材、本公司自行开发的教材、培训公司开发的教材和培训师编写的教材。不管选择哪一种教材,都应围绕培训目标来确定。教学大纲要对教学各环节做出具体规定,即根据培训计划,具体规定课程的性质、任务和基本要求,规定知识和技能的范围、深度、结构、教学进度,提出教学和考核的方法等。

(三)确定培训场所

选择合适的培训场地是确保培训成功的关键。培训场地应具备交通便利、舒适、安静的特点,独立而不受干扰,为受训者提供足够的自由活动空间。

(四)准备好培训设备

根据培训计划事先准备好培训所需要的设备器材,例如电视机、投影仪、屏幕、摄像机、幻灯机、纸、笔等,如果是特殊培训,则需要准备特殊的设备,以满足培训项目的要求。

(五)选择培训时间

培训时间的合理分配要依据培训内容的难易程度和培训所需总时间来确定。一般来说,内容相对简单、短期的培训可以集中进行;内容复杂、难度高、时间较长的培训,则适宜采用分散培训的方法,以提高学习的效率。

二、培训实施方法

常见的培训实施方法有以下几种。

(一)学徒培训

学徒培训是一种最传统的在职培训方法。一般在需要手工艺的工作上使用该种培训,如木匠、理发师、机械师和印刷工等。培训期依据所需技艺的不同而有所变化。许多组织采取了学徒培训的方式来提高职业工人预备队伍的技能。其优点是有利于企业员工梯队建设，不影响工作效果和效率，而且师徒之间良好的关系有利于工作的开展。不足之处在于该方法对传统技能的传承比较适用，但不利于新技术、新方法的学习，同时"带会徒弟饿死师傅"的传统消极观念在一定程度上会影响技能的传授。

（二）讲授法

讲授法指的是由培训者以口头讲解的形式向目标群体传递信息的过程。讲授法是最常用的培训技术之一。这种方法可以在相对较短的时间内将事实性信息有效传递给大量的听众。如果能在讲授过程中配合使用一些视觉资料，比如幻灯片、图表、阅读材料等，那么这种方法是可以有效地让听众理解理论、概念、程序和其他陈述性资料的。但缺点是单项信息传递，反馈效果差，而且培训效果取决于培训师的演讲水平。

（三）案例研讨法

案例研讨法是指通过向培训对象提供相关背景资料，让其寻找合适的解决方法。在对特定案例的分析、辩论中，受训人员集思广益，共享集体的经验与意见，有助于提升在实际业务工作中思考和解决问题的能力。这一方式培训费用低，反馈效果好，但缺点是案例往往具有特定的背景和条件，不具有广泛适用性，因此比较适合管理人员综合管理能力的培训。

（四）角色扮演法

角色扮演法是指在一个模拟的工作环境中，让受训人员扮演其中人物、承担其中角色的工作职责的一种培训方法。角色扮演法能使受训者真正体验到所扮角色的感受和行为，以发现和改进自己的工作态度和行为表现。由于信息传递多向化，这种培训方式反馈效果好、实践性强、费用低，多用于人际关系能力的培训。

（五）商业游戏法

商业游戏法是指受训者在一些仿照商业竞争规则的情景下收集信息并对其进行分析、做出决策的过程。商业游戏法主要用于管理技能开发的培训，参与者在游戏中所做的决策类型涉及各个方面的管理活动，包括劳工关系（如集体谈判合同的达成）、市场营销（如新产品的定价）、财务预算等。商业游戏法的优点在于情景逼真、方式灵活，缺点在于游戏设计和实施的费用较高。

（六）计算机辅助培训

计算机辅助培训是利用电脑，通过设计一些软件和课程程序来帮助学员进行自主学习。在计算机辅助培训中，学员可以根据自身计划来安排课程内容进行学习，并可以对自己掌握的知识水平进行评估，以确定自己下一步的学习。因此，该类方法的优点是自适应培训，即学员可以根据自己学习的步调调整学习进度，方式相对灵活。

（七）互联网培训

互联网培训主要是通过公共的或内部的计算机网络来传递信息，并通过浏览器来展示培训内容的一种培训方式。互联网上的培训可以为虚拟现实技术、动感画面、人际互动、员工间的沟通以及实时视听提供支持。在互联网上可以随时更新培训材料，因而修改和增减培训内容相对方便、快捷，另外互联网的资源共享也可以节省差旅费和培训场地费用。

（八）远程学习

远程学习包括电话会议、电视会议、电子文件会议等。培训课程的教材和讲解可以通过因特网或者一张可读光盘分发给受训者。受训者与培训者可利用电子邮件、电子留言板或者电子会议系统进行交互联系。远程学习是参与培训项目的受训者同时进行学习的一种培训方式，为分散在不同地点的员工提供培训，为企业节省了大笔差旅费等开支。

（九）虚拟现实培训

虚拟现实培训是使受训者能够看到他们在工作中可能遇到的任何情境，在这个模拟的环境中受训者能够接触、观看以及进行操作演练。虚拟现实培训的优点在于它的仿真性、自主性、安全性。学员在虚拟的环境中操作的设备和真实的设备功能一样，操作方法也一样，理想的虚拟环境甚至让学员无法辨出真假；在培训中，学员能够自主地选择或组合虚拟培训场地或设施，而且学员可以在重复中不断增强自己的培训效果；更重要的是这种虚拟环境使他们脱离了现实环境培训中的风险。例如，一个单独的虚拟现实培训系统能够模拟许多不同类型的环境，在较短的时间中模拟学习事件。此外，虚拟现实培训能够提供一个具有不同细节的环境，并能控制时间。因此，与其他的以计算机为基础的培训相比，它更为灵活。摩托罗拉公司使用虚拟现实培训模拟生产过程，并在不同地点培训了几百名员工。学习者可以开启、操作以及停止设备的运行，并可以进行问题的诊断。当他们操作按钮和开关的时候，就模拟出设备的声音和图像的反应。初步的结果认为，与传统的培训方法相比，员工比较欢迎这种培训方法，并且培训成果的实际转化率提高了30%。

【资料阅读】

独具特色的员工培训

一、艾伦美厨餐馆的培训

美国迈阿密市艾伦美厨餐馆的老板艾伦·苏瑟给员工提供了每月一次的外出就餐机会，50美元以下的饭费全部给予报销。员工可以带着自己的配偶或是一位朋友光顾任何一家餐馆。唯一的交换条件是，就餐员工须具体地叙述用餐时的情况，并写成一页纸的报告，内容应包括用餐时所在地的服务水准、店内环境、食品供给状况等。回来后要在全体员工面前做一个口头报告。通过这种学习方式，艾伦美厨餐馆的员工了解到其他餐馆是如何做顾客服务的，同时也提高了自己的服务水平，为餐馆带来了很多新的发展措施。这样的一次性的学习方法，没有教师，也不需教材，但是目标明确，方法适用，真正做到从企业的实际出发，为员工提供一次轻松而愉快的学习机会。

二、职业模拟公司培训

近年来，在国际上出现了一种职业模拟公司。例如，荷兰有家国际植物贸易公司，经营各种花卉，公司业务十分繁忙，但是他们并不真正卖花，而是专为受训者提供相应的职位模拟工作。在这家公司里，客户由秘书介绍并引进销售部，双方激烈地讨价还价并签订合同。假若存货过多，公司立即设计出特价优惠广告，供促销员外出推销。然后管理者发

"红包",发出工资单,公司也对失职员工"炒鱿鱼"等。但是,这些运作只是模拟,公司并未卖出一盆花,资金流动只停留在纸面上,工资、奖金全是"空头支票"。它只是让受训售货员置身其中,让其在公司工作氛围中提高实际工作能力。

三、惠普公司的职位扮演

以惠普业务部门优秀销售人员的成功案例为蓝本,针对IT行业和惠普的产品编写充满实战性的练习教案。让销售人员用所学的知识、技巧和态度来应付、处理和引导客户。这些客户的扮演者多数都是参加培训的销售人员的直接老板,也有上一级经理,这样在角色扮演时,这些销售经理不仅可以直接向他们的员工介绍自己的经验,为员工做当场指导,同时还可以观察本部门的员工在集训班的学习表现。人力资源部门则从人际交流和沟通的角度来进行点评,如从销售人员与客户的交谈中发现销售人员倾听技巧不够、身体语言不够得体、客户性格把握不够等。

(资料来源:成栋《中小企业管理实务与案例》,中信出版社,2001年版)

三、培训控制

为保证培训工作的有序进行,应采取一定的措施及时跟踪培训效果、约束员工行为、保障培训秩序、监督培训工作的开展。培训控制的主体是培训工作的负责人及其他管理人员,组织中的高层领导也可以以监督检查的方式介入其中,受训者亦可根据切身感受提出建议。常见的培训控制手段有签到登记、例会汇报、流动检查等。

第四节 培训与开发的效果评估

培训和开发的重要性已经毋庸置疑,但效果如何呢?很多企业的培训是"虎头蛇尾",只重视培训前的过程,忽视培训的真正效果和实效性。因此,进行培训效果的评估是十分必要的。培训效果评估是指系统地收集必要的描述性和判断性信息,以帮助做出选择、使用和修改培训项目的决策以及评估公司和个人从培训中所获得收益的过程。通过评估,可以了解某一培训项目是否达到了原定的培训目标和要求,也可以了解受训人员技能的提高或收获情况,而不仅仅是判断培训目标的实现程度。

一、柯氏评估模型

在众多的培训有效性评估模型中,柯克帕特里克的培训效果评估模型是最有影响力的,被全球职业经理人广泛采用。柯克帕特里克提出,可以从四个方面来评估培训的效果,它们是反应层、学习层、行为层和结果层。

表 5-1 柯克帕特里克的四层次评估标准框架

层次	标准	重点
1	反应	受训者满意程度
2	学习	获取知识、技能、态度、行为方式
3	行为	工作中行为的改进
4	结果	受训者获得的经营结果

（一）反应层

第一层次评估学员反应,是指参与培训者的意见反馈。即受训者作为培训的参与者,在培训中和培训后会形成一些感受、态度及意见,他们的这些反应可以作为评价培训效果的依据。受训者对培训的反应涉及培训的各个方面,如培训目标是否合理、培训内容是否实用、培训方式是否合适、教学方法是否有效、培训教师是否具备相应的学识水平等。这个层次关注的是受训者对项目及其有效性的知觉。如果受训者对培训项目的评价是积极的,那么说服员工参加以后的培训就比较容易了。如果受训者不喜欢这个培训项目,或者认为自己并没有学到什么东西(即使他们实际上有收获),那么他们可能就不太愿意将学到的知识或技能运用于工作中,也可能会使得其他人不再想去参加培训。反应层只能反映受训者对培训的满意度,不能证明培训是否实现了预期的学习目标。

通常对于学员反应方面信息的收集可以采取问卷、课后的会谈或电话跟踪、课后的讨论会以及课堂的讨论等方式。企业通常采用"学员意见反馈表"的形式来搜集这方面的信息,并用统计软件进行数据处理和分析。收集信息的时间可以分为:每一部分内容结束时,每天结束时,每一课程结束时或几周之后。由于受训员工对培训的反应受主观因素的影响,不同受训人员对同一问题的评价会存在差异,所以可根据大多数受训员工的反应来对培训效果进行评价。收集的信息可以帮助课程进行修改,或者做总结和报告。

（二）学习层

第二层次评估学习成果是指培训之后的测试,是用来衡量学员对原理、事实、技术和技能的掌握程度,即受训者是否掌握了人力资源开发目标中要求他们学会的内容。这是一个非常重要的指标,许多组织都希望有效的人力资源开发项目应该满足这个指标。培训是一种学习知识和技能的活动,受训员工在培训中所获得的知识水平、所掌握技能的程度等,可以反映出培训的效果。要了解受训员工的学习成果,通常采用测试的方法,包括笔试、技能测试和工作模拟等,或采用角色扮演等形式请学员将所学习的内容表演出来。信息收集的时间为事前或事后的考试时间,培训中或追踪效果的考试时间。该层面评估有利于评估所获得的知识和技能能否成功地应用在工作中,其结果可以用来改进培训课程。

（三）行为层

第三层次评估工作行为是指员工接受培训后行为的改变,即受训者是否在实际的工作中运用了从培训中学到的东西,也就是为了确定从培训项目中所学到的技能和知识在多大程度上转化为实际工作行为的改进。组织培训的目的是提高员工的工作绩效,因此受训员工在培训中获得的知识和技能能否应用于实际工作,能否有效地实现学习成果与实际应用之间的转化,是评价培训效果的重要效度指标。在测量这个指标时,需要对受训者的在职表现进行观察,或者参考受训者的自评、受训者同事的评价以及组织的相关记录。对受训员工的工作行为的评估应该在其回到工作岗位3~6个月后进行,评估的工作行为变量包括工作态度、工作行为的规范性、操作技能的熟练性、解决问题的能力等。在评估中,要对受训员工的工作行为是否发生了变化做出判断,然后分析这种变化是否由培训所导致,以及这种变化的程度等。

信息的收集可以采用问卷法,与员工、同事或经理的会谈等形式。信息收集的时间为培训前或培训后几个月的技能测试时间(对照组的对比测试)。以下情形特别需要考虑该层面的评估:培训与业绩或业务的目标是相关联的,员工要保证学习的技能能够被应用于工作中,工作的能力能够表现出培训的结果。

(四) 结果层

第四层次评估经营业绩,即培训开发工作是否改善了组织的绩效,这涉及对组织绩效改进的监控,是对培训效果测定的最高层次。经过培训以后,组织的运作效率提高了、盈利增多了、服务水平上升了,对大多数经理来说,他们的工作至少要达到这个标准。另外,这个层次的指标也是最难评估的,因为除了员工的绩效还有许多因素会影响组织的绩效。通常在测量这个指标时需要搜集和分析经济与运营方面的数据,通常选用事故率、产品合格率、产量、销售量、成本、利润、离职率、迟到率等指标进行测定。

信息的收集可以采取问卷法、分析操作的结果、投入产出分析等形式。收集的时间为事前和事后的测试时间(对照组的对照测试)。

柯克帕特里克的培训效果评估模型提出后,在企业中得到了广泛运用。但是在长期的人力资源开发评估研究中经常发现大多数企业并没有在这四个层次上去搜集信息,多数只停留在一级和二级的评估层次上。例如,在美国培训与开发协会发布的《美国各州行业报告》中,有一项对500个组织进行的调查发现:77%的组织对受训者的反应进行了测量,36%的组织对学习成果进行了测量,15%的组织搜集了有关工作行为改变的信息,只有8%的组织采集了经营结果层次的数据。这些调查结果给我们提出了一个严峻的课题,即组织应重视对人力资源开发项目的评估,尤其是对工作行为改变和经营结果这两个层面的评估,深层评估不但能发现培训对实现组织目标是否真的有所贡献,而且可以暴露出培训内容在工作中难以运用的问题所在。如英特尔公司对英特尔大学的全部商务课程都进行了三级和四级评估,结果,5%的课程被取消,20%的课程进行了大幅度的改进。总之,培训评估工作绝不仅仅限于统计培训满意度和统计培训时数,科学地评估培训效果才是现代培训与开发的重要职责。

二、培训的投入产出分析

投入产出分析是一种评估培训效果的量化测定方法。培训的支出和收益平衡是开展培训工作的一个重要参照标准,特别是在资金缺乏、培训经费有限的情况下,以最节约的途径最大限度地开展培训工作是组织员工培训的一个重要原则。可以利用投资回报率

(ROI)的计算公式进行计算：

$$投资回报率(ROI) = (收益 - 成本) \div 成本 \times 100\%。$$

培训给企业带来的效益包括：提高劳动生产率、提高产品质量、扩大产品销售量、降低成本、减少事故、增加利润、提高服务质量等。

员工培训的成本包括：受训者的工资，培训师的报酬，培训教材和辅导资料的费用以及打印、复印、装订的费用，培训场地租借费用，培训器材的折旧费、维护与修理费用，因培训所发生的交通、食宿费等。同时，因培训而无法进行生产经营活动的无形损失也应计算在内。

【资料阅读】

某公司培训投入产出分析

有一个木材厂专门生产承包商用作建筑材料的镶板。这家工厂雇用了300名工人、48名一线主管、7名轮值监督管理人员和1名工厂经理。在工厂的经营中曾出现了三个问题。第一，每天生产的2%的镶板由于质量太差而被淘汰；第二，生产领域环境管理不佳，如镶板堆放不正确有可能会砸到员工；第三，可避免的事故发生率高于行业平均水平。

为消除这些问题，对管理人员进行了如下培训：一是与质量问题和员工不良工作习惯有关的绩效管理和人际关系技能培训，二是如何表彰绩效有提高的员工。一线主管人员、轮值监督人员和工厂经理都参加了培训。

该项培训一共花费32 836元。培训后经过评估发现，培训前镶板的淘汰率为2%（即1 440块板），培训后淘汰率降为1.5%（即1 080块板），假定每块镶板可卖2元钱，由此可以带来每天720元的收益（360×2），假定培训周期为一年，那么一年的收益就是172 800元。环境卫生培训前为10处不合格，培训后下降为2处，尽管环境卫生无法用金钱衡量，但一定是正收益。可避免的事故数由培训前的每年24次（每年144 000元）降为每年16次（每年96 000元），可节省的开支为48 000元。由此可见，该项培训总的收益至少为220 800元，投资回报率为6.7（220 800/32 836），即每投入1元培训费可获得6.7元的投资收益。

（资料来源：根据国家人力资源资格认证考试试题改编）

小　结

1. 员工培训与开发是指组织根据组织目标，以多种方式对员工进行有目的、有计划的系统培养和训练，使员工不断更新知识、开拓技能、改进态度、提高工作绩效，确保员工能够按照预期的标准或水平完成本职工作或更高级别的工作，从而提高组织效率、实现组织目标的过程。培训与开发作为人力资源和组织发展的重要手段，并非纯粹是一种成本支付性活动,而是一种智力投资,是创造智力资本的重要途径。

2. 尽管培训与开发往往作为一个名词出现,但是培训和开发两者的含义还是有差异的。培训通常侧重于提高员工当前的工作绩效,故员工培训具有一定的强制性;而开发活动只要求被认定具有管理潜能的员工参加,其他员工要有参与开发的积极性。

3. 培训需求分析是整个培训流程的起点。所谓培训需求分析是指通过收集组织及其成员现有绩效的有关信息,确定现有绩效水平与应有绩效水平的差距,从而进一步找出组织及其成员在知识、技术和能力方面的差距,为培训活动提供依据。按照需求分析的层次,培训需求分析可分为组织层次分析、工作岗位层次分析和员工个人层次分析,并最终根据分析结果制订培训计划。

4. 培训实施过程的主要工作是:选择培训方法并按照培训计划具体实施培训,在培训实施过程中进行有效的培训控制。培训方法包括传统的和现代的培训方法,传统的培训方法主要有学徒培训、讲授法、案例研讨法、角色扮演法、商业游戏法等,现代的培训方法主要有计算机辅助培训、互联网培训、远程学习、虚拟现实培训等。

5. 培训效果评估是指系统地收集必要的描述性和判断性信息,以帮助做出选择、使用和修改培训项目的决策以及评估公司和个人从培训中所获得收益的过程。最为认可的培训评估模型是柯克帕特里克的培训效果评估模型,其从四个方面来评估培训效果:反应层、学习层、行为层和结果层。投入产出分析是一种评估培训效果的量化测定方法,用投资回报率(ROI)计算培训的支出和收益是否平衡,培训的支出和收益平衡是开展培训工作的一个重要参照标准。

复习思考题

1. 传统培训和现代培训与开发的联系与区别有哪些?
2. 简述培训与开发的流程。
3. 论述柯氏培训效果评估方法。
4. 列举培训与开发的方法。

案例讨论

海尔公司的员工培训

海尔集团从开始至今一直贯穿"以人为本"提高员工素质的培训思路,建立了一个能够充分激发员工活力的人才培训机制,最大限度地激发每个人的活力,充分开发利用人力资源,从而使企业保持高速稳定发展。海尔培训工作的原则是"干什么学什么,缺什么补什么,急用先学,立竿见影"。在此前提下首先是价值观的培训,"什么是对的,什么是错的,什么该干,什么不该干",这是每个员工在工作中必须首先明确的内容,这就是企业文化的内容。

对于企业文化的培训,除了通过海尔的新闻机构《海尔人》进行大力宣传以及通过上下灌输、上级的表率作用之外，重要的是由员工互动培训。目前海尔在员工文化方面进行了丰富多彩的、形式多样的培训及文化氛围建设，如通过员工的"画与话"、灯谜、文艺表演、找案例等用员工自己的画、话、人物、案例来诠释海尔理念，从而达成理念上的共识。

"下级素质低不是你的责任，但不能提高下级的素质就是你的责任！"对于集团内各级管理人员，培训下级是其职责范围内必需的项目，这就要求每位领导，上到集团总裁、下到班组长都必须为提高部下素质而搭建培训平台、提供培训资源，并按期对部下进行培训。特别是集团中高层人员，必须定期到海尔大学授课或接受海尔大学培训部的安排，不授课则要被索赔，同样也不能参与职务升迁。每月进行的各级人员的动态考核、升迁轮岗就是很好的体现：部下的升迁，反映出部门经理的工作效果，部门经理也可据此续任或升迁、轮岗；反之，部门经理就是不称职。为调动各级人员参与培训的积极性，海尔集团将培训工作与激励紧密结合。海尔大学每月对各单位培训效果进行动态考核，划分等级，等级升迁与单位负责人的个人月度考核结合在一起，促使单位负责人关心培训，重视培训。实战技能培训是海尔培训工作的重点。海尔在进行技能培训时重点是通过案例、到现场进行的"即时培训"模式来进行。具体说，是抓住实际工作中随时出现的案例（最优事迹或最劣事迹），当日利用班后的时间立即（不再是原来的停下来集中式的培训）在现场进行案例剖析，针对案例中反映出的问题或模式，来统一人员的动作、观念、技能，然后利用现场看板的形式在区域内进行培训学习，并通过提炼在集团内部的报纸《海尔人》上进行公开发表、讨论，达成共识。员工能从案例中学到分析问题、解决问题的思路及观念，提高自己的技能，这种培训方式已在集团内全面实施。对于管理人员则以日常工作中发生的鲜活案例进行剖析培训，且将培训的管理考核单变为培训单，利用每月8日的例会、每日的日清会、专业例会等各种形式进行培训。

一、个人生涯培训

海尔集团自创立以来一直将培训工作放在首位，上至集团高层领导，下至车间一线操作工人，集团根据每个人的职业生涯设计为每个人制订了个性化的培训计划，搭建了个性化发展的空间，提供了充分的培训机会，并实行培训与上岗资格相结合。海尔的人力资源开发思路是"人人是人才""赛马不相马"。在具体实施上给员工提供了三种职业生涯设计：一种是对着管理人员的，一种是对着专业人员的，一种是对着工人的。每一种都有一个升迁的方向，只要是符合升迁条件的即可升迁入后备人才库，参加下一轮的竞争，跟随而至的就是相应的个性化培训。

（1）"海豚式升迁"是海尔培训的一大特色。海豚是海洋中最聪明、最有智慧的动物，它下潜得越深，则跳得越高。如一个员工进厂以后工作比较突出，但他是从班组长到分厂厂长一步步干起来的，主要是在生产系统。如果现在让他干一个事业部的部长，那么他对市场系统的经验可能就非常缺乏，就需要到市场上去。到市场去之后他必须到下边从事最基层的工作，然后从这个最基层岗位再一步步干上来。如果能干上来，就上岗，如果干不上来，则就地免职。有的经理已经到达很高的职位了，但如果缺乏某方面的经验，也要派他下去；有的各方面经验都有了，但处事综合协调能力较低，也要派他到这些部门去锻炼。这样对一个干部来说压力可能较大，但也培养锻炼了干部。

（2）"届满要轮流"是海尔培训技能人才的一大措施。一个人长久地干一样工作，久而久之形成了固化的思维方式及知识结构,这在海尔这样以"创新"为核心的企业里是难以想象的。目前海尔已制定明确的制度,规定了每个岗位最长的工作年限。

(3) 实战方式也是海尔培训的一大特点。比如海尔集团常务副总裁柴永林,是20世纪80年代中期在企业发展急需人才的时候入厂的。一进厂,企业没有给他出校门进厂门的适应机会,因为时间不允许。刚上岗,在他稚嫩的肩上就压上了重担,从国产化、引进办,后又到进出口公司的一把手,领导们看得出来他很累,甚至被压得喘不过气来,有一阶段工作也上不去了。但领导发现,他的潜力还很大,只是缺少了一些知识,需要补课。为此就安排他去补质量管理和生产管理的课,到一线去锻炼(检验处长、分厂厂长岗位),边干边学,拓宽知识面,积累工作经验。在较短的时间内他成熟了,担起了一个大型企业副总经理的重任。由于业绩突出,1995年他又被委以重任,接收了一个被兼并的大企业,这个企业的主要症结是亏损、困难较多。他不畏困难,一年后就使这个企业扭亏为盈,企业两年走过了同行业20年的发展路程,成为同行业的领头雁,也因此成为海尔吃"休克鱼"的典型,被美国哈佛大学收入其工商管理案例库。之后他不停地创造奇迹,被《海尔人》誉为"你给他一块沙漠,他还给你一座花园"的好干部。

二、培训环境

海尔为充分实施全员的培训工作,建立了完善的培训软环境(培训网络)。

在内部,建立了内部培训教师师资网络。首先对所有可以授课的人员进行教师资格认定,持证上岗。同时建立了内部培训管理员网络,以市场链SST流程建立起市场链索酬索赔机制及培训工作考核机制,每月对培训工作进行考评,并与部门负责人及培训管理员工资挂钩,通过激励调动培训网络的灵活性和能动性。

其次,在外部建立起了可随时调用的师资队伍。目前海尔以中国海洋大学海尔经贸学院的师资队伍为基本依托,同时与瑞士IMD国际工商管理学院、上海中欧管理学院、清华大学、北京大学、中国科技大学、法国企业管理顾问公司、德国莱茵公司、美国MTI管理咨询公司等国内外20余家大专院校、咨询机构及国际知名企业近百名专家教授建立起了外部培训网络,利用国际知名企业丰富的案例进行内部员工培训,在引入了国内外先进的教学和管理经验的同时,又借用此力量、利用这些网络将海尔先进的管理经验编写成案例库,成为国内外MBA教学的案例,也成为海尔内部员工培训的案例,达到了资源共享。

海尔集团除重视"即时"培训外,更重视对员工的"脱产"培训。在海尔的每个单位,几乎都有一个小型的培训实践中心,员工可以在此完成诸多在生产线上的动作,从而为合格上岗进行充分的锻炼。为培养出国际水平的管理人才,海尔还专门筹资建立了用于内部员工培训的基地——海尔大学。海尔大学目前拥有各类教室12间,可同时容纳500人学习及使用,有多媒体语音室、可供远程培训的计算机室、国际学术交流室等。为进一步加大集团培训的力度,使年轻的管理人员能够及时得到新知识,海尔国际培训中心在国家风景旅游度假区崂山仰口建立并投入使用,该中心可同时容纳600人接受脱产培训,且完全按照现代化的教学标准来建设,并与国际知名的教育管理机构合作,举办系统的综合素质培训及国际学术交流,办成一座名副其实的海尔国际化人才培训基地,同时向社会开放,为提高整个民族工业的素质做出海尔应有的贡献。

(资料来源:中国企管网)

讨论：

1. 你认为海尔建立的培训软环境是否可以作为当前中国企业的楷模？你认为对哪些企业是适用的，对哪些企业是不适用的？不适用的企业应采用何种培训方法？

2. 海尔建立外部随时可调用的师资队伍，同时将海尔先进的管理经验编写成案例库，成为国内外 MBA 教学的案例。这样的做法，对海尔的培训能起到怎样的作用？你认为这是否有把培训员工与提升企业知名度混淆在一起的嫌疑？如果你是海尔的 CEO，你会怎样做？

3. 筹办海尔大学并对企业内外开放的做法有何利弊？

第六章 职业生涯管理

【学习目的与要求】

1. 熟悉职业、职业生涯和职业生涯管理的内涵。
2. 熟悉职业选择理论和职业生涯发展阶段理论。
3. 把握个人职业生涯规划的含义、影响因素和步骤。
4. 掌握组织职业生涯管理的原则、内容和流程。

【教学重点与难点】

1. 职业生涯管理的重要意义。
2. 霍兰德的人格类型理论对职业生涯目标确定的重要作用。
3. 萨伯的职业发展理论、职业生涯发展"三三三"理论对职业生涯阶段管理的重要作用。
4. 个人职业生涯管理的影响因素和步骤。
5. 组织职业生涯管理的内容和流程。

【引导案例】

张明和王亮的故事

张明是某重点大学金融系的高材生,大学一毕业就在一家大型企业找到了令同学们羡慕的工作。对这份工作张明自己也很满意,不仅专业对口,收入也很理想。张明开始了自己日复一日的职业生涯。转眼间两年过去了,张明对自己的工作也早已应对自如。他每天都按部就班地完成分给自己的任务,尽量不主动去参加分外的事。五年后,张明坐上了主管的位置。他开始专心经营自己的小家庭。不知不觉到了40岁,张明的职位再也没有得到提升。这时意想不到的事情发生了,张明的公司突然被另一家竞争对手收购,接着就是机构重组。张明和其他一些老同事被列入了待安置的名单。后来因为另一名主管不满意新的职位安排辞了职,张明才算保住了自己的饭碗。这一系列的变化让他实在难以接受,他抱怨公司没有人性,抱怨社会变化太快,抱怨政府没有完善的社会保障系统,他就这样一边抱怨一边工作,一直到了退休。退休那天,张明哭了,他想起自己20岁时曾经梦想做一名优秀的财务经理,他不知道自己什么时候怎么样丢掉这一梦想的。可现在他知道什么都晚了。

王亮是一所走读大学机械系的毕业生,一没有当地户口,二没有名牌大学学历,毕业后一直没有找到满意的工作。为了生存,王亮到一家朋友开的小公司帮忙做网页设计。

虽然收入微薄,但他却非常投入,一干就是两年。这使得他的朋友很感动,于是推荐他去一家跨国公司应聘,竟然被录用。新工作的职位是管理见习员,收入也不高,但王亮非常珍惜这个机会,全身心地投入到了工作中。一年后他完成了各部门的实习,被分配到设备保养部做技术员。因成绩突出,三年后又被提拔为主管工程师。后来公司全面推行6-Sigma管理,他被选为项目推动小组成员,并接受专业的绿带资格培训,在项目组又做了三年,这种工作经历大大提高了他的能力,开阔了他的眼界。公司在南方成立分公司时,他被提拔为华南区总经理。40岁那年,他又被提升为中国区总经理,举家迁到北京。10年后他成为集团亚洲区副总裁,一直干到退休。离开公司后,王亮并不清闲,因为公司还聘任他为高级顾问,他还是公司董事局成员,还有很多高校请他去做客座教授。学生们向他请教成功的秘诀,他说:"其实成功没有什么秘诀,如果有也是一些众所周知的法则。我个人成功的主要法则有两个:一个是态度,一个是目标。我把它们叫作个人使命。"他对大学生们的忠告是:

20岁是你事业的起步期,如果这时候你还没有自己的梦想,你将来要为此付出巨大的代价。

40岁是你事业的飞跃期,如果这时候你不能保持积极乐观的心态,你可能永远都在起步期。

60岁,这时候你并不需要特意做什么。如果你前40年做对了,这时候你想不辉煌都难;如果你前40年没有做对,这时候你想不凄凉也难。

张明和王亮的故事告诉我们,生活是公平的,当你努力工作、尽量多付出的时候你不知不觉地就会收获很多,当你时时计较能获得多少、只做分内事的时候,却往往收获甚微,这也是职业生涯成功的法则。如果我们都掌握了人生的一些基本法则并能坚持去做,那么成功是不难的,至少不像人们想象得那么难。

(资料来源:道锐思《照亮你前程的七盏灯》,中国长安出版社,2003年版)

职业是一个人安身立命之本、施展抱负之基、成就自我之途。选择职业就是选择了一种生存方式,规划了一种职业生涯就是规划了一种人生状态。职业还是社会与个人的结合点。个人是职业的主体,但个人的职业活动必须在一定的社会组织中进行。组织的目标必须靠个人通过职业活动来实现,个体则通过职业活动对组织的存在和发展做出贡献。因此,职业活动对个人、组织以及社会都有着非同寻常的意义。正因为如此,我们才说职业发展需要设计、职业生涯需要管理。

第一节 职业生涯与职业生涯管理

一、职业与职业生涯

职业是指人们在社会生活中所从事的以获得物质报酬作为自己主要生活来源,能满足自己精神需求的相对稳定的、专门类别的工作。它是人们的生活方式、经济状况、文化水平、行为模式的综合性反映;也是一个人的权利、义务、职责及社会地位的一般性表征。在现代人力资源管理中,员工的职业发展问题被日益关注,它不再仅仅是组织的专业分工问题。

"生涯"一词在英文中为"career",有人生经历、生活道路的含义。人的一生大致分为未成年、成年、老年三个阶段,成年阶段无疑是最重要的时期,因为这是人们从事职业活动的时期,是人生全部生涯的主体阶段。

关于职业生涯,广泛被认同的观点是指一个人在其一生中遵循一定道路(或途径)所从事工作的历程,这整个历程可以是间断的也可以是连续的,它包含一个人所有的工作、职业、职位的外在变更和对工作态度、体验的内在变更。因此,职业生涯既包含客观部分,例如工作职位、工作职责、工作活动以及与工作相关的决策,也包括对工作相关事件的主观知觉,如个人的态度、需要、价值观和期望等。一个人可以通过改变客观的环境如转换工作,或者通过改变对工作的主观评价如调整期望,来管理自己的职业生涯。因此,与工作相关的个人活动及对这些活动所做出的主观反应都是其职业生涯的组成部分,必须把两者结合起来,才能充分理解一个人的职业生涯。

二、职业生涯管理

虽然职业生涯是指个体的工作行为经历,但职业生涯管理可以从个人和组织两个不同的角度来进行。

从个人的角度讲,职业生涯管理就是一个人对自己所要从事的职业、要去的工作组织、在职业发展上要达到的高度等做出规划和设计,并为实现自己的职业目标而积累知识、开发技能的过程,它一般通过选择职业、选择工作组织、选择工作岗位,在工作中技能提高、职位晋升、才干得到发挥等来实现。一个人要想让自己的潜能有效转化为现实的价值,就应该根据自身的潜能、兴趣、价值观和需要来选择适合自身优点的职业,这就需要对自己的职业生涯做出规划和管理。

职业生涯是个人生命运行的空间,但又和组织有着必然的内在联系。一个人的职业生涯设计得再好,如果不进入特定的组织,就没有职业位置,职业生涯就无从谈起。组织是个人职业生涯得以存在和发展的载体。同样,组织的存在和发展依赖于个人的职业工作和职业发展。因此,从组织的角度对员工的职业生涯进行管理,就集中表现为帮助员工制订职业生涯规划、建立各种适合员工发展的职业通道、针对员工职业发展的需求进行实时的培训、给予员工必要的职业指导、促使员工职业生涯的成功。

第二节　职业生涯管理理论

一、职业选择理论

职业选择指劳动者依照自己的职业期望和兴趣，从对职业的评价、意向、态度出发，凭借自身能力从社会现有的职业中进行挑选的过程。职业选择就是要促使自身能力素质和职业需求特征相符合。"男怕入错行，女怕嫁错郎"这句俗语道出了职业选择对人生的重要性。一般来说，人们在自己的职业生涯中，会从自己的职业期望和理想出发，根据个人的兴趣、能力、特点等自身素质，从社会现有的职业中选择适合自己的职业。从某种意义上说，选择了自己的职业，实际上就等于选择了自己的职业生涯。在人们一生的职业生涯中职业选择是其中一个相当重要的环节。为此，许多心理学家或职业指导专家对职业选择的问题进行了专门的研究，提出了自己的理论。这里介绍其中两种较有影响的职业选择理论。

（一）职业—人匹配理论

职业—人匹配理论最早由美国波士顿大学的帕森斯教授提出，这是用于职业选择与职业指导的最经典的理论之一。职业—人匹配理论的核心是人与职业之间的匹配，其理论前提是：每个人都有一系列独特的个性，并且可以对其进行客观而有效的测量；每个人的独特特质又与特定的职业相关联；为了取得成功，不同职业需要配备具有不同个性特征的人员；个人特性与工作要求之间配合得越紧密，职业成功的可能性也就越大。同时，帕森斯在1909年其所著的《选择一个职业》一书中，明确阐述了职业选择的三大要素和条件：必须要对你自身，你的天赋、能力、兴趣、志向、资源、限制条件以及种种要素考虑清楚；要对不同行业工作的要求、成功要素、优缺点、薪酬水平、发展前景以及机会有较为明确的认识；在这两组要素之间进行最佳搭配。"三步范式"法被认为是职业选择和职业设计的至理名言，并得到不断的发展和完善，形成职业选择和职业指导过程中广泛运用的三个步骤：第一步，进行人员分析，评价个体的生理和心理特征；第二步，分析职业对人的要求，并向求职者提供有关的职业信息；第三步，人—职匹配，个人在了解自己的特点和职业要求的基础上，借助职业指导者的帮助，选择一项既适合自己特点又有可能获得的职业。

帕森斯的理论内涵即是在清楚认识、了解个人的主观条件和社会职业岗位需求条件的基础上，将主客观条件与社会职业岗位（对自己有一定可能性的）相对照、相匹配，最后选择一种职业需求与个人特长匹配相当的职业。

职业—人匹配，分为两种类型。

（1）条件匹配。即所需专门技术和专业知识的职业与掌握该种特殊技能和专业知识的择业者相匹配。如脏、累、险等劳动条件很差的职业，需要吃苦耐劳、体格健壮的劳动者与之相匹配。

（2）特长匹配。即某些职业需要具有一定的特长，如具有敏感、易动感情、不守常规、有独创性、个性强、理想主义等人格特性的人，宜从事审美性、自我情感表达的艺术创作类型的职业。

职业—人匹配理论之所以受到广泛的重视，产生深远的影响，成为后来许多理论的基础，就在于这种理论为人们的职业选择提供了最基本的指导原则——人—职匹配原则。这一原则清楚明了、简单易行，具有很强的可操作性。当然，职业—人匹配理论也有其自身局限性，该理论只强调个人特质和工作要求相匹配，忽视了社会因素对职业设计的影响和制约作用，而且它以静态的观点看待个人的特质，忽略了个人与职业都是不断变化的这一基本事实。

（二）人格类型理论

人格类型理论是美国职业心理学家霍兰德（Holland）在20世纪60年代创立的。这是一种在职业—人匹配理论基础上发展起来的人格与职业类型相匹配的理论。该理论强调个人与环境之间的匹配，对人才测评的发展产生了重要的影响。霍兰德认为，职业选择是个人人格的反映和延伸，职业选择取决于人格与职业的相互作用。

1. 个人与环境的关系

大多数社会学家都认为，一个人生理上和社会环境的特征都会影响到个体的行为。这些环境特征不仅中和了个体的行为，而且在相当长的一段时间内还中和了亚文化以及社会环境。我们在考察一个人的时候，不仅要考察他或她先天的个性特征，而且还要考察这个人成长或生活的环境特征。人格类型理论从一开始就强调个人与环境之间的匹配，霍兰德认为，一个人做出职业选择的依据就是寻找那些能够满足他或她成长的环境。他认为，对自己的工作环境知道得越多，他或她就越容易做出正确的职业选择。"职业的选择应该是慎重的，它反映了这个人的动机、知识、个性和能力。职业代表了一种生活方式，它是一种环境而不是一系列相互孤立着的工作项目和技能。一种职业不仅意味着要有某种特定的形象——社会角色，而且还意味着要有某种特殊的生存方式。从这层意义上来讲的话，一种职业的选择代表着一系列信息：某人的工作动机、对于职业的看法，以及对自身能力的认识。简单来说，专门的职业选择思考虽然不全面，但对于人们做出正确的抉择来说确实是有益的。"

2. 理论假设

人格类型理论是建立在以下一系列假设的基础上的。

（1）在我们的文化环境中，大多数人的人格类型可以归为六种人格类型中的一种：现实型（Realistic）、研究型（Investigative）、艺术型（Artic）、社会型（Social）、企业型（Enterprise）以及传统型（Conventional）。每一种特定人格类型的人，便会对相应职业类型中的工作或学习感兴趣。

（2）现实中存在与上述人格类型相对应的六种环境类型：现实型、研究型、艺术型、社会型、企业型和传统型。

（3）人们在积极寻找那些适合他们的职业环境，在其中他们能够充分施展自己的技能和能力，表达他们的态度和价值观，并且能够完成那些令人愉快的使命和任务。

(4) 一个人的行为是其个性特征和环境特征共同作用的结果。

3. 人格类型与职业类型匹配模型

在上述理论假设的基础上,霍兰德进一步提出了人格类型与职业类型的匹配模型。霍兰德认为,同一类型的劳动者与职业互相结合,便能够达到适应状态,其结果是劳动者找到适宜的职业岗位,职业岗位获得了合适的人才,劳动者的才能与积极性便会得以很好发挥。霍兰德划分的六种劳动者类型以及六种职业类型的具体内容如表 6-1 所示。

表 6-1 人格类型与职业类型的匹配模型

类型	劳动者	职业
现实型 (实际型)R	愿意使用工具从事操作性工作;动手能力强,做事手脚灵活,动作协调;不善言辞,不善交际	主要是指各类工程技术工作、农业工作。通常需要一定体力,需要运用工具或操作机器。主要职业:工程师,机械操作员、维修工、木工、电工、鞋匠等、司机,测绘员,农民、牧民、渔民等
研究型 (探索型)I	抽象思维能力强,求知欲强,肯动脑善思考,不愿动手;喜欢独立的和富有创造性的工作;知识渊博,有学识才能,不喜欢领导他人	主要是指科学研究和科学实验工作。主要职业:自然科学和社会科学方面的研究人员、专家,化学、冶金、电子、无线电、电视、飞机等方面的工程师、技术人员,飞机驾驶员、计算机操作员等
艺术型 A	喜欢以各种艺术形式的创作来表现自己的才能,实现自身价值;具有特殊艺术才能和个性;乐于创造新颖的、与众不同的艺术成果,渴望表现自己的个性	主要是指各类艺术创作工作。主要职业:演员、艺术家、编导、教师,主持人、编辑,书法家、摄影家、珠宝、房屋装饰等行业的设计师等
社会型 S	喜欢从事为他人服务和教育他人的工作;喜欢参与解决人们共同关心的社会问题,渴望发挥自己的社会作用;比较看重社会义务和社会道德	主要是指各种直接为他人服务的工作,如医疗服务、教育服务、生活服务等。主要职业:教师,行政人员,医护人员,衣食住行服务行业的经理、管理人员和服务人员,福利人员等
企业型 (事业型)E	精力充沛、自信、善交际,具有领导才能;喜欢竞争,敢冒风险;喜爱权力、地位和物质财富。喜欢和人在一起的工作——基于组织或经济收益,去影响说服人们或从事任务的执行、领导或管理	主要是指那些组织与影响他人共同完成组织目标的工作。主要职业:经理企业家,政府官员,商人,行业部门和单位的领导者、管理者等
传统型 (常规型)C	喜欢按计划办事,习惯接受他人指挥和领导,自己不谋求领导职务;喜欢和资料在一起工作,拥有事务或数值能力,在别人的指示下,完成各种细节事项;工作踏实,忠诚可靠,遵守纪律	主要是指各类与文件档案、图书资料、统计报表之类相关的各类科室工作。主要职业:会计、统计人员,办公室人员,图书管理员、导游,保管员、邮递员、审计人员、人事职员等

4. 六种职业类型与人格类型的内在结构关系

霍兰德、Whitney、Cole 和 Richards 于 1969 年提出六种职业类型与人格类型的环形结构模型,早期作为假设提出时也曾叫推演假设,如图 6-1 所示。

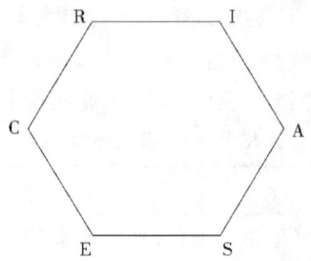

图 6-1　六边形结构模式

在深入研究的基础上,霍兰德等人对上述六边形结构模式附加了一种限制,即相邻、相隔、相对,这个六边形结构模式表现出下面的规律性。

(1) R、I、A、S、E、C 的顺序是可以预测的。最为理想的职业选择就是个体能够找到与其人格类型重合的职业环境,如实际型人格的人在实际型的职业环境中工作,这种情况就是"和谐"或"一致"。一个人在与其人格类型相一致的环境中工作,容易获得满足感和体会到工作的乐趣,并最有可能充分发挥自己的才能。

(2) 相邻职业环境与人格类型间的相关最大。如 R 与 C、I,或 I 与 R、A 等就属于相邻,相邻的类型具有较多的共同性,其一致性较高。霍兰德在实验中发现,尽管大多数人的人格类型可以主要归为某一类型,但每个人又有广泛的适应能力,其人格类型在某种程度上相近于另外两种人格类型,因此也能适应另外两种职业类型的工作。如实际型就与其相邻的传统型和研究型高度相关。实际型的人在传统型和研究型的职业环境中经过努力,能够适应职业环境。

(3) 相隔职业环境与人格类型间的相关次之。如 R 与 A、E 等之间就是既有一致性又有不同性。在这里职业环境和人格类型有很多不一致,但还不是完全相斥。

(4) 相对职业环境与人格类型间的相关最小。在六边形中处于对角线位置的职业类型和人格类型基本上属于相斥关系,两者之间没有共同之处。如 R 与 S、C 与 A、I 与 E 就是如此。个人如果选择与其人格类型相排斥的职业环境,就可能很难适应,甚至无法胜任工作。

1993 年,T.J. Tracey 和 J. Rounds 检验了霍兰德六边形结构模式的普遍性。他们分析了 1965~1989 年间由 11 种职业兴趣测量工具在六个国家获取的 104 个相关数据矩阵,结果支持了霍兰德的六边形结构模式,而且不同性别、不同年龄对它都无太大影响,这在一定程度上说明了该结构的普遍性和代表性。

5. 测量工具

霍兰德的人格类型理论框架完整、逻辑结构严谨,充分体现了人格与环境交互作用的观点,其所开发的测量工具可以对个体的人格类型做出有效的评估,操作方便,实用性强。按照霍兰德的理论,一个人的职业兴趣是其人格的体现,那么不同的职业兴趣类型(人格类型)与职业环境的交互作用就可以帮助人们在职业选择中解决下面三个普通而又根本的问题:什么样的个人与环境特点会带来令人满意的职业决策、职业投入和职业成就;什么样的个人与环境特点会导致无法决策、不满意的决策和缺乏成就感;什么样的个人与环境特点会导致人们终身职业的稳定或变动。帮助人们解决职业问题的最有效的方法是什么?因此,霍兰德的理论是职业生涯管理理论中最完整、最受重视的一种,并且霍兰德为了测量不同的人格类型,编制了霍兰德职业性向量表,目前广为应用。

(三) 职业锚理论

美国著名的职业管理学家埃德加·施恩首先提出了职业锚的概念。施恩认为随着一个人职业生涯的演进,以自己的职业性向为基础的关于职业态度和价值观、职业动机和需要、职业特长与技能等与职业有关的自我判断会越来越清楚,这样就会最终形成自己的职业生涯主线和主导价值取向,这就是所谓的职业锚。换句话说,职业锚是指一个人进行职业选择时,始终不会放弃的东西或价值观。职业锚是人们选择和发展自己的职业时所围绕的核心。

职业锚虽然是引导人们做出职业选择的核心,但许多人并不是在一开始选择工作时就明确自己的职业锚。一个人的职业锚是在一个持续不断的探索过程中产生的动态结果。职业锚实际上只能经过事后观察总结才能形成,职业锚其实是根据一个人所有职业性向、工作经历、兴趣爱好、关键事件等信息汇集合成的一种带有规律性的职业生涯模式,以此告诉人们哪些是其职业生涯中最重要的东西,以作为今后职业发展的参照。

施恩根据自己对麻省理工学院毕业生的案例调查研究,提出了他认为能涵盖所有职业类型的五种基本职业锚:技术或功能型职业锚、管理型职业锚、创造型职业锚、自主与独立型职业锚和安全型职业锚。1996年,施恩教授对职业锚进行了重新界定,将其增至为八种类型:技术或功能型职业锚、管理型职业锚、创造型职业锚、自主与独立型职业锚、安全型职业锚、生活型职业锚、服务型职业锚和挑战型职业锚(见表6-2)。

表 6-2 施恩职业锚理论

职业锚	具体表现
技术或功能型	不喜欢一般性管理活动,所有心思都用在了自己技术或职能方面的发展、进步上,非常重视自己技术或职能的应用,希望能促进和保证自己在既定技术和功能领域内不断发展
管理型	具有较强的分析能力、人际沟通能力和心理承受能力等,表现出希望成为管理者的强烈动机,其职业目标是追求更高的管理工作职位
创造型	有强烈的创造需求和欲望,意志坚定,勇于冒险,喜欢建立或创造属于自己的东西
自主与独立型	讨厌来自组织、制度或上级的限制,渴望能够按照自己的方式来安排学习、工作和生活
安全型	职业的安全与稳定性高于一切,以对组织的忠诚来回报这种稳定性,对组织具有依赖性
生活型	希望将生活的各个主要方面整合为一个整体,不会放弃自己整体生活质量的提高,希望能够平衡学习、工作和生活的各个方面,从而达到整体和谐
服务型	所追求的核心价值是服务,能够帮助他人、保护人们的安全、提高人们的生活水平、对他人有益的活动,才是真正有价值的事情
挑战型	喜欢挑战,追求成功,喜欢解决看上去无法解决的问题,战胜强硬的对手,克服难以克服的困难和障碍

二、职业生涯发展阶段理论

每个人的职业生涯都要经历许多阶段,只有了解不同阶段的特征、知识水平要求和各种职业偏好,才能更好地促进个人的职业生涯发展。许多专家对职业发展的过程进行了专门研究,发现尽管个人的职业生涯发展过程各不相同,但是却有共同的规律可循。因此,可以将人们生命周期中的职业生涯划分为不同的发展阶段,并且假设每一个阶段都有自己独特的问题和任务,并提出解决问题、完成任务的方法和对策。

(一) 萨伯的职业发展理论

美国著名的职业管理学家萨伯(Donald E. Super)从终生发展的角度出发,将一个人的主要职业过程分为成长阶段、探索阶段、确立阶段、维持阶段和衰退阶段。

1. 成长阶段(14岁以前)

此阶段属于认知阶段。一个人通过对家庭成员、朋友、老师的认同以及与他们之间的相互作用,逐渐建立自我概念,并对职业经历了从好奇、幻想到兴趣,再到有意识培养职业能力的逐步成长过程。

成长阶段又可分为三个时期,具体如下:

(1) 幻想期(4~10岁):儿童从外界获得各种有关职业的知识,对于自己觉得好玩和喜爱的职业充满幻想,并进行模仿。

(2) 兴趣期(11~12岁):儿童以兴趣为中心,理解、评价职业,并做出职业选择。

(3) 能力期(13~14岁):儿童开始考虑自身条件是否与喜爱的职业相符,有意识地进行能力培养。

2. 探索阶段(15~24岁)

此阶段属于学习打基础阶段。个人将认真地探索各种可能的职业选择,并对自己的能力和天资进行现实性评价,试图根据自己的职业做出相应的教育选择。

在这一阶段,个体常常会结合自己的兴趣和社会需要,做出一些带有试验性的、较为宽泛的职业选择。随着个人对所选职业以及自我的进一步了解,这种最初选择可能会被重新选择所替代。

探索阶段由下面三个时期组成,具体如下:

(1) 试探期(15~17岁):综合认识和考虑自己的兴趣、能力与职业社会价值、就业机会,开始对未来职业进行尝试性选择,此时的选择范围会逐渐缩小。

(2) 转变期(18~21岁):正式进入劳动力市场,或者进行专门的职业培训,由一般性的职业选择转变为特定目标的选择。

(3) 尝试期(22~24岁):选定工作领域,开始从事某种职业,对职业发展目标的可行性进行实验。

3. 确立阶段(25~44岁)

此阶段属于选择、安置和发展阶段,是大多数人职业生命周期的核心部分。经过早期的试探与尝试后,最终确立稳定职业,并谋求发展。此阶段一般也经过三个时期。

(1) 尝试期(25~30岁):对最初就业所选定的职业和目标进行检讨,思考其选择的领域是否合适。如有问题则需重新选择、变换职业工作。重点是寻求职业及生活上的稳定。

(2) 稳定期(31~40岁)：经过一段时间的职业经历以后，人们将最终确定稳定的职业目标，并致力于实现这些目标。

(3) 危机期(41~44岁)：在结合现实的情况下，若人们发现自己并没有朝着自己的职业目标靠近或者发现了新的目标，此时，他们需对自己最初的理想、抱负和目标进行再次评估，并第一次不得不面对一个艰难的抉择。

4. 维持阶段(45~64岁)

此阶段属于升迁和专精阶段，是职业生涯发展的后期阶段。这一阶段的劳动者由于长时间在某一职业岗位上工作，在该领域已占有一席之地，一般达到常言所说的"功成名就"层面，已不再考虑变换职业，只力求保住这一位置，维持已取得的成就和社会地位。

5. 衰退阶段(65岁以上)

在这一阶段，职业生涯接近尾声。临近退休时，人们的健康状况和工作能力逐步衰退，即将退出工作岗位，结束职业生涯。因此，这一阶段要学会接受权利和责任的减少，学习接受一种新的角色，适应退休后的生活，以减轻身心的衰退，维持生命力。

萨伯的职业生涯发展阶段理论比较全面完整，他所提出的12项基本主张阐述了将个人特征与职业匹配的动态过程，并将制约个人职业选择和发展的心理因素和社会因素有机地结合在一起，对职业生涯发展的研究具有较高的理论价值和一定的实际指导意义。

(二) 金斯伯格的职业发展理论

美国著名的职业指导专家、职业生涯发展理论的先驱和典型代表人物金斯伯格(Allen Ginsberg)对职业生涯的发展进行过长期研究。他研究的重点是从童年到青少年阶段的职业心理发展过程。通过比较美国富裕家庭的人从童年期到成年早期的成熟过程中的有关职业选择的想法和行动的研究，将职业生涯发展分为幻想期、尝试期和现实期三个阶段。

1. 幻想期(11岁之前)

在幻想期，儿童们对大千世界，特别是对他们所看到的或接触到的各类职业工作者，如教师、医生、护士、警察、军人、飞行员、演员、售货员等，充满了好奇，幻想着长大成为什么样的人。他们常常在游戏中扮演自己所喜爱的角色，甚至在日常服饰打扮、语言行动上进行效仿。此时期的职业需求特点是：单纯由自己的兴趣爱好所决定，并不考虑自身的条件、能力水平和社会机遇，完全处于幻想之中。

2. 尝试期(11~17岁)

尝试期是接受初等和中等教育并由少年向青年过渡的时期。此时，人的心理和生理各方面均在迅速成长和变化，独立意识、价值观念逐步形成，知识和能力显著增长，初步获取社会生产与生活的经验。在职业需求上呈现出的特点是：不仅注意自己的职业兴趣，也会客观地审视自身各方面的条件、能力和价值观，开始注意职业角色的社会地位和社会对该职业的需要。尝试期又可分为四个阶段。

(1) 兴趣阶段(11~12岁)：开始培养自己对某些职业的兴趣。

(2) 能力阶段(13~14岁)：以个人的能力为核心，衡量并测验自己的能力，并将其表现在各种相关的职业活动上。

(3) 价值观阶段(15~16岁):逐渐了解自己的职业价值观,兼顾个人与社会的需要,以职业的价值选择职业。

(4) 综合阶段(17岁):对上述三个阶段进行综合考虑,参考相关的职业选择资料,从而正确了解和确定未来的职业生涯发展方向。

3. 现实期(17岁以后)

人们即将步入社会劳动,他们能够客观地把自己的职业愿望或要求同自己的主观条件、能力以及社会现实的职业需要密切联系和协调起来,寻找适合于自己的职业角色。此时,人们已具有十分具体的、现实的职业目标。现实期又可分为三个阶段。

(1) 试探阶段:根据尝试期的结果进行各种试探活动,试探各种职业机会和可能的选择。

(2) 具体化阶段:根据试探阶段的经历做进一步的选择。

(3) 专业化阶段:依据自我选择的目标,做具体的就业准备。

金斯伯格的职业生涯发展理论,事实上是关于职业生涯发展前期的不同阶段即就业前人们职业意识或职业追求的变化发展过程的理论。金斯伯格为了完善上述理论,1983年对他的职业选择理论进行了重新阐述,其中着重强调的一点就是:对于那些从工作中寻找满足感的人来说,职业选择是一个终生的决策过程,是他们不断重新增进自己正在变化的职业目标和工作现实之间匹配的过程。这一过程受三个方面因素的影响:最初的职业选择、最初的选择与随后工作经验所给予的反馈以及经济与家庭状况。这就是说,如果一个人最初的职业选择没有达到所期望的职业满意度,他很可能要重新进行一次职业选择,而再次的职业选择依然受到家庭和经济状况所允许的自由度的制约。

(三) 格林豪斯的职业生涯发展阶段理论

格林豪斯(Greenhaus)研究人生不同年龄阶段职业发展的主要任务,并将职业生涯发展分为五个阶段。

(1) 职业准备(0~18岁)。该阶段的主要任务是:发展职业想象力,对职业进行评估和选择,接受必需的职业教育。一个人在此阶段所做的职业选择,是最初的选择而不是最后的选择,主要目的是建立起个人职业的最初方向。

(2) 进入组织(18~25岁)。该阶段的主要任务是:在一个理想的组织中获得一份工作,在获取足量信息的基础上,尽量选择一种合适的、较为满意的职业。在这个阶段,个人所获得信息的数量和质量将影响个人的职业选择。

(3) 职业生涯初期(25~40岁)。该阶段的主要任务是:学习职业技术,提供工作能力;了解和学习组织纪律和规范,逐步适应职业工作,适应和融入组织;为未来职业成功做好准备。

(4) 职业生涯中期(40~55岁)。该阶段的主要任务是:对早期职业生涯重新评估,强化或转变自己的职业理想;选定职业,努力工作,有所成就。

(5) 职业生涯后期(从55岁直至退休)。该阶段的主要任务是:继续保持已有的职业成就,维持自尊,准备引退(不变)。

(四) 埃德加·施恩的职业发展理论

埃德加·施恩在职业生涯发展理论中,将人的一生分为九个阶段。

1. 成长、幻想、探索阶段(0～16岁)

在这一阶段所充当的角色是学生、职业工作的候选人、申请者。该阶段的主要任务是：

(1) 发展自己的兴趣和能力，为将来的职业选择打好基础。

(2) 学习职业知识，获取丰富信息，树立自己的价值观和抱负，做出合理的受教育决策，将幼年的职业幻想变为可操作的现实。

(3) 接受教育和培训，开发工作实践中所需要的基本习惯和技能。

2. 进入工作实践阶段(16岁以后)

在这一阶段充当的角色是应聘者、新学员。该阶段的主要任务是：

(1) 进入劳动力市场，谋取可能成为一种职业基础的第一份工作。

(2) 个人和雇主之间达成正式契约，个人成为组织中的一员。

3. 基础培训阶段(16～25岁)

这一阶段的角色是实习生、新手。该阶段的主要任务是：

(1) 了解、熟悉组织，接受组织文化，克服不安全感，学会与人相处，并融入工作群体，尽快取得组织成员资格。

(2) 适应日常的操作程序，承担工作，成为一名有效率的员工。

4. 早期职业的正式成员资格阶段(17～30岁)

这一阶段的角色是取得组织新的正式成员资格。该阶段的主要任务是：

(1) 承担责任和履行与工作有关的义务。

(2) 发展和展示自己的技能和专长，为提升或进入其他领域的横向职业成长打基础。

5. 职业分析阶段(25岁以后)

这一阶段的角色是正式成员、任职者、终生成员、主管、经理等。该阶段的主要任务是：

(1) 选定一项专业或进入管理部门。

(2) 保持技术竞争力，在自己选择的专业或管理领域内继续学习，力争成为一名专家或职业能手。

(3) 承担较大责任，确认自己的地位。

6. 职业中期危险阶段(35～45岁)

这一阶段的主要任务是：

(1) 现实地评估自己的才干和价值观，进一步明确职业抱负及个人前途。

(2) 就接受现状或者争取自身前途做出具体选择。

7. 职业后期(40岁至退休)

这一阶段的角色主要有骨干成员、管理者、有效贡献者等。此阶段的主要任务是：

(1) 成为一名良师，学会发挥影响，指导、指挥别人，对他人承担责任。

(2) 扩大、发展、深化技能，或者提高才干，以更大抱负承担更重大的责任。

(3) 选拔和培养接替人员。

8. 衰退和离职阶段

这一阶段的主要任务是：

(1) 学会接受权力、责任、地位的下降。
(2) 基于竞争力和进取心的下降,要学会接受和发展新的角色。
(3) 准备退出职业生涯。

9. 退休阶段

劳动者从社会回到家庭,逐步适应社会角色的转变,培养新的兴趣、爱好,建立新的价值观。

施恩关于职业生涯发展阶段的划分基本上是依照年龄增大的顺序,并根据不同时期的职业状态、任务、职业行为等,它只给出一个大致的年龄跨度,而且在不同的职业阶段上年龄有所交叉。如进入工作实践阶段,是一种正在寻求和进入工作的状态,而且是职业工作的开端、人生的转折点,于是单独成为一个阶段。一旦迈进组织或职业这一大门,便以实习生或新手的角色出现,进入培训阶段,虽然年龄段相同,但任务和角色却明显不同。施恩教授这样依据职业状态和职业行为及发展过程的重要性划分职业周期阶段,使其更加清楚明了。

(五) 职业生涯发展"三三三"理论

职业生涯发展"三三三"理论是由国内著名的人力资源管理专家、厦门大学廖泉文教授提出的。"三三三"理论是将人的职业生涯分为三大阶段:输入阶段、输出阶段和淡出阶段。输入阶段是指对知识、信息、经验的输入,输出阶段是指输出服务、知识、智慧和其他产品,淡出阶段是指逐步退出职业的阶段。这一划分方式不同于美国的萨伯、金斯伯格、格林豪斯等人的那种将职业生涯阶段硬性地按年龄进行划分,也不同于施恩的九阶段理论在按年龄划分基础上增加了重叠的部分,且并没有提出重叠的原因、背景、特点和处理对策。而"三三三"理论认为人生三大阶段是一个弹性边界,弹性产生的原因受教育程度、工作行业、职位高度、身体状况和个人特质、成就欲望等因素所影响。相比较美国几位著名学者的职业生涯阶段划分的方法而言,这种弹性的划分方法更加具有个性化(因人不同)、弹性化(因教育背景不同)、开放化(因工作性质不同)等特点,更加适合当前迅速发展的人性特质对职业生涯发展影响的现实。表 6-3 是职业发展的第一个"三阶段"。

表 6-3 职业发展的第一个"三阶段"

阶段	输入阶段 (从出生到就业前)	输出阶段 (从就业到退休)	淡出阶段 (退休前后)
主要任务	输入信息、知识、经验、技能,为从业做重要准备;认识环境和社会,锻造自己的各种能力	输出自己的智慧、知识、服务、才干;进行知识的再输入、经验的再积累、能力的再锻造	精力渐衰,但阅历渐丰、经验渐多,逐步退出职业,适应角色的转换

职业生涯发展的第二个"三阶段"主要是指输出阶段中职业发展的阶段。这一阶段的发展特点与第一个人生三大阶段一样,依然是弹性的、开放的、动态的,有显著的个性化特征和受多维环境因素和个体因素影响的结果。输出阶段又分为三个子阶段:适应阶段、创新阶段和再适应阶段,如表 6-4 所示。

表 6-4 输出阶段的三个子阶段

输出阶段	个人的工作状态	职业环境状态
适应阶段	订三个契约： 对领导，服从你的领导 对同事，与你协同工作 对自己，使自己表现出色	适应工作硬软环境，个体与环境、同事相互接受，进入职业角色
创新阶段	独立承担工作任务 努力做出创造性贡献 提出合理化建议	受到领导和群众认可，进入事业辉煌时期
再适应阶段	工作出色获得晋升 发展空间小而原地踏步 自身骄傲或工作差错受到批评	个体调整心态，适应变化的环境：此时属于职业状态分化时期，领导和同事看法不一

职业生涯发展的第三个"三阶段"主要是指再适应阶段中职业发展的阶段。"再适应阶段"在现实中每一个人都要遇到，职业一次成功的人很少，都要经历"再适应阶段"，这一阶段不是人生最辉煌的阶段，却是人生到达辉煌的必经阶段。再适应阶段又可分为三种状况：顺利晋升、原地踏步、降到波谷，如表 6-5 及图 6-2 所示。

表 6-5 再适应阶段的三种状况

再适应阶段	职业状态
顺利晋升	面临新工作环境的挑战、新工作技能的挑战、原同级同事的嫉妒、领导提出的新要求，表面的风光隐藏着一定的职业风波
原地踏步	"倚老卖老"不求上进的状态出现，挂在口头边的话是"我早就干（想）过"，对同事容易陷入冷嘲热讽，此时如作职业平移或变更更合适
降到波谷	由于个体原因或客观原因，遭受上级批评或受降级处分，工作状态进入波谷，此时如能重新振奋精神，有希望进入第二次"三三三"发展状态

把职业发展的"三三三"理论三个阶段放在一起，就构成了一个动态的职业生涯发展模式，如图 6-2 所示。

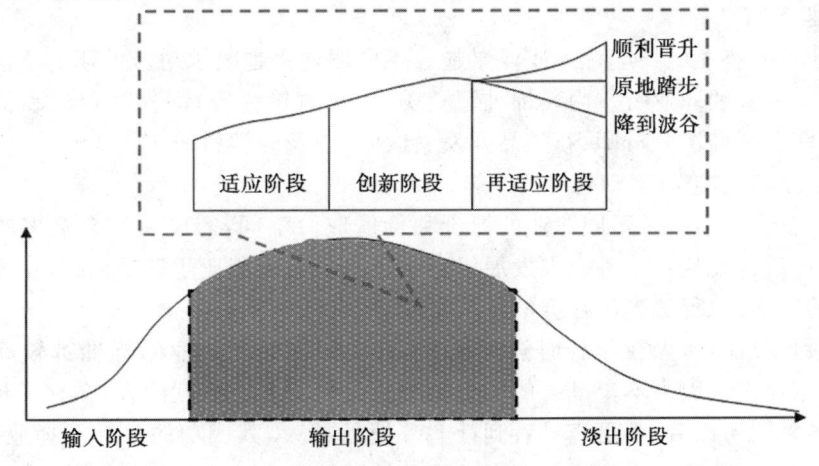

图 6-2 职业生涯发展的"三三三"模式

第三节　个人职业生涯管理

个人职业生涯管理是指个人根据对自身的主观因素和客观环境的分析,确立自己的职业发展目标,选择实现这一目标的职业,以及制订相应的工作、培训和教育计划,并按照一定的时间安排,采取必要的行动实现职业生涯目标的过程。

职业生涯管理在个人的职业决策过程中必不可少,它有助于个人发现自己的人生目标,平衡家庭与朋友、工作与个人爱好之间的需求。另外,职业生涯管理能使一个人做出更好的职业选择:接受还是拒绝某项工作、有无跳槽的必要、是否该寻找更具挑战性的工作以及何时辞掉压力过大的工作。更为重要的是,职业生涯管理有助于个人在职业变动过程中,面对已经变化的个人需求以及工作需求进行恰当的调整。因此,职业生涯管理对于个人的职业生涯发展具有重要的意义和作用。

一、个人职业生涯管理考虑的因素

(一) 个人条件的影响

1. 健康

健康是最具影响力的一项,"身体是革命的本钱",几乎所有的职业都需要健康的身体。身体瘦弱或者具有先天性疾病的人可能从一开始就不会考虑去从事重体力的劳动。当然,也有人克服了残疾的噩运而变得更加坚强,如霍金、张海迪。

2. 个性特征

不同气质、性格、能力的人适合不同类别的工作。例如,多血质的人较适合做管理、记者、外交等工作,不适合做过细的、单调的机械工作。如果做与自己个性特征不相吻合的工作,会容易觉得自己的活力被束缚,思想被禁锢。

3. 兴趣爱好

与职业选择有关的兴趣称为职业兴趣。不同职业兴趣要求对应的职业不同。如喜欢具体工作的,相应的职业有室内装饰、园林、美容、机械维修等;而喜欢抽象和创造性工作的,相应的职业有经济分析师、新产品开发、社会调查及各类科研工作等。

4. 个人的需求与心理动机

人们在就业时出于对不同职业的评价和价值取向不同,需要从社会众多的职业中选择其一,就业后也要从若干种个人发展机会中进一步做出职业生涯的调整,从而使自身获得尽量好的归宿,取得他人与社会的承认。

就一般情况而言,人在年轻时意气风发,成功的目标和择业的标准都较高。人到中年,就越来越现实。因为不论是一般的劳动者还是事业上有成就的人,在有了相当多的职业实践和各种阅历以后,都更容易看到社会环境的约束,其成功的目标和择业、转业的标准就都相对实际,较为适合社会与所在组织的情况。

5. 负担

负担是指对别人(多为家人和朋友)、对社会及对财务状况所承担的义务。"穷人的孩子早当家",成人必定会受各种义务的束缚,选择职业也绝不可能毫不考虑个人的生活形态。

6. 性别

虽然男女平等是基本国策,但"性别因素"仍然在职业发展中扮演着重要的角色。职业性别隔离严重存在,很少人能漠视性别问题。当然,如果你坚信男女两性基本上相同,那么你的性别应该不会影响你的事业选择和事业成功。

7. 年龄

对工作的看法和态度、对机会尝试的勇气、对胜任任务的能力和经验,不同的年龄表现有所不同。

8. 所受的教育

一个人所受到的教育程度和水平,直接影响他的职业选择方向和取得他喜欢的职业的概率。教育是赋予个人才能、塑造个人人格、促进个人发展的社会活动,对人的职业生涯有着巨大的影响,它奠定了一个人的基本素质。

(1) 获得不同教育程度的人,在个人职业选择与被选择时具有不同的能量,这关系着职业生涯的开端与适应期是否良好,还关系着其以后在职业发展、晋升方面是否顺利。

(2) 人们所接受教育的专业、职业种类对于其职业生涯有着决定性的影响,在大多数情况下成为其职业生涯的前半部分以至一生的职业类别。即使人们转换职业,也往往与其所学的专业有一定联系,或者以所学的专业理论、知识、技能为基础,流动到更高层次的职业岗位上。

(3) 人们所接受的不同等级教育、所学的不同学科门类、所在的不同院校及接受的不同的教育思想,会带来受教育者的不同思维模式与意识形态,从而使人们以不同的态度对待自己和社会,对待职业的选择与职业生涯的发展。

(二) 家庭的影响

家庭也是造就人的素质以至影响人的职业生涯的主要因素之一。人从幼年时期就开始受到家庭的深刻影响,长期潜移默化的结果会使人形成特定的价值观和行为模式。许多人还会受到家庭中父兄的教诲和各种影响,自觉或不自觉地习得某些职业的知识和技能。这种价值观、行为模式、职业知识和职业技能,必然从根本上影响着一个人的职业理想和职业目标,影响着其职业选择的方向、种类,以及选择中的冒险与妥协程度,对职业岗位的态度乃至工作中的种种行为表现等。因而,我们常常看到艺术世家、教育世家、商贾世家等。

(三) 朋友、同龄群体的影响

朋友、同龄群体的工作价值观、工作态度、行为特点等不可避免地会影响到个人对职业的偏好、选择从事某一类职业的机会和变换职业的可能性等方面。

(四) 社会环境的影响

社会环境,首先是指社会的政治经济形势、涉及人们职业权利方面的管理体制、社会文化与习俗、职业的社会评价等大环境。社会环境中流行的工作价值观、政治经济形势、产业结构的变动等因素，无疑都在个人职业选择上留下了深深的烙印。每年的职业地位排序都对高考志愿的选择和就业选择起到不可磨灭的影响。不同的社会环境所给予个人的职业信息是不同的。不能否认，一个人的职业生涯决策的决定因素中也有被称为机遇的随机性的成分，但完全凭命运摆布的人毕竟是少数，多数人对自己未来的发展能够从内外因素理性分析，进行职业生涯的选择。

【资料阅读】

个人职业生涯规划的原则

中国人力资源网就职业生涯规划的"十大原则"进行了比较详细的阐述。

(1) 清晰性原则。考虑目标、措施是否清晰、明确？实现目标的步骤是否直截了当？

(2) 挑战性原则。目标或措施是具有挑战性，还是仅保持其原来状况而已？

(3) 变动性原则。目标或措施是否有弹性或缓冲性？是否能随着环境的变化而做出调整？

(4) 一致性原则。主要目标与分目标是否一致？目标与措施是否一致？个人目标与组织发展目标是否一致？

(5) 激励性原则。目标是否符合自己的性格、兴趣和特长？是否能对自己产生内在激励作用？

(6) 合作性原则。个人的目标与他人的目标是否具有合作性与协调性？

(7) 全程原则。拟定生涯规划时必须考虑到生涯发展的整个历程，作全程的考虑。

(8) 具体原则。生涯规划各阶段的路线划分与安排，必须具体可行。

(9) 实际原则。实现生涯目标的途径很多，在做规划时必须要考虑到自己的特质、社会环境、组织环境以及其他相关的因素，选择切实可行的途径。

(10) 可评量原则。规划的设计应有明确的时间限制或标准，以便评量、检查，使自己随时掌握执行状况，并为规划的修正提供参考依据。

(资料来源：中国人力资源网)

二、个人职业生涯管理的步骤

(一) 确定志向

志向是事业成功的基本前提，没有志向，事业的成功也就无从谈起。俗话说："志不立，天下无可成之事。"立志是人生的起跑点，反映着一个人的理想、胸怀、情趣和价值观，影响着一个人的奋斗目标及成就的大小。所以，在制订生涯规划时，首先要确立志向，这是制订职业生涯规划的关键，也是职业生涯规划中最重要的一点。

(二) 自我评估

自我评估的目的是认识自己、了解自己。因为只有认识了自己，才能对自己的职业做出正确的选择,才能选定适合自己发展的职业生涯路线,才能对自己的职业生涯目标做出最佳抉择。自我评估包括自己的兴趣、特长、性格、学识、技能、智商、情商、思维方式、思维方法、道德水准以及社会中的自我等。

(三)职业生涯机会的评估

职业生涯机会的评估,主要是评估各种环境因素对自己职业生涯发展的影响,每一个人都处在一定的环境之中,离开了这个环境,便无法生存与成长。所以,在制订个人的职业生涯规划时,要分析环境条件的特点、环境的发展变化情况、自己与环境的关系、自己在这个环境中的地位、环境对自己提出的要求以及环境有利的条件与不利的条件等。具体来说,环境因素包括组织环境、政治环境、社会环境以及经济环境因素,只有对这些环境因素进行充分了解,才能做到在复杂的环境中避害趋利,使自己的职业生涯规划具有实际意义。

(四)职业的选择

职业选择正确与否,直接关系到职业生涯的成功与失败。据统计,在选错职业的人当中,有80%的人在事业上是失败者。由此可见,职业选择对人生事业发展是何等重要。如何才能选择正确的职业呢?至少应考虑以下几点:性格与职业的匹配,兴趣与职业的匹配,特长与职业的匹配,内外环境与职业相适应。

(五)职业生涯路线的选择

在职业确定后,向哪一路线发展,此时要做出选择。是向行政管理路线发展,还是向专业技术路线发展;是先走技术路线再转向行政管理路线,还是……由于发展路线不同,对职业发展的要求也不相同。因此,在职业生涯规划中,须做出抉择,以便使自己的学习、工作以及各种行动措施沿着职业生涯路线或预定的方向前进。

通常职业生涯路线的选择须考虑以下三个问题:我想往哪一路线发展,我能往哪一路线发展,我可以往哪一路线发展。

(六)设定职业生涯目标

职业生涯目标的设定是职业生涯规划的核心。一个人事业的成败,很大程度上取决于有无正确适当的目标。一个人确立什么样的职业生涯目标,要根据主客观条件加以设计,每个人条件不同,目标也不可能完全相同,但确定目标应遵循的规则却是相同的,即目标要符合社会与组织的需求,目标要符合自身的特点,目标实现的难易程度要适中等。

(七)制订行动计划并采取措施

在确定了职业生涯目标后,行动便成了关键的环节。没有达到目标的行动,目标就难以实现,也就谈不上事业的成功。这里所指的行动,是指落实目标的具体措施,主要包括工作、训练、教育、轮岗等。例如,为了达到目标,在工作方面,你计划采取什么措施提高你的工作效率;在业务素质方面,你计划学习哪些知识、掌握哪些技能来提高你的业务能力;在潜能开发方面,你计划采取什么措施开发你的潜能等。这些都要有具体的计划与明确的措施,并且这些计划要特别具体,以便定时检查。

(八)评估与回馈

俗话说:"计划赶不上变化。"影响职业生涯规划的因素很多,有的变化因素是可以预测的,而有的变化因素难以预测。在此状况下,要使职业生涯规划行之有效,就需要不断地对职业生涯规划进行评估与修订。修订的内容包括:职业的重新选择,职业生涯路线的选择,人生目标的修正,实施措施与计划的变更等。

总之,成功的职业生涯管理需要时时审视内外部环境的变化,并且调整自己的规划内容使其能够更符合实际,更有利于自身的发展。因此,在进行职业生涯规划时应该把握几个"黄金准则":择己所好、择己所长、择世所需、择己所利。

第四节　组织职业生涯管理

职业生涯是个人职业变动的全部历程,从表面上看似乎完全是个人的事情,与组织没有必然的联系,实则不然,个人职业生涯与组织有着内在的必然联系。从个人角度讲,进行专门工作或活动的条件、场所,唯有组织能够提供。只有进入组织,个人才能从事有报酬的工作或劳动。没有组织就没有个人职业,更无从谈起职业的发展。从组织的角度讲,任何类型的组织,其活动主体都是劳动者,没有劳动者及其在各岗位上的工作,劳动工具、技术、资金等一切生产要素都不能够产生价值,只有在劳动者的辛勤劳作下,企业才能创造新的价值,才能促进企业不断地向前发展,实现利润最大化的目标。因此,组织的职业生涯管理是协调员工职业发展需要和企业人力资源发展需要的重要方面。

组织职业生涯管理是指从组织的角度对员工的职业生涯进行管理,集中表现在从员工个人的职业发展需求出发,将员工个人的职业生涯发展规划与组织的人力资源发展战略规划相协调,帮助员工制订职业生涯规划,建立各种适合员工发展的职业通道,针对员工职业发展的需求进行适时的培训,为员工提供各种资源、信息和职业指导,最大限度地调动员工的工作积极性,促使员工职业生涯获得成功。

一、组织职业生涯管理的原则

1. 利益相结合原则

任何个人的职业发展都不能置身于一定的组织和社会之外。员工的职业生涯管理与开发活动应当把员工个人的职业发展、所在组织的事业发展以及相关社会主体的发展联系在一起进行筹划。只有处理好这三个发展的关系,把三方利益结合在一起规划和组织开发活动,才能帮助员工找准个人职业发展与组织环境条件资源的结合点,找到个人职业发展的最佳路线。否则,个人的职业奋斗只能是无源之水、无本之木。

2. 共同性原则

员工的职业生涯管理与开发活动的计划、实施、评估、反馈等所有重要环节和工作过程,应当由员工、员工的上级领导、人力资源管理专家等共同参与、共同制订、共同完成。必须奉行职业发展活动的共同开发策略,加强沟通,建立相互信任、责任共担、利益共享的良好伙伴关系,才能最大限度地调动各级人员的积极性,避免一些人为的损失。

3. 公平性原则

组织必须公开、公平、公正地开展员工职业生涯的开发活动，保障每位员工在职业发展机会、信息和规划面前人人平等，让人们平等地参加职业生涯开发活动，公开而透明地获得有关教育培训、岗位空缺、任职选拔的机会，凭实力靠努力平等竞争，获得职业发展。这样，才能有利于维护员工职业开发的整体积极性。

4. 时效性原则

一个组织的业务活动有其时间周期，一个员工的职业生涯有其不同的发展阶段。组织处于不同生命周期阶段时对员工的职业发展需求不同，提供的资源条件和空间各异，员工在不同的职业生涯发展阶段的特点和任务也各不相同，因此，员工的职业管理与开发活动必须考虑时效性。一方面需要按照员工、组织在不同时间、不同阶段的实际情况，有针对性地规划和实施职业开发活动，每一项目、每一次活动都应标定时间，进行时间管理；另一方面职业生涯中的思路方法要与时俱进，创造性地不断提高员工职业生涯开发质量和水平。

5. 评价与沟通原则

员工职业生涯的管理与开发活动通常都有周期长、阶段多、参与人众多的特点，如果缺少全面的评价和准确的信息沟通，往往会使被开发员工如坠云雾，不得要领，积极性受到消极影响。因此，成功的员工职业生涯发展活动必须坚持评价与沟通原则，对员工职业生涯开发活动进行全过程、多角度、多阶段的评价，并要及时把评价的信息反馈给员工和有关管理者，组织他们相互沟通交流，从而使员工在职业生涯发展的漫漫长途中，不断增强自我实现感、方向感并及时修正自己的前进路线。

二、组织职业生涯管理的内容

1. 将员工个人职业生涯发展规划与组织的人力资源发展战略规划相协调

组织是员工个人职业生涯得以存在和发展的载体。因此，员工个人职业生涯发展规划应与组织的发展战略尤其是组织的人力资源发展战略规划紧密地结合起来，并以组织的人力资源发展战略规划为宏观指导。为适应组织职业生涯管理的需要，从职业发展导向的招聘过程就应重视对应聘者价值观、职业方向和潜力的选择，这样才能使员工的职业发展与组织的发展相协调。

2. 帮助员工进行职业生涯规划

组织可以通过适当的方式向员工宣传职业生涯规划的意义和作用，借助一些必要的测评和分析工具，帮助员工正确分析自身的个性特征、智力水平、职业倾向、气质、管理能力等，让员工了解自身的长处和不足，帮助员工确定职业生涯发展目标，并帮助其找到达到目标的手段和途径。

3. 针对员工职业发展的需求进行适时的培训

建立与职业生涯管理配套的培训体系，制定完善、有序的职业生涯培训管理的制度和方法。培训的方式很多，主要有：提供各种短期培训，使员工及时掌握有利于其职业生涯发展的知识和技能；提供工作轮换的机会，使员工能够合理配置，更有利于职业生涯成功；

让员工参加学术研讨会和报告会,及时把握专业或学科前沿,有利于职业生涯开发管理。

4. 建立各种适合员工发展的职业通道

组织可以根据其业务、人员的实际情况,建立适合员工职业发展的若干通道(职系),包括管理、技术或营销等,使具有不同技能、个性以及不同职业兴趣的员工都可以找到适合自己的上升途径,避免所有员工都拥挤在管理这个跑道上。组织应明确不同职系的晋升、评估和薪酬等管理办法,建立多元化的职业生涯通道,给予员工不断上升的机会,以便使员工的职业生涯通道更为顺畅并实现其职业生涯目标。

5. 为员工提供各种资源、信息和职业指导

组织应为员工的职业生涯设计提供便利的条件,如提供职业、职位信息等,让员工了解组织内部职业发展的途径。通过一系列有关职业生涯规划的说明、介绍和分析,可由管理人员或外聘专家对员工的职业生涯规划进行指导,告知员工组织职业生涯管理系统运作的方式、目标的设置以及员工在整个职业生涯管理中的地位和角色等,以便于员工制订适合组织及自身发展需要的职业生涯规划。

6. 建立员工工作—家庭平衡计划

建立员工工作—家庭平衡计划的目的就是帮助员工认识和正确对待家庭和工作之间的关系,调和工作和家庭之间的矛盾和冲突,缓解由于工作—家庭关系失衡而给员工造成的压力。为此,组织必须了解员工职业生涯各阶段的特点以及家庭各阶段的重要任务,然后给予员工适当的帮助,可以采取设立夫妻假、弹性工作制、事假制度,向员工提供家庭问题和压力排解咨询服务帮助等方式。

7. 员工退休计划

一个良好的退休计划,如给予退休或即将退休的员工一些关于健康、心理、社会保障福利、住房等方面的退休生活信息的咨询,或者提供一些允许退休人员继续从事的兼职工作,可以使退休员工顺利地完成从工作状态到非工作状态的转变,帮助退休员工平稳地度过这个阶段。良好的退休计划还对组织现有的员工起到一定的激励作用,使他们安心工作,没有后顾之忧。

三、组织职业生涯管理的流程

(一)职业生涯发展途径设计

职业生涯发展途径亦称为职业阶梯。它是组织中职业晋升的路线,是员工实现职业理想和获得满意工作、达到职业生涯目标的路径,通常可分为纵向、横向、网状和多阶梯发展四种类型。

纵向职业途径是传统的职业阶梯,即员工的职业发展主要是由底层级的职位逐渐向较高的管理层升迁。由于现代企业中等级层次减少,因而这种传统的纵向职业途径方式已经难以满足员工的现实发展需要。横向职业途径指组织通过采用跨职能、跨部门的横向调动和工作轮换的方式,使员工的工作富有多样性,从而增加员工工作的趣味性,满足员工丰富自我、完善自我的内在需求,从而在职位未提升的情况下增加员工满意感。网状职业途径是指包括横向和纵向的一系列工作职务的综合发展,它比传统的职业途径更能

为员工提供在组织内发展的机会。多阶梯职业途径是为了解决受过技术培训且并不期望在组织中通过正常升迁程序调到管理岗位的员工而开发的一种职业发展方法。多阶梯职业途径设计是现代企业职业生涯管理的发展方向，它能为员工提供更多的职业发展机会，更好地满足不同类型员工的职业生涯发展需求，下面重点介绍多阶梯职业途径。

在很多组织中，技术好的工程师、项目领导者、科学家或销售人员在职业发展中往往会面临一种进退两难的境况。在技术领域，他们是出色的一员，属于技术专家型的人物，他们很希望在自己的专业技术领域继续得到发展，但个人的技术生涯发展到一定程度往往会面临领导和组织的管理任务。然而，不是所有的工程师都愿意担当起这种任务。组织同样也面临类似的困境：为了使技术人员的职业生涯有进一步的发展，应该将他们提升到领导岗位，但结果他们的管理业绩并不理想，专业技术的拔尖人物成为中等水平的管理人员。由于提升最优秀的技术人员到领导岗位，组织的实际价值下降了。

这两条路对于人们所从事的职业岗位来说，有着工作任务性质的差别。管理者与技术专家工作任务的差别如表 6-6 所示。

表 6-6 管理者与技术专家工作任务的差别

管理者的任务	技术专家的任务
・劝导、指导、指挥他人	・好为人师表
・对情感和态度很敏感	・富有直觉和创造性
・评价他人的工作	・评价数据系统或方法
・预算、分析和控制成本费用	・技术工作不惜代价
・有很好的表达能力	・有高超的分析能力
・传达上级意图，实施组织策略	・善于逻辑推理不喜欢照搬照抄
・指出使用什么方法	・确定具体方法
・根据不充足的材料做出决策	・收集的数据多多益善
・承认组织机构的等级制	・承认客观事实的层次性
・寻求各种经营目标之间的关系	・寻求各种技术之间的关系

多阶梯职业途径解决了这一困难。所谓多阶梯职业途径，就是建立一种平行的职业轨迹，例如一种是管理职业，另一种是技术职业。在管理职业阶梯中向上发展将带来更多的决定权和责任，在技术职业阶梯中向上发展则给予更多的资源进行开发和研究，使他们更具有自主权和独立权。国际上著名的大公司，如 IBM、AT&T 等很早之前就开始运用这样的职业途径管理了。

图 6-3 的示例展示了多阶梯职业途径的基本内容。图中，中间的路径是管理人员发展的路径，左边的路径强调研究的专业性和独立性，而右边的路径则与特定的技术项目相关并附带有管理责任。多阶梯职业途经常用于工程、R&D 及信息系统员工中。

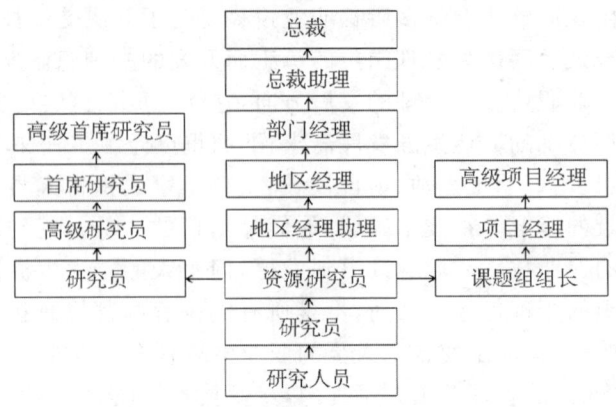

图 6-3 职业生涯多阶梯模式

（二）职业生涯规划的制订

组织在该阶段的主要工作就是在员工制定出个人职业生涯发展目标的基础上，结合组织的发展战略帮助员工最终确定职业生涯规划。例如，在员工素质测评的基础上，了解员工的基本素质和技能水平，结合组织的岗位设置情况，制订适合员工发展的职业生涯规划。

（三）职业生涯规划的实施

组织在该阶段应建立与职业生涯规划相配套的员工培训与开发体系，有针对性地提高各类员工的知识和技能，完善其职业发展所需要的能力体系。同时，要制定完整、有序的职业生涯管理制度，如继任计划和导师计划，从而有利于员工职业生涯目标的实现。

（四）职业生涯规划的评估和反馈

在职业生涯规划实施过程中，需要不断地评估和反馈其实施效果，并根据具体情况做出相应的调整。既要使得员工的职业目标选择和职业生涯目标的确定对其有长期、有效的激励作用，又要适合企业发展的需要。

四、职业生涯周期管理

职业生涯周期可以分为职业生涯早期、中期和后期。职业生涯早期阶段是指一个人由学校进入组织并为组织所接纳的过程。这一阶段一般发生在 20～30 岁，是一个人由学校走向社会、由学生变成雇员的过程，一系列角色和身份的变化，必然要求经历一个适应过程。

职业生涯中期阶段是一个时间周期长（年龄跨度一般是 25～50 岁，长达 20 多年），富于变化，既有可能获得职业生涯成功（甚至达到顶峰），又有可能出现职业生涯危机的一个很宽阔的职业生涯阶段。

职业生涯后期阶段的员工一般处在 50 岁至退休年龄之间。但在实际中，随着人们对职业生涯后期阶段内涵的拓展，职业生涯后期阶段会有所延长，比如返聘。

处在不同职业生涯阶段，员工所面临的主要问题不同。对员工个人来说，如何采取应对策略很好地解决这些问题是其个人职业生涯管理的关键;对企业来说,如何采取管理措施,提供有利的环境和条件帮助员工职业生涯发展是其进行员工职业生涯管理的主要任务。只有两者的目标兼容,才能最终实现双赢。

各阶段职业生涯管理所面临的主要问题及应对策略如表 6-7 所示。

表 6-7 职业生涯管理各阶段的主要问题及应对策略

职业生涯各阶段	主要问题	个人应对策略	组织应对策略
早期	由期望与现实不匹配导致的现实冲击 难以得到第一任上司的信任和重用 组织成员可能会对其心存偏见 如何处理与组织文化的冲突 如何适应工作群体	树立正确的职业态度 学会如何开展工作 熟悉组织文化和环境 开展职业探索建立组织认同	提供真实的工作和组织预览 注重新老关系的培育 帮助其进行职业生涯规划 实施组织社会化的策略 提供职业发展机会 开展融入组织的活动
中期	职业生涯由上升发展达到顶点之后,遭遇职业瓶颈,开始出现下降,呈倒"U"型轨迹 职业生涯出现认同危机,有的人在晋升无望后,开始反思自我的价值 工作家庭冲突严重,并容易引发身心疾病	不断进行"充电" 树立明确的工作目标 选择富有挑战性的工作 融入到组织文化中 积极选择策略应对工作—家庭冲突 注意身心保健	改进组织文化,树立双赢的理念 完善培训体系 重新设计工作,如岗位轮换、工作丰富化 制定公平合理的晋升制度和薪酬体系 建立工作—家庭平衡计划
后期	竞争力和进取心的下降,权力与责任随之削弱,核心骨干、中心地位和作用逐渐丧失 着手退休准备	配合组织挑选并培养继任者 学会适应退休状态	实施继任计划,激励其主动培养继任者 退休计划 返聘制度

小　结

1. 职业是指人们在社会生活中所从事的以获得物质报酬作为自己主要生活来源,能满足自己精神需求的相对稳定的、专门类别的工作。职业生涯是指一个人在其一生中遵循一定道路(或途径)所从事工作的历程,这整个历程可以是间断的也可以是连续的,它包含一个人所有的工作、职业、职位的外在变更和对工作态度、体验的内在变更。

2. 职业生涯管理可以从个人和组织两个不同的角度来进行。从个人的角度讲,职业生涯管理就是一个人对自己所要从事的职业、要去的工作组织、在职业发展上要达到的高度等做出规划和设计,并为实现自己的职业目标而积累知识、开发技能的过程。从组织的角度对员工的职业生涯进行管理,就集中表现为帮助员工制订职业生涯规划、建立各种适合员工发展的职业通道、针对员工职业发展的需求进行实时的培训、给予员工必要的职业指导、促使员工职业生涯的成功。

3. 职业生涯管理理论包括职业选择理论和职业生涯发展阶段理论。职业选择指劳动者依照自己的职业期望和兴趣,从对职业的评价、意向、态度出发,凭借自身能力从社会现有的职业中进行挑选的过程。职业选择理论包括职业—人匹配理论、霍兰德的人格类型理论和职业锚理论。职业生涯发展阶段理论发展众多,国外较为著名的有萨伯的职业发展理论、金斯伯格的职业发展理论、格林豪斯的职业生涯发展阶段理论、施恩的职业发展理论,国内较为著名的是廖泉文的职业生涯发展"三三三"理论。每个人的职业生涯都要经历许多阶段,只有了解不同阶段的特征、知识水平要求和各种职业偏好,才能更好地促进个人的职业生涯发展。

4. 个人职业生涯管理是指个人根据对自身的主观因素和客观环境的分析,确立自己的职业发展目标,选择实现这一目标的职业,以及制订相应的工作、培训和教育计划,并按照一定的时间安排,采取必要的行动实现职业生涯目标的过程。个人职业生涯管理需要考虑个人因素、家庭因素和社会环境的影响,在此分析的基础上,按照个人职业生涯管理的步骤进行管理更有利于个人职业生涯的成功。

5. 组织职业生涯管理是指从组织的角度对员工的职业生涯进行管理,集中表现在从员工个人的职业发展需求出发,将员工个人的职业生涯发展规划与组织的人力资源发展战略规划相协调,帮助员工制订职业生涯规划,建立各种适合员工发展的职业通道,针对员工职业发展的需求进行适时的培训,为员工提供各种资源、信息和职业指导,最大限度地调动员工的工作积极性,促使员工职业生涯获得成功。

复习思考题

1. 职业、职业生涯和职业生涯管理的内涵是什么?
2. 职业选择理论和职业生涯发展阶段理论对职业生涯管理有什么启示?
3. 影响职业生涯选择的因素有哪些?
4. 如何基于个人来进行职业生涯规划和管理?
5. 组织职业生涯管理途径和方法有哪些?

案例讨论

大为择业

李大为坐在火车上,眼睛望着车窗外。一座座高楼、一排排树木从他眼前飞速掠过,他似乎都没有看见。他的目光是那样专注,但他并不是在观赏风景,他是怀着兴奋又有几分不安的心情,注视着自己的未来。

是啊!他此刻怎么能平静下来呢?他刚刚离开了就读四年的大学,带着行装,也带着知识和理想,正在走向社会、走向工作岗位。他要到国有大型企业某钢铁公司报到。

一、成长道路

大为生长在南方一个偏僻的小山村里。父亲是"文化大革命"前的大学生,"文化大革命"期间由于言论问题被遣送回乡,成了一个农民,后来当了民办教师。大为是这个家庭的独生儿子,上面有一个姐姐,下边还有两个妹妹。于是,怀才不遇的父亲把自己的全部希望都寄托到了儿子的身上。

大为天资聪颖,6岁就在父亲任教的小学读书,成绩总是名列前茅,11岁以优异的成绩考入县城中学,成了一名住校的中学生。父亲不断教导儿子要刻苦学习,一定要考上大学,飞出这个小山村,只有这样才能改变自己的命运,外面的天地很广阔,在那里才能有一番作为。这构成了大为努力学习的一股动力。平日里,大为喜欢独自学习、思考,不大善于与人交往,性格有些内向。但他突出的学习成绩,使他成为老师喜爱、同学尊敬的学生。从小学到中学,他一直担任干部,年年是三好学生,2000年又考上一所全国著名的大学,成为全县为数不多的大学生之一。这使他对自己充满了信心。

二、职业选择

2000年9月份,大为来到北京,正式开始了他的大学生生涯。北京这个繁华的都市和缤纷多彩的校园生活,带给大为前所未有的激动兴奋和隐隐约约的自卑,他不如城里的孩子见多识广,不如他们那样家庭条件优越,性格也不如他们那样开放、无拘无束。第一学期,在老师指定的班干部中没有他的名字,后来他也曾鼓足勇气参加了班干部和学生会的竞选,但都以失败告终。在强手如林的大学里,他不再是中学时代那个引人注目的明星,而只是一名极为普通、容易受到忽视的大学生,这种地位的落差使他内心极不平衡,也使他很不服气。他想,大学时代是积累知识、增长才学的大好时机,将来能否有所作为要到社会上看,现在在学校里活跃并不代表将来在事业上成功,而现在的默默无闻也不意味着失败,所以他下决心要到社会上做出一番成绩,以证明自己的才干。

进入大学三年级,他就开始设计自己的职业。大为的专业是管理学。根据课堂上老师讲授的霍兰德的职业性向论,大为对自己的性格进行了分析。他认为,自己的性格虽然有些内向,但情绪体验深刻,善于思考问题,有独立见解,争强好胜,积极进取,渴望影响他人,又有一定的语言和文字表达能力,将来从事管理工作是适合的。特别是最近一段时间,他对国有企业的改革问题非常关注,积累了大量的资料,写过的几篇论文也受到老师的赞赏,其中一篇经老师推荐公开发表了。

临近毕业分配,同学们都开始像热锅上的蚂蚁坐卧不宁,有关系的拉关系,有门路的找门路,什么都没有的也不甘心,开始四处出击。总之,大家都把毕业分配看成决定自己一生命运的时机,谁都尽力拼搏,想找个理想的工作。

一天,大为在一家报纸上看到一条启事。某国有钢铁公司地处偏远,历年分配到那里的大学生有很多根本不去报到。那里急需人才,求贤若渴,特别还提到管理方面的人才极缺。公司总裁登报亮相,承诺一定为来到这里工作的大学生提供更好的条件,使他们大有作为。这条启事深深地打动了大为的心,他立即给总裁写了一封长信,谈自己的抱负、谈自己的理想、谈自己对国企改革和管理的看法、谈自己到钢铁公司工作的决心。很快,他就收到了总裁热情洋溢的回信,信中夸赞他有学识、有气魄、有能力。信的末尾,总裁写道:"来吧,这里需要你,我们张开双臂欢迎你。"

这封信使大为激动不已。他觉得自己好比千里马,这回遇到伯乐了。于是,他放弃本来可以回南方工作的机会,郑重向学校提出申请,愿意去这个别人都不愿去、条件艰苦的钢铁公司。

这一决定在学校引起了轰动,学校表彰、同学们钦佩。这时,大为感到自己似乎找到了中学时代的辉煌。

三、理想受挫

坐了一夜一天的火车,大为于晚上7点到达了终点。他想象着站台上一定会有人来接他,然而等到站台上的人都走完了,也没有见到有人接他。他只好拖着大包小包的行李,按照报到通知书上的地址找到了单位。此时,人们早已下班,传达室的老大爷将他领到了新分的宿舍,房间陈设简单,面积也不大,而且一个房间住三个新分来的大学生,另外两个还没有来报到。这种局面与他的想象反差很大,他开始失望了。

第二天,他到人事处去报到。更出乎他意料之外的是,人事处分配他下车间锻炼。他认为人事处弄错了,问道:"我学的是管理专业,让我到车间干什么?"人事处的同志解释说:"凡是新分来的大学生,一律到车间锻炼,这是公司的决定。"

大为到的是炼钢车间,和工人一样三班倒。站在炼钢炉前,大为身上冒着汗,心里却一阵阵发冷。"我上了四年的大学,难道就是为了到这里炼钢吗?在这里,我的知识、我的才能能派上什么用场?"他越来越苦恼,而且还有种上当受骗的感觉。于是,他不顾车间纪律,跑去找人事处要求重新分配,以使他学以致用。人事处回答:"我们无法改变公司的决定,而且我们也认为大学生先到基层锻炼一番,对今后的发展是有好处的。"大为强调说:"这一条对学钢铁专业的工科大学生适用,对我则不合适,我要找总裁。"

大为根据自己来到钢铁公司几天的观感,又结合自己原来学到的管理学理论,写出了一份钢铁公司人事制度方面改革的建议,转交给了总裁。总裁看后找他谈话,肯定了他积极参与的热情,又指出他的许多想法不切实际。大为再次向总裁提出他的工作安排不当,与他们原来的承诺不一致,而总裁也强调说:"你们大学生对实际了解太少。先从车间干起就是为了让你们多掌握些实际情况,以更好地发挥作用。在车间里多干一段时间,我看没什么不好的。"这时,大为的火一下子冒了出来:"下车间、下车间,我已经在车间干了半个月了,还要让我干到什么时候,你们简直是浪费人才。你们说重视人才,重视人才怎么个重视法,纯粹是骗人!"他气冲冲地走了,总裁为此也很生气。

大为认为是这里的人们对他的才能还不了解,他应尽快将自己的才华展示出来。于是,他不断找车间主任,找人事处领导,也找总裁谈他的想法、他的建议,他认为这些都是中肯的、有分量的。但领导都觉得他的想法是空想,有人还觉得可笑。这再次大大挫伤了他的自尊心和积极性。大为的情绪变得极为消沉,三班倒他又很不习惯,常常迟到。这也引起了工人们的不满,他们议论说:"现在的大学生眼高手低,只会纸上谈兵,大事做不来,小事又不做。"

大为痛苦极了,他觉得自己的理想彻底破灭了,眼前一团漆黑,未来的路不知该怎么走下去。

(资料来源:周文霞《职业生涯管理》,复旦大学出版社,2006年版)

讨论:

1. 从对大为个性的分析入手,评价大为对自己职业设计的方案。
2. 怎么看大为来到钢铁公司的一系列做法?如果是你,你会怎么做?
3. 当理想和现实发生强烈冲突时,应怎样调整自己?面对大为现在的处境,你能对他提出什么建议,怎样说服他接受你的建议?
4. 钢铁公司的领导者在这个问题上有什么值得改进的地方?

第七章　绩效管理

【学习目的与要求】

1. 理解并掌握绩效、绩效管理、战略性绩效管理的含义。
2. 掌握平衡计分卡、关键绩效指标体系的核心思想。
3. 理解和掌握绩效管理的操作方法。
4. 了解绩效管理过程中常见的问题及解决对策。

【教学重点与难点】

1. 关键绩效指标体系的构建步骤。
2. 绩效管理的相对评价和绝对评价方法。

【引导案例】

唐僧师徒的故事

话说，唐僧团队乘坐飞机去旅游，途中飞机出现故障，需要跳伞，不巧的是，四个人只有三把降落伞，为了做到公平，师傅唐僧对各个徒弟进行了考核，考核过关就可以得到一把降落伞，考核失败就自由落体，自己跳下去。

于是，师傅问悟空："悟空，天上有几个太阳？"悟空不假思索地答道："一个。"师傅说："好，答对了，给你一把伞。"接着又问沙僧："天上有几个月亮？"沙僧答道："一个。"师傅说："好，也对了，给你一把伞。"八戒一听，心理暗喜："啊哈，这么简单，我也行。"于是，摩拳擦掌，等待师傅出题。师傅出的问题是："天上有多少颗星星？"八戒当时就傻掉了，直接就跳下去了。

过了些日子，师徒四人又乘坐飞机旅游，结果途中飞机又出现了故障，同样只有三把伞，师傅如法炮制，再次出题考大家，先问悟空："中华人民共和国哪一年成立的？"悟空答道："1949 年 10 月 1 日。"师傅说："好，给你一把。"又问沙僧："中国的人口有多少亿？"沙僧说是 13 亿，师傅说："好的，答对了。"沙僧也得到了一把伞。轮到八戒，师傅的问题是："13 亿人口的名字分别叫什么？"八戒当场晕倒，又一次以自由落体结束旅行。

第三次旅游的时候，飞机再一次出现故障，这时候八戒说："师傅，你别问了，我跳。"然后纵身一跳，师傅双手合十，说："阿弥陀佛，殊不知这次有四把伞。"

点评：这个故事说明绩效考核指标值的设定要在员工的能力范围之内，员工跳一跳可以够得着，如果员工一直跳却永远也够不着，那么员工的信心就丧失了，考核指标也就失去了本来的意义。很多企业在设定考核指标的时候,喜欢用高指标值强压员工,这个设计的假设是如果指标值设定得不够高的话,员工就没有足够的动力,另外,用一个很高的指标值考核员工,即便员工没有完成100%而只是完成了80%,也已经远远超出企业的期望了。这种逻辑是强盗逻辑,表现出了管理者的无能和无助,只知道用高指标值强压员工,殊不知,指标背后的行动计划才是真正帮助员工达成目标的手段,而指标值本身不是。其实,设定一个员工经过努力可以达到的指标值,然后帮助员工制订达成目标的行动计划,并帮助员工去实现,才是经理的价值所在,经理做到了这一点,才是实现了帮助员工成长的目标,才真正体现了经理的价值!

(资料来源:360 doc 个人图书馆)

绩效管理是现代企业管理中最重要的手段之一,也是人力资源管理中最棘手的任务。员工的调任、升迁和加薪等重大决定,都必须以绩效考评结果为依据。在美国进行的一项对全美范围内 3 500 家公司的调查显示,最经常被提及的人力资源管理功能是员工的绩效考评,但是却有 30%~50% 的员工认为企业正规的绩效考评体系是无效的。每当人力资源专业人员被问及他们的考评制度时,最频繁的回答是"我们正在用一种新的制度工作"或者"我们正在考虑用一种新的制度工作"。考虑到对绩效考评数据的多重需求,大多数企业都被引到这样一个结论上来:虽然修订和实施都是一个艰难的过程,但实施绩效考评却是一种组织和员工的真正需求。

鉴于以上原因,创立一个有效的绩效考评制度应该成为并将继续成为人力资源管理中优先考虑的事情。当然,绩效考评本身不是目的,而是为获得一个更高的业绩水平。同时,考评者必须考虑那些在员工的控制之外但却能影响他们业绩的制度因素。

第一节 绩效管理概述

一、绩效管理的概念

(一)绩效

绩效就是根据企业的战略目标和工作业务性质等,对员工的特质、行为、应完成的工作任务或工作结果所做出的符合一定标准的规定和要求。这一概念包括以下三个方面的内涵。

(1)绩效强调工作活动的结果,突出结果导向。
(2)绩效强调导致结果的工作活动过程,突出行为导向。
(3)绩效强调与工作相关的员工个性特征或特质,突出特质导向。

三种类型的绩效指标,如表 7-1 所示。

绩效具有以下特点:

(1) 多因性。绩效的多因性是指员工绩效的优劣并不是取决于单一因素，而是受制于主、客观的多种因素。在分析员工的绩效问题时，多因性提示我们要全面考察影响问题的关键因素，并从中找到影响绩效的关键因素，从而有效地进行绩效管理工作。

(2) 多维性。绩效的多维性是指需要从多个维度或方面去分析和评价绩效。例如，考察员工绩效时，通常从员工的工作能力、工作态度、工作业绩三个维度进行考察，而每个维度又有多个评价指标，如对工作业绩我们通常使用工作的质量、数量、效率及费用节约四个指标进行评价。

(3) 动态性。绩效的动态性是指一方面绩效评定标准随企业的发展阶段、战略目标和人力资源管理任务的变化而变化，另一方面员工的绩效在绩效标准不变的情况下也可能随着时间和环境的变化而发生变化。绩效的动态性提醒我们在评价员工绩效时，需要充分考察员工的动态性，不能用一成不变的思维对待绩效问题。

表 7-1　三种类型的绩效指标

基于特征的绩效指标	基于行为的绩效指标	基于结果的绩效指标
工作知识	完成任务	销售额
力气	服从指令	生产水平
眼与手协调能力	报告难题	生产质量
证书	维护设备	浪费
商业知识	维护记录	事故
成就欲	遵守规则	设备修理
社会需要	按时出勤	服务的客户数量
可靠性	提交建议	客户的满意程度
忠诚	不吸烟	
诚实	不吸毒	
创造性		
领导能力		

(二) 绩效管理

广义绩效管理与管理学上的管理有相似之处。广义的绩效管理包括以下三种观点。

(1) 绩效管理是管理组织绩效的系统。

(2) 绩效管理是管理员工绩效的系统。

(3) 绩效管理是综合管理组织和员工绩效的系统。

狭义的绩效管理（Performance Management，简称 PM）是人力资源管理体系的一个模块，指管理者用来确保员工的工作活动和工作产出与组织的目标保持一致的手段及过程。绩效管理可以从以下几点来理解。

(1) 绩效管理是一个持续的管理过程。它不仅仅是一套表格、一年一度的评价以及奖励计划，而是融入员工的日常行动和行为，以期改进和提高绩效的持续管理过程。

(2) 绩效管理是建立共识的过程，即组织和员工都明确要实现的目标以及实现目标的途径。组织首先应把自身的目标与关键的成功因素具体化为绩效指标，然后通过沟通让员工理解工作绩效标准或成功标准是什么，通过什么途径、方式或努力能达到这种标准。

（3）绩效管理是有效管理员工的方法。绩效管理的焦点是对人的行为的管理，是引导个人或团队通过怎样的努力从而达到绩效管理的目标。

（4）绩效管理的最终目的是最大可能地取得个人和组织的成功。企业领导者通过持续的管理过程，为员工建立清晰的目标提供支持，不断地反馈和沟通，并承认或认可员工的努力，促进员工个人绩效不断改进和提高，从而确保实现组织业绩。

（三）战略性绩效管理

近年来，越来越多的管理者强调战略性绩效管理的概念，即战略性人力资源体系中的绩效管理，它承接组织的战略，通过绩效管理四个环节的良性循环，确保员工的工作活动和工作产出与组织目标保持一致，不断改进员工和组织的绩效水平，促进组织战略目标的实现。战略性绩效管理系统设计的关键在于使绩效管理系统的任一环节都与组织目标相联系。

二、绩效管理与人力资源管理其他模块间的关系

（一）绩效管理与工作分析的关系

工作分析的结果会影响绩效管理系统的设计方式；反过来，绩效管理的结果会对工作分析和工作设计产生影响。首先，工作分析的结果是设计绩效管理系统的重要依据，表现在评价的内容必须与工作的内容密切相关，即要做到"干什么考什么"。在设计绩效评价指标时，根据工作分析的结果，按职能和职等的区别对各个评价涉及的职位进行分类，设计总体的绩效评价体系，然后再根据每个职位所具有的与组织战略密切相关的核心职能或工作职责，对已有的指标体系进行具体化，从而设计出个性化的绩效评价指标。同时，绩效管理会对工作分析产生反作用，绩效管理的结果可能反映出工作分析和设计存在的种种问题。

（二）绩效管理与招募和甄选的关系

招募和甄选的结果会影响绩效管理，招募来的员工的素质会对组织绩效和员工个人绩效产生影响。个人素质能力高的员工取得高绩效的可能性更高，而个人素质能力低的员工要获得高绩效则可能需要组织投入更多培训和指导。

绩效考评的结果可能会影响企业做出进行招募的决定。例如，若企业的绩效评价结果发现企业的问题不在于现有员工的能力和态度，而是工作量的不饱和，即现有的人力资源数量无法满足完成工作任务的需要，则企业将会做出招聘新员工的决策；此外，在绩效考评中表现优异者的特征可能会作为下一招聘季招聘的标准或重点参考指标。

（三）绩效管理与培训及开发的关系

绩效管理的目的中包括开发的目的。人员开发并不是盲目的开发，而是有目标的开发。绩效管理能够发现员工存在的种种与能力和态度相关的问题，这些可作为培训与开发的依据。此外，通过对比受训者在培训前后的绩效表现，对培训与开发手段的效果进行评价，不断对培训方案进行调整，从而提高培训的有效性。绩效管理与培训及开发作为整

个人力资源管理系统中的两个重要的行为引导机制,应该向员工发出相同的"信号",从而强化行为引导的效果。

(四)绩效管理与薪酬福利的关系

绩效管理制度是否与薪酬制度挂钩取决于组织文化和组织价值观。主流管理学观点认为绩效管理系统应该与薪酬设计保持逻辑上的一致。激励性的薪酬制度通常由固定部分(基本工资)和动态部分(绩效工资、奖金等)构成。绩效管理的结果与薪酬体系中的动态工资部分相联系,由此而设计的薪酬方案称为绩效薪酬方案。

(五)绩效管理与职位变动和解聘的关系

绩效管理的结果会影响职位变动和解雇、退休方面的决策。绩效管理中发现员工无法胜任现有的工作时,绩效管理的结果可作为职位变动或解雇、退休的依据之一。

三、各级管理者在绩效管理中的责任

绩效管理涉及企业战略规划的分解,各级考核者和被考核者充分沟通以确定目标责任和工作计划,通过绩效监控系统对企业各层级的绩效状况进行监控,并为各级管理者提供决策支持,这些事情都不是人力资源部门能够独立承担的。人力资源部门应该定位于为组织的各级管理者提供相关的工具和方法,让各级管理者成为绩效管理的主角。

1. 高层管理者与绩效考评

高层管理者的高度重视和支持是绩效管理成功的关键,他们是绩效考评的氛围营造者、资源支持者、决策设计者、制度推行者。

2. 中、基层管理者与绩效考评

中、基层管理者在绩效考评中充当着关键角色,他们是绩效考评的宣传员、基础信息提供者、考核者和被考核者。

3. 人力资源管理部门与绩效考核

人力资源管理部门设计绩效考评指标体系,为参与绩效考评者提供培训,监督考评体系的实施,并对绩效实施结果进行评价和反馈。

第二节 绩效考评体系

当前,绩效管理中最受推崇的考评体系是平衡计分卡和关键绩效指标。企业在设计绩效考评体系时,通常将平衡计分卡和关键绩效指标的思想融合在一起,用平衡计分卡来构建绩效考评的框架,用关键绩效指标来设计提取考评指标。

一、平衡计分卡

平衡计分卡(Balanced Score Card,简称 BSC)是由哈佛商学院的教授罗伯特·S.卡普兰和复兴全球战略集团创始人兼总裁戴维·P.诺顿在《平衡计分卡:良好绩效的评价体系》一文中提出的一种新的绩效评价体系。平衡计分卡自诞生之日起就显现出了强大的生命力,它能帮助企业有效地解决两大问题:绩效评价和战略实施。《财富》杂志公布的世界1 000强公司中,有70%的公司使用了平衡计分卡系统;《哈佛商业评论》更将平衡计分卡评为75年来最具影响力的战略管理工具。

(一) 平衡计分卡的发展

1990年卡普兰和诺顿带领一个研究小组对12家公司进行了为期一年的研究,以寻求一种新的绩效评价方法,弥补传统财务指标的不足,最后决定采用平衡计分卡。平衡计分卡除采用财务指标外,从客户、内部流程以及学习与成长三个维度丰富和拓展了绩效测评的指标。自卡普兰和诺顿提出平衡计分卡的概念以来,平衡计分卡的理论和应用经历了三个发展阶段。

第一代平衡计分卡提出了四个角度的框架,建议从多个角度来审视企业(即财务角度、客户角度、内部流程角度和员工的学习与成长角度),强调既要看结果,更要注重过程,设置均衡的衡量指标体系。这时候平衡计分卡是作为一个对绩效评估的改进工具来使用的。

第二代平衡计分卡运用战略图工具,帮助企业解决了如何筛选和归类衡量指标的问题,强调衡量指标应该反映企业特有的战略意图,企业应设置具有战略意义的衡量指标体系。战略使指标体系有了灵魂和方向,而战略图是一个能够帮助企业明晰战略、沟通战略的有效工具。

第三代平衡计分卡已经上升为战略性绩效管理体系,作为战略执行的工具来使用,强调企业应建立基于平衡计分卡的战略管理体系,调动企业所有的人力、财力和物力等资源,集中起来协调一致地去达到企业的战略目标。

平衡计分卡的三个发展阶段,贯穿其中的理念是:"你不能描述,你就无法评价!而你无法评价,就无法进行管理!"

(二) 平衡计分卡的四个层面

平衡计分卡的设计包括四个层面:财务角度、顾客角度、内部经营流程、学习与成长。这四个角度分别代表企业三个主要的利益相关者:股东、顾客、员工。每个角度的重要性取决于角度的本身和指标的选择是否与公司战略相一致。其中每一个层面,都有其核心内容。

第一,财务层面。财务业绩指标可以显示企业的战略及其实施和执行是否对改善企业盈利状况做出贡献。财务目标通常与获利能力有关,其衡量指标有营业收入、资本报酬率、经济增加值等,也可能是销售额的迅速提高或创造现金流量。

第二,客户层面。在平衡计分卡的客户层面,管理者确立了其业务单位竞争的客户和市场以及业务单位在这些目标客户和市场中的衡量指标。客户层面指标通常包括客户满意度、客户保持率、客户获得率、客户盈利率以及在目标市场中所占的份额。客户层面使业务单位的管理者能够阐明客户和市场战略,从而创造出出色的财务回报。

第三,内部经营流程层面。在内部经营流程层面,管理者要确认组织必须擅长的关键的内部流程,这些流程帮助业务单位提供价值主张,以吸引和留住目标细分市场的客户,并满足股东对卓越财务回报的期望。

第四,学习与成长层面。它确立了企业要创造长期的成长和改善就必须建立的基础框架,确立了目前和未来成功的关键因素。平衡计分卡的前三个层面一般会揭示企业的实际能力与实现突破性业绩所必需的能力之间的差距,为了弥补这个差距,企业必须投资于员工技术的再造、组织程序和日常工作的理顺,这些都是平衡计分卡学习与成长层面追求的目标,如员工满意度、员工保持率、员工培训和技能等,以及这些指标的驱动因素。

平衡计分卡的四个层面如图7-1所示。

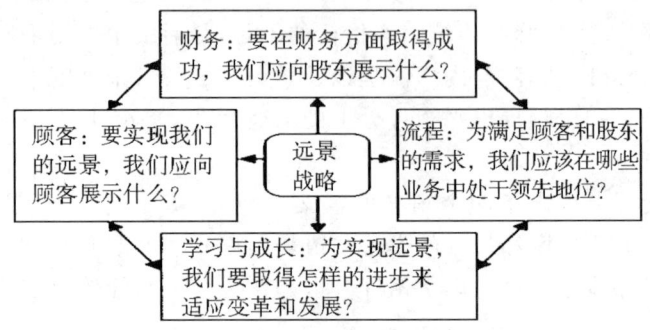

图7-1　平衡计分卡的四个层面

最好的平衡计分卡不仅仅是重要指标或重要成功因素的集合。一份结构严谨的平衡计分卡应当包含一系列相互联系的目标和指标,这些指标不仅前后一致,而且互相强化。例如,投资回报率是平衡计分卡的财务指标,这一指标的驱动因素可能是客户的重复采购和销售量的增加,而这二者是高客户满意度带来的结果。因此,客户满意度被纳入平衡计分卡的客户层面。对客户偏好的分析显示,客户比较重视按时交货率这个指标,因此,按时交付程度的提高会带来更高的客户满意度,进而引起财务业绩的提高。客户满意度和按时交货率都被纳入平衡计分卡的客户层面。而较佳的按时交货率又通过缩短经营周期并提高内部过程质量来实现,因此这两个因素就成为平衡计分卡的内部经营流程指标。进而,企业改善内部流程质量并缩短周期的实现又需要培训员工并提高他们的技术,因此员工技术成为学习与成长层面的目标。这就是一个完整的因果关系链,贯穿平衡计分卡的四个层面。

平衡计分卡通过因果关系提供了把战略转化为可操作内容的一个框架。根据因果关系,对企业的战略目标进行划分,将其分解为实现企业战略目标的几个子目标,这些子目标是各个部门的目标,同样各中级目标或评价指标可以根据因果关系继续细分直至最终形成可以指导个人行动的绩效指标和目标。图7-2是某销售团队的平衡计分卡衡量指标体系。

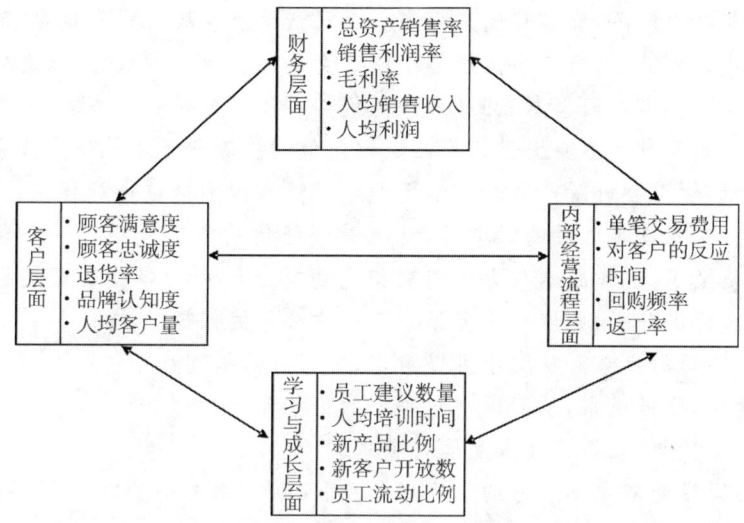

图 7-2　某销售团队的平衡计分卡衡量指标体系

（三）平衡计分卡的特点

平衡计分卡强调"平衡"，着重体现在以下几个方面。

（1）财务指标与非财务指标的平衡。通过加入未来绩效驱动因素并平衡其与财务指标之间的关系，平衡计分卡弥补了单纯依赖财务绩效指标的局限性。

（2）组织内外的平衡。在平衡计分卡中，股东和客户是外部群体，而员工是内部群体。平衡计分卡认识到了在有效实施战略的过程中平衡这些群体的评价指标的重要性。

（3）前置指标与滞后指标的平衡。滞后指标通常代表过去的绩效，如客户满意度和收入，这一类指标直观且容易获得，但缺乏预测功能。前置指标是滞后指标的驱动因素，通常包括对业务流程和行动的评价，如及时交货是客户满意度的前置指标。如果没有前置指标，滞后指标无法反映实现目标的手段；同样，如果没有滞后指标，前置指标可能反映短期改善，但不能说明这些改善是否对客户和股东有益。

（4）长期目标和短期目标的平衡。企业的主要目标是创造持续增长的股东价值，它意味着一种长期承诺，但同时企业还必须改善短期业绩，有时短期业绩的改善会以牺牲长期投资为代价。

（5）平衡计分卡强调因果关系的重要性。平衡计分卡不是指标的简单混合，更不是主观臆断的结果，而是根据组织战略和愿景，由一系列因果链条贯穿起来的有机整体。四个层面的目标通过因果关系联系在一起：只有目标客户满意了，财务成果才能实现。

【资料阅读】

红仁食品公司的平衡计分卡

红仁食品公司是一家跨国合资食品企业，在中国生产和销售国际品牌食品。它将高质量的产品卖给高档次的客户，在过去四年取得快速发展，第四年开始赢利。

然而公司面临越来越激烈的竞争，其中既有跨国企业也有本土的公司。这些企业可以生产出质量相近的产品,价格却优惠得多。公司认为制定战略非常重要,而且保持核心产品的成功销售是关键,但只有降低价格才能有竞争力。决策者认为,只有降低运营成本才能保证利润空间。但他们也意识到,只降低价格不能使公司长期成功,长期成功的关键在于开发出本地竞争对手不能提供的产品。因此他们打算通过本地研发或引进海外技术来实现产品创新,然而公司新产品进入市场的速度没有他们期望得那样快。

在公司提出这些设想之后的六个月,没有看到任何的积极效果。一个非常重要的新产品的开发又延期了,运营成本与去年同期相比还有所增加。咨询公司根据红仁食品公司存在的问题进行了分析,并应用平衡记分卡解决公司的问题。

首先,分析公司的战略。从文中可以看出,公司战略描述如下:
(1)优化运作,降低成本,从而以有竞争力的价格竞争。
(2)创造产品优势,以新产品满足客户需求。

其次,对公司没能实现其目标的原因进行分析,认为主要由于以下几个因素:
(1)没有向全体员工清晰地传达战略。
(2)没有一个清晰完善的战略实施计划。
(3)缺乏绩效标准和目标。

最后该公司引入了平衡计分卡的方法,对公司层面以及部门层面的指标进行了开发,如表7-2所示。

表7-2 平衡记分卡的开发

层面	公司计分卡	销售部计分卡
财务层面	营收比例	营收比例
	营收增长(按照产品)	营收增长(按照产品)
	人均创收	应收账款
	利润率	毛利增长率
客户层面	客户保持率	客户保持率
	客户满意度	客户满意度
	新产品市场占有率	大客户销售增长率
内部经营流程层面	新产品开发周期	半年内新产品上市数量
	质量改进率	每周拜访客户数量
	最佳库存水平	销售预测准确率
	订单完成率	每月订单完成率
学习与成长层面	被考核的产品创意数量	每月市场分析报告
	关键员工保持率	销售技能培训
	ERP系统的实施	销售能力发展

(资料来源:毕意文、孙永玲《平衡计分卡中国战略实践》,机械工业出版社,2006年版)

二、关键绩效指标

20世纪80年代,管理学界开始将关注的重点放在绩效管理与企业战略的结合上,并将结果导向与行为导向评估方法的优点相结合,强调工作行为与目标达成并重,在这种背景下,关键绩效指标(Key Performance Indicators,简称 KPI)应运而生。

(一) 关键绩效指标的内涵

关键绩效指标是指衡量企业战略实施效果的关键指标,它是企业战略目标经过层层分解产生的可操作性指标体系。其目的是建立一种机制,将企业战略转化为内部过程和活动,不断增强企业的核心竞争力,使企业能够得到持续的发展。其内涵包括以下几个方面。

(1) 关键绩效指标是衡量企业战略实施效果的关键指标。它包含两方面含义:一方面,关键绩效指标是战略导向的,它由企业战略目标层层分解产生;另一方面,关键绩效指标强调关键,即对企业成功具有重要影响的方面。

(2) 关键绩效指标体现的是对组织战略目标有增值作用的绩效指标。基于关键绩效进行绩效考核,是连接个人绩效与企业战略目标的桥梁,它可以保证真正对企业有贡献的行为受到鼓励,从而实现企业业绩的提高。

(3) 关键绩效指标反映的是最能有效影响企业价值创造的关键驱动因素。关键绩效指标制定的主要目的是明确引导经营管理者将精力集中在能对绩效产生最大驱动力的经营行为上,及时了解、判断企业营运过程中产生的问题,及时采取提高绩效水平的改进措施。

(4) 关键绩效指标是用于评价和管理员工绩效的可量化的或可行为化的标准体系。关键绩效指标是对工作效果和工作行为的最直接的衡量方式,因此,它必须是可量化或可行为化的。

因此,通过关键绩效指标,可落实企业的战略目标和业务重点,传递企业的价值导向,有效激励员工,促进企业和员工绩效的改进与提升。关键绩效指标强调对企业业绩起关键作用的指标,而不是与企业经营管理有关的所有指标,它实际提供了一种管理的思路:作为绩效管理,应抓住关键绩效指标进行管理,通过关键绩效指标将员工的行为引向组织的目标方向。

(二) 基于关键绩效指标的绩效指标体系的设计

关键绩效指标体系通常是采用基于战略的成功关键因素分析法来建立的。成功关键因素分析法的基本思想是分析企业获得成功或取得市场领先地位的关键成功领域,再把关键成功领域层层分解为关键绩效要素,为便于对这些要素进行量化考核和分析,须将要素细分为各个指标,即关键绩效指标。

设计良好的关键绩效指标是企业绩效管理成功的保障,它所提供的基础性数据是绩效改进的依据和绩效评价的标准。关键绩效指标体系作为一种系统化的指标体系,包括三个层面的指标:一是企业级关键绩效指标,是通过对企业关键成功领域和关键绩效要素分析得来的;二是部门级关键绩效指标,是根据企业级关键绩效指标进行承接或分解而得出的;三是个人关键绩效指标,是根据部门级关键绩效指标确定的。这三个层面共同构成企业的关键绩效指标体系。管理者给下属订立工作目标的依据来自部门的关键绩效指标,部门的关键绩效指标来自上级部门的关键绩效指标,上级部门的关键绩效指标来自企业级关键绩效指标。只有这样,才能保证每个职位都按企业要求的方向去努力。

1. 企业级关键绩效指标的确定

第一步,确定关键成功领域。根据企业战略,寻找使企业实现组织目标或保持市场竞争力所必需的关键成功领域。企业关键成功领域的确定需明确三个问题:

(1) 企业为什么能够成功,其成功依靠的是什么?

(2) 在过去那些成功因素中,哪些能够使企业在未来持续获得成功,哪些会成为企业成功的障碍?

(3) 企业未来追求的目标是什么,未来成功的关键因素是什么?

第二步,确定关键绩效要素。关键绩效要素提供了一种描述性的工作要求,它是对关键成功领域进行的解析和细化,主要解决以下几个问题:

(1) 每个关键成功领域包含的内容是什么?

(2) 如何保证在该领域获得成功?

(3) 达成该领域成功的关键措施和手段是什么?

(4) 达成该领域成功的标准是什么?

第三步,确定关键绩效指标。对关键绩效要素进一步细化,并经过甄选,关键绩效指标便得以确定。选择关键绩效指标应遵循三个原则:

(1) 指标的有效性,即指标能够客观地、集中地反映要素的要求。

(2) 指标的重要性,通过对企业整体价值创造业务流程的分析,找出对其影响较大的指标,以反映其对企业价值的影响程度。

(3) 指标的可操作性,指标必须有明确的定义和计算方法,容易取得可靠和公正的初始数据,尽量避免凭感觉主观判断的影响。

第四步,得到企业级关键绩效指标并汇总。

2. 部门级关键绩效指标的确定

企业目标的实现需要部门的支持。因此,企业级关键绩效指标应该分配或分解到相应的部门,形成部门级关键绩效指标,具体做法是:在获得企业级关键绩效指标后,首先要确认这些指标能否直接被企业内的相关部门承接。有些关键绩效指标是可以直接被部门承接的,如单位产值费用降低率、新产品立项数等,这些关键绩效指标就可以直接承接到部门成为该部门级关键绩效指标;另一些指标不能被直接承接或由一个部门单独承接,这时就必须对这些指标进行进一步的分解。对关键绩效指标进行分解通常有两条主线:一是按照组织结构分解,二是按主要流程分解。如对生产中常见的关键绩效指标"次品废品降低率"进行分解,需要由采购部的"采购的有效性"、生产部的"生产技术问题处理的有效性"、品质保障部的"不合格品再发生率"等几个指标共同支撑才能实现。

3. 个人关键绩效指标的确定

在企业级关键绩效指标和部门级关键绩效指标确定后,将部门级关键绩效指标进行分解或承接,形成个人关键绩效指标。其基本思路与部门级关键绩效指标的确定类似。

善用关键绩效指标考评企业,将有助于形成对员工的激励约束机制,并把战略置于绩效管理的核心,发挥战略导向的牵引作用。

第三节 绩效考评方法的选择

我们这里讲的绩效考评是指评定和评价员工个人工作绩效的过程和方法。绩效考评所评价的是工作中的人或事,一般包括对工作能力、工作态度和工作业绩三方面的评价。在评价过程中,评价者不仅要评价一些可以直接感受和把握的因素,而且要评价一些难以把握的内在因素。这样就加大了评价方法选择的难度和复杂程度,因此有必要了解各种绩效评价工具,熟知各种方法的优缺点。只有这样,才能通过比较在适当的系统中选择适当的工具。

绩效考评中运用的评价标准主要可以分为两类:一类是绝对标准,另一类是相对标准。据此,绩效考评可分为绝对评价和相对评价。绝对评价是根据统一的标准尺度衡量相同职位的员工,即按绝对标准评价他们的绩效。绝对评价按使用绝对标准的不同性质又可进一步分为两类:将员工的工作情况与客观工作标准相比较的量表法和将员工的工作情况与客观工作目标相比较的目标管理法。相对评价法,又称比较法,即对评价对象进行相互比较,从而决定其工作绩效的相对水平。此外,还有一种辅助性的方法——描述法,指评价者用描述性的文字对评价对象的能力、态度、业绩、优缺点、发展的可能性、需要加以指导的事项和关键性事件做出评价,由此得到对评价对象的综合评价。

一、相对评价

常见的相对评价法主要有三种:排序法、配对比较法、强制分布法。

(一) 排序法

排序法即将员工按工作绩效从好到坏的顺序进行排列,从而得出评价结论的方法。常见的排序法有两类:直接排序法和交替排序法。

1. 直接排序法

这是最简单的排序法,评价者经过通盘考虑后,以自己对评价对象工作绩效的整体印象为依据进行评价,将本部门或一定范围内需要评价的所有员工从绩效最高者到绩效最低者排出顺序。

2. 交替排序法

交替排序法是列出要评价的所有人员名单,并将不熟悉的评价对象划掉,评价者经过通盘考虑后,从余下的所有评价对象中选出最好的和最差的,然后再在剩下的员工中选出最好的和最差的,依此类推,直至将全部人员的顺序排定。这种方法适用于一些无法用量化指标表达的工作质量和效率。

排序法的优点在于设计和应用成本低、使用方便,并能有效地避免宽大化倾向、中心化倾向及严格化倾向;其缺点在于评价过程的主观性和随意性较大,容易引发争议,且当几个人绩效水平相当时,难以对他们排序。

(二) 配对比较法

配对比较法是由排序法衍生而来的,具体操作程序是:将每一个评价对象按照所有的评价要素与其他评价对象一一进行比较,根据比较结果排出名次,即两两比较,然后排序。这种比较方式比排序法的简单排序方式更为科学、可靠。

下面,我们以对五名员工进行绩效评价为例来说明。在运用配对比较法时,我们先设计出如表 7-3 所示的表格,标明要评价的绩效要素并列出需要评价的员工名单,然后将所有员工根据表中标明的要素进行配对比较,将比较结果填入两个比较对象相交的单元格中,用"0"表示两者绩效水平一致,"+"表示 A 栏上的员工比 B 栏上的员工绩效水平高,"-"的含义与"+"相反,最后,将 A 栏每一名员工得到的"+"的次数横向相加。得到的"+"越多,该员工绩效评价得分越高。在本例中,赵六是部门中绩效最优的员工。

表 7-3 配对比较法

A \ B	张三	李四	王五	赵六	陈七	总评
张三	0	+	+	−	−	2
李四	−	0	−	−	−	0
王五	−	+	0	−	+	1
赵六	+	+	+	0	+	4
陈七	+	+	+	−	0	3

这种方法相对排序法更为科学、可靠,在人力资源管理中常被用于职位评价。如选取职位的重要性、影响程度、风险等,分别对职位进行配对比较,依次评估出不同职位对公司的价值。但配对比较法操作起来较为繁琐,在比较项目(N)较多的情况下,比较次数呈 $N(N-1)/2$ 数量级增加,并且在很多情况下,员工绩效"难分伯仲",硬要分出高低难免渗入浓厚的主观臆断,并使绩效比较者"不胜其烦",失去应有的可行性和经济合理性。

(三) 强制分布法

强制分布法就是按事先确定的比例,将评价对象分别分配在各个绩效等级上,如按以下比例确定员工的绩效分布结果:绩效最好的 5%,绩效较好的 25%,绩效一般的 45%,绩效较差的 15%,绩效很差的 10%。强制分布法通常不单独使用,而是与各种各样的绩效评价方法结合使用,一般是先使用某种评价方法确定评价要素,对每位评价对象进行评价,然后将评价结果综合计算,按强制分布法确定的比例将其分配到相应的绩效等级上。此外,在确定部门员工的绩效等级分布比例时,应该充分考虑该部门的绩效情况,根据部门业绩决定部门员工的绩效等级分布比例,而不是平均分配给每个部门相同的比例,如表 7-4 所示。

表 7-4　绩效评价分数比例分配

部门绩效评价分数	部门内员工绩效评价分数				
	5	4	3	2	1
5	15%	40%	30%	10%	5%
4	10%	35%	35%	15%	5%
3	15%	30%	25%	20%	10%
2	0%	20%	60%	10%	10%
1	0%	30%	45%	20%	5%

强制分布法的主要优点在于，通过强制分配绩效等级比例，可以有效避免绩效考评中的居中趋势、宽大化倾向、严格化倾向，使绩效考评等级适当拉开档次，有利于对员工进行分类管理。但强制分布法如运用不当，将会引起诸多人际矛盾，并对部分成员的工作积极性造成损害，影响群体和谐气氛及团队合作精神。

【资料阅读】

海尔"三工并存，动态转换"考核模式

目前在国内成功实行强制分布法的案例比比皆是，其中比较独特的是海尔的"三工并存，动态转换"模式。"今天工作不努力，明天努力找工作"，这是海尔的流行语。员工之所以有如此大的紧迫感，并且能够化压力为动力，积极投入工作，跟海尔的绩效考核模式是分不开的。

所谓"三工并存，动态转换"，是指全体员工分为优秀员工、合格员工、试用员工三种，分别享受不同的三工待遇（包括工龄补贴、工种补贴、分房加分等），并根据工作业绩和贡献大小进行动态转换，全厂分布。

海尔有一套完善的绩效考核制度，业绩突出者进行三工"上"转，试用员工转为合格员工，合格员工转为优秀员工；不符合条件的进行三工"下"转，甚至退到劳务市场，内部待岗。退到劳务市场的人员无论原先是何种工种，均下转为试用员工。试用员工必须在单位内部劳务市场培训3个月方可重新上岗。同时，每月由各部门提报符合转换条件的员工到人力资源管理部门，填写"三工转换建议表"，然后由人力资源管理部门审核和最后公布。

对于刚毕业的大学生，其典型的转换历程往往是这样安排的：

首先到生产一线、市场一线等部门锻炼，为期一年，在这一年当中，员工都是试用员工。试用期一年满后，由人力资源管理中心公布事业部所需人数及条件，本人根据实际情况选择岗位。如果经考核合格，则可以正式定岗，同时转为合格员工。在合格员工的基础上，历时3个月，如果为企业做出很大贡献，则被评为标兵、获希望奖等，可以由部门填写"三工转换建议表"，并交到人力资源管理部门审核。审核合格后，发给当事人转换回音单，通知已转为优秀员工，并在当月兑换待遇。

在海尔集团内部，三工的比例保持在4∶5∶1，整个转换过程全部实行公开招聘、公

平竞争、择优聘用。通过"三工转换",员工的工作表现被及时加以肯定,解决了员工在短时期内得不到升迁、积极性受到影响的问题。员工逐步培养起"今天工作不努力,明天努力找工作"的职业意识,调动了工作积极性,一部分员工向上转,成为优秀员工,在一定程度上实现了自我。

检验处有位老员工,一次由于工作疏忽,将一台应换侧板的冰箱盖上了周转章,转到了下道工序,没有严把质量关,造成的损失达 2 000 元以上,因此被按规定由合格员工转换成试用员工。这对他的震动很大,他拿出"三工"转换制度小本,一遍遍地到有关部门咨询可以上转的标准。

在那之后的 4 个月中,他针对本岗位的薄弱环节,提出十几条合理化建议,其中有2/3被相关部门采纳,并在一次生产中他及时发现并处理了上一班员工生产的 7 个废箱体,避免了一次重大质量事故的发生,因此又按规定转换为合格员工。

这位老员工接到通知书后,激动地说自己的努力没白费,心里的一块大石头总算放下了,工作干劲也更大了。后来,他又以更大的贡献成为了优秀员工。

(资料来源:中国人力资源开发网)

二、绝对评价

绝对评价通常主要是将员工的个人绩效表现同客观的绩效标准进行比较而获得的。主要使用量表法作为衡量工具。量表法是将一定的分数或比重分配到各个绩效评价指标上,使每项评价指标都有一个权重,然后由评价者根据评价对象在各个评价指标上的表现情况,对照标度的标准对评价对象做出判断并打分,最后汇总计算出总分,得到最终的绩效评价结果。

(一)图尺度量表法

图尺度量表法是最简单且应用最广泛的绩效评价技术之一,它在图尺度的基础上使用非定义式的评价。表 7-5 是典型的图尺度量表。该表列举了一些绩效评价要素,规定了从 S(非常优秀)到 D(差或不令人满意)的等级标志,对每个等级标志都进行了说明并规定了不同的得分。另外,不同的评价指标被赋予了不同的权重。评价者在熟悉了评价量表及各个评价要素的含义后,根据标准结合员工的日常表现给出每个评价要素的得分。另外,图表中还留有空白供评价者填写评价结果和一般说明。

表7-5 图尺度量表

评价要素	评价尺度	权重	得分	事实依据及评语
专业知识：经验及工作中的信息知识	30 24 18 12 6 S A B C D 　　　　✓	30%	A	（略）
计划能力：对要完成工作的有效设计	30 24 18 12 6 S A B C D 　　　　　✓	15%	B	（略）
沟通能力：以书面和口头方式清晰、明确地表达思想、观念或者事实的能力	30 24 18 12 6 S A B C D 　　　　　　✓	10%	C	（略）
……	……	……	……	……
S：极优 A：优 B：良 C：中 D：差	最终得分：62分	依次划分		S：80分以上 A：65～79分 B：49～64分 C：33～48分 D：16～32分
	最终档次：S A B C D 　　　　　　　✓			

图尺度量表法在使用中的优点表现在使用起来方便，能为每一位员工提供一种定量化的绩效评价结果；其缺点主要体现在它不能有效地指导行为，只能给出考评的结果而无法提供解决问题的方法，此外，由于评定量表上的分数未给出明确的评价标准，所以很可能得不到准确的评定，这种方法的准确性值得质疑。

（二）行为锚定量表法

行为锚定量表法由传统的绩效评定量表（图尺度量表法）演变而来，是图尺度量表法与关键事件法的结合，是行为导向型量表法的最典型代表。在这种评价方法中，每一水平的绩效均用某一标准行为来加以界定。采用行为锚定量表法通常按以下五个步骤进行。

（1）寻找关键事件。让一组对工作内容较为了解的人（员工本人或其直接上级）找出一些代表各个等级绩效水平的关键事件，并进行描述。

（2）初步定义绩效评价指标。再由这些人将获得的关键事件合并为几个绩效评价指标，并给出指标的定义。

（3）重新分配关键事件，确定相应的绩效评价指标。让另外一组同样熟悉工作内容的人对关键事件进行重新排列，将这些关键事件分别归入他们认为合适的绩效要素中。如果第二组中一定比例的人（通常是50%～80%）将某一关键事件归入的评价要素与前一组相同，那么就能够确认这一关键事件应归入的评价要素。

（4）确定各关键事件的评价等级。后一组的人评定各关键事件的等级（一般是5点制或7点制），这样就确定了每个评价要素的"锚定物"。

（5）建立最终行为锚定评价体系，如表7-6所示。

表 7-6　行为锚定量表法：对宿舍老师的评价

员工姓名：　　　工作部门：　　　评价者：　　　评价日期：

评价指标：关心学生

指标定义：积极结识住宿学生，发现他们的需要，真诚地对待他们的需要并做出反应

评价等级		
	(1)最好	当学生面有难色时，上前询问，对待他们的需要并做出反应
	(2)较好	为住宿学生提供一些关于所修课程的学习方法上的建议
	(3)一般	看到住宿学生时上前打招呼
	(4)较差	友好地对待住宿学生，与他们讨论困难，但随后不能跟踪解决困难
	(5)最差	批评住宿学生不能解决自己遇到的困难

评价结果：

行为锚定量表法的优势很突出，如评价指标间的独立性较高、评价尺度更加精确、具有良好的反馈功能等。其缺点在于制作较为繁琐，行为标准的确定较为困难。

(三) 行为观察量表法

行为观察量表法是对各个评价项目给出一系列有关的有效行为。在使用行为观察量表法时，评价者通过指出员工表现各种行为的频率来评价他的工作绩效。如下面的例子所示，一个5分的量表被分为从"几乎没有"到"几乎总是"五个等级。通过将员工在每一种行为上的得分相加，得到各个评价项目上的得分，最后根据各个项目的权重得出员工的总得分。行为观察量表法只需要找出有效行为，并通过有效行为的发生频率对评价对象的绩效做出评价。下面是两个例子。

【例一】　评价项目：工作的可靠性

1. 有效地管理工作时间

　　几乎没有　1　2　3　4　5　几乎总是

2. 能够按时完成工作，符合项目的截止期限要求

　　几乎没有　1　2　3　4　5　几乎总是

3. 必要时帮助其他员工工作，以符合项目的期限要求

　　几乎没有　1　2　3　4　5　几乎总是

4. 必要时情愿推迟下班或者在周末加班工作

　　几乎没有　1　2　3　4　5　几乎总是

5. 预测并试图解决可能阻碍项目按期完成的问题

　　几乎没有　1　2　3　4　5　几乎总是

总分＝_____

0～13分　很差；14～16分　差；17～19分　一般；20～22分　好；23～25分　很好。

【例二】　评价项目：克服变革的阻力

1. 向下属描述变革的细节

　　几乎没有　1　2　3　4　5　几乎总是

2. 解释为什么必须进行变革
   几乎没有　1　2　3　4　5　几乎总是
3. 与雇员讨论变革会给雇员带来何种影响
   几乎没有　1　2　3　4　5　几乎总是
4. 倾听雇员的心声
   几乎没有　1　2　3　4　5　几乎总是
5. 在推动变革成功的过程中请求雇员的帮助
   几乎没有　1　2　3　4　5　几乎总是
6. 如果有必要,会就雇员关心的问题定一个具体的日期来进行变革之后的跟踪会谈
   几乎没有　1　2　3　4　5　几乎总是

总分＝_____

6～10分　很差；11～15分　尚可；16～20分　良好；21～25分　优秀；26～30分　出色。

由于行为观察量表法能够将组织发展战略与它所期望的行为结合起来,因此,能够向员工提供有效的信息反馈,指导员工如何得到高的绩效评分。管理人员也可以利用量表中的信息有效地监控员工的行为,并使用具体的行为描述提供绩效反馈,使用起来十分简便,员工参与性强,容易被接受。但是,行为观察量表开发成本相对较高,而且行为观察起来比较费时费力。

三、描述法

描述法作为各类绩效评价方法必要的补充,被视为另一类特殊的绩效评价方法。描述法在设计和使用上较容易,实用性很强,因而适用于对任何人的单独评价。描述法没有统一的标准,难以对多个评价对象进行客观的、公正的比较,且与评价者的文字写作水平关系较大,因而不适用于评价性评价,而较适用于发展性评价。这里我们以关键事件法为例进行介绍。

所谓关键事件是指那些会对部门的整体工作绩效产生积极或消极影响的重大事件。关键事件一般分为有效行为和无效行为。关键事件法要求评价者通过平时观察,及时记录员工的各种有效行为和无效行为,是一种最为常见的典型的描述法。

关键事件法的优势突出地体现在绩效反馈的环节中。评价者根据所记录的事实及各类评价标准进行绩效评价,最后把评价结果反馈给评价对象。由于关键事件法是以事实为依据而不是以抽象的行为特征为依据的,评价针对的是工作行为而不是员工的人格,因而较容易得到评价对象的认同。

例如,对一位车间生产负责人工作的关键事件进行记录,如表7-7所示。

表 7-7　一位车间生产负责人工作的关键事件记录

负有的职责	目标	关键事件(加分、减分项目)
安排工厂的生产计划	充分利用工厂中的人员和机器，及时发布各种指令	为工厂建立了新的生产计划系统；上个月的指令延误率降低了10%；上个月提高机器利用率20%
监督原材料采购和库存控制	在保证充足的原材料供应前提下，使原材料的库存成本降到最低	上个月使原材料库存成本上升了15%，"A"部件和"B"部件的订购富余了20%；而"C"部件的订购却短缺了30%
监督机器的维修保养	不出现因机器故障而造成的停产	为工厂建立了一套新的机器维护和保养系统；由于及时发现机器故障而阻止了机器的损坏

需要指出的是，关键事件法往往是对其他评价方法特别是各种量表法的补充。关键事件法在认定员工的良好表现和不良表现方面十分有效，而且有利于制订改善不良绩效的规划。但如果单纯使用关键事件法，可能会出现以下问题：

（1）无法在员工之间进行横向比较，无法为员工的奖金分配提供依据。

（2）容易造成上级对下级的过分监视，造成关系紧张。

（3）对于复杂工作要记录评价期间的所有关键事件是不现实的。

第四节　绩效管理的过程

一个绩效完整、有效的绩效管理系统必须具备以下四个环节：绩效计划、绩效监控、绩效评价、绩效反馈。绩效沟通贯穿绩效管理系统的四个环节，是实现有效绩效管理的保证。

一、绩效计划

绩效周期开始时，各级管理者和员工就其在该绩效周期内要做什么、需要做到什么程度、为什么做、何时应做完、员工的决策权限等问题进行讨论，促进相互理解并达成协议，这就是绩效计划。绩效计划是绩效管理过程的起点。在绩效计划的过程中，管理者和员工需要通过有效的沟通解决许多问题，如：

（1）员工在本绩效期间的主要工作内容和职责是什么？应达到何种工作效果？

（2）员工在本绩效期间应如何分阶段地实现各种目标，从而实现整个绩效期间的工作目标？

（3）员工在完成工作任务时拥有哪些权利，决策权限如何？

（4）员工从事该工作内容的目的和意义何在？哪些工作是最重要的，哪些是次要的？

（5）管理者和员工计划如何对工作的进展情况进行沟通？如何防止出现偏差？

(6) 为了完成工作任务,员工是否有接受培训或自我开发相应工作技能的必要?

从以上问题我们可以看出,绩效计划不仅仅是完成一份工作计划那么简单,作为绩效管理系统的一个环节,绩效计划的过程更加强调通过互动式的沟通手段,使管理者与员工在如何实现预期绩效的问题上达成共识。因此,绩效计划的内容除了包括最终的个人绩效目标之外,还包括为了达到计划中的绩效结果,双方应做出什么样的努力,应采用什么样的方式,应该进行什么样的技能开发等内容。

二、绩效监控

管理者如果认为员工在了解绩效计划之后就能够正确地执行计划,等到绩效周期结束后再进行绩效评价,这种观点是十分错误的。这实际上是管理者的一种"偷懒行为",忽略了管理者必须履行的"监督并控制员工的绩效,促进绩效计划得以实现"的重要管理职能。

绩效管理的第二个重要环节就是绩效监控,这是一个不可或缺的环节,也是整个绩效周期中历时最长的环节。为了实现对员工绩效的监控,管理人员应该在整个绩效管理循环的实施过程中,通过各种手段了解员工的工作状况,与员工进行持续的绩效沟通,预防或解决绩效管理期间可能发生的各种问题,帮助员工更好地完成绩效计划。

从绩效监控的手段看,管理者与员工之间进行的双向沟通是实现绩效监控目的的一项非常重要的手段。为了实现对员工绩效的监控,绩效管理系统中应该包括一个管理者与员工相互交流绩效信息的沟通计划或模式,帮助管理者指导并鼓励下属员工提高工作绩效。

三、绩效评价

作为绩效管理系统模型中的重要环节,绩效评价指在绩效周期结束时,由管理者和员工使用既定的合理的评价方法和衡量技术,对员工的工作绩效进行评价的过程。需要注意的是,应当把绩效评价放到绩效管理过程中考察,将其看作绩效管理过程的一个环节。绩效评价不能与其他环节相脱离。首先,绩效评价不可能与绩效监控过程中的绩效沟通相分离。管理者与员工之间进行绩效沟通的过程实际上也是评价者观察评价对象的绩效情况的过程。另外,绩效评价的最终结果在表面上往往是一些填好的评价表格,但这显然不是最终需要的结论。如何整合这些表格传递给我们的信息,才是绩效评价所要达到的目的。因此,绩效评价与绩效反馈的过程也是密切相关的。当然,同样应该看到,绩效评价是绩效管理过程的核心环节,也是技术性最强的一个环节,对评价环节必须给予特别关注。

(一)绩效评价的参与者

绩效评价的参与者由多方面人员组成,被评价者的上级、下属、同事、客户等都可作为绩效评价的参与人员。

1. 上级评价

上级尤其是员工的直接上级,在绩效评价时居于特别重要的位置,应当十分重视直接上级的评价意见。但有一点必须说明,即直接上级与被评价员工的接触最多,感情因素往往会影响到评价的客观性与公正性,直接上级对平时听话、合得来的下属评价时容易偏宽松,而对合不来的下属评价时则偏严,因此,有时还需要更高层级的上级做二次评价,以减少偏差。

2. 同事评价

由共同工作的同事参与绩效评价会使评价更符合实际工作情况。因为员工通常会把自己最好的一面展现给上级,但是与其朝夕相处的同事却可以看到他更本质和更真实的一面。使用同事评价对上级评价进行补充,有助于形成关于员工绩效的一致性意见。

这种方法得不到经常使用的原因在于:首先,同事评价很可能成为员工彼此竞争的牺牲品;其次,上级主管不愿意失去其在绩效评价过程中的控制权;最后,那些在绩效评价中得到较差成绩的员工可能会报复其他同事。

3. 下属评价

对于主管人员的工作作风和领导能力,下属最具有发言权。但是有些下属往往害怕得罪上级领导而不敢直言,而另一些下属则出于个人恩怨,使评价有失偏颇。因此,对下级的意见要注意分析,尤其要强调事实依据,并从统领全局的角度进行剖析。

4. 自我评价

由员工本人对自己的绩效进行评价。这种方法可以提高员工的参与度,给员工一个思考自身优缺点的机会。同时,自我评价在考察员工发展潜力方面也有积极意义。

5. 客户评价

通常把某个人或团队工作产生的对象当成该个人或团队的客户,该客户如果属于本组织的职员,则称为内部客户,否则就是外部客户。现代企业已经越来越多地开始使用内部客户和外部客户评价的方法来获得员工绩效评价所需要的工作绩效。

绩效管理中也将这种由员工自己、上级、同事、下级甚至顾客等全方位多角度来评价员工的绩效评价方法称为360度绩效评价。这种绩效评价方式,使被评价者不仅可以从自己、上级、同事、下级甚至顾客处获得多种角度的反馈,也可通过这些不同的反馈清楚地知道自己的不足、长处与发展需求,使以后的职业发展更为顺畅。

(二) 绩效评价的周期

绩效评价周期的确定要综合考虑行业特点和职位职能类型的特点综合评定。不同行业的生产周期不同:生产和销售日常消费品的企业业务周期一般比较短,绩效评价周期可定得短些,如以月为限;大型机械生产企业或提供项目服务等相关类型的企业,绩效评价周期应当长一些,可以以半年或一年为周期进行评价。

市场、销售、生产和服务人员一般都属于生产性质的人员,对于生产性质的人员,应尽量缩短评价周期,以便及时对他们的工作进行认可和反馈。对于研发人员的评价是为了向研发人员提供正确的支持意见和改进建议,其评价周期可依照项目周期的长短确定。对于行政职能人员的工作特点,多采用随时监督的方式,以季度或月度评价为主。对于中高层管理人员,通常采取半年或一年评价一次的做法,并随着层级的提高,评价周期逐渐延长。

（三）绩效评价的内容

员工绩效评价的内容大致可以分为德、能、勤、绩四个方面。根据需要的不同，评价的侧重点也不同。

（1）德：主要包括思想作风、道德品质等方面。

（2）能：主要指工作人员从事本职工作的能力，即分析和解决问题的能力以及独立工作的能力等，主要包括学识水平、工作能力和身体能力三个方面。

（3）勤：指勤奋精神，包括积极性、纪律性、责任感、出勤率四个方面。

（4）绩：指工作人员的实际贡献，即完成工作的数量、质量和经济效益，包括人员是否按时、按量、保质完成规定的任务，在工作中有无突出成绩等。

根据工作目标、岗位性质、职位职责的不同，要选择不同的评价内容对员工进行评价。例如，除"德""勤"方面普遍性的评价内容外，对于科研人员，应更加注重专业知识水平、科研能力和创造能力的评价；对于管理人员，则应更加重视领导能力、组织能力、决策能力、沟通能力等的评价；而对于一线员工，则应加强其适应能力、领悟能力、责任感、纪律性等方面的评价。

四、绩效反馈

绩效反馈就是绩效周期结束时，管理者与员工就绩效评价进行面谈，使员工充分了解和接受绩效评价的结果，并由管理者指导员工在下一周期如何改进绩效的过程。实际上，绩效反馈贯穿于整个绩效管理的周期，在绩效结束时进行的绩效反馈是一个正式的绩效沟通过程。之所以要将绩效反馈作为绩效管理循环的环节之一，就是为了突出绩效反馈在绩效管理过程中的重要作用。绩效管理的目的绝不仅仅只是得出一个评价等级，而是要提高员工的绩效，确保员工的工作活动和工作产出与组织目标保持一致，从而实现组织的目标。所以，绩效管理能否实现最初的目标，在很大程度上取决于管理者如何通过绩效反馈使员工充分了解如何对今后的绩效进行改进。

绩效计划、绩效监控、绩效评价和绩效反馈表现为一系列循环往复的环节构件，但事实上，这些环节在发生的时间和方式上有一定的连续性，也存在许多交叉的地方。

五、绩效沟通

绩效沟通是指管理者与员工在共同工作的过程中分享各类与绩效有关的信息的过程。绩效沟通也可理解成对提高员工绩效有益的各类管理者与员工的沟通。为了进行有效的绩效沟通，管理者首先要确定双方之间应沟通的具体内容。我们可以通过回答以下两个问题来确定沟通的具体内容。

（1）作为管理者，为了更好地履行职责，我必须从员工那里获得什么信息？

（2）作为普通员工，为了更好地完成工作职责，我需要哪些信息？

通过对上述两个问题的回答，管理者能够更好地明确绩效沟通的内容。

通过绩效沟通，管理者和员工应该能够回答以下问题：

(1) 工作进展情况如何？
(2) 绩效目标和计划是否需要修正？如果需要，如何进行修正？
(3) 工作中有哪些方面进展顺利，为什么？
(4) 工作中出现了哪些问题，为什么？
(5) 员工遇到了哪些困难，应如何帮助他们克服困难？

第五节 绩效管理中常见的问题及对策

绩效考核在具体实施过程中会出现各种事先无法预料的情况，处理不好会造成绩效管理的误差，严重时甚至引发员工的抵制和离职。因此，绩效管理过程中常见的绩效考核误差需要引起管理者的重视，并努力克服。

一、绩效管理中常见的问题

（一）指标体系难于建立

在实践中，很多企业和非营利性组织的绩效考核往往没有明确的指标体系，随意性很大，或者对指标体系进行随意的诠释和理解，或者虽然有指标体系，但却没有适当的评分标准等。这些问题严重地限制了绩效考核的有效性。

（二）信息不对称带来的考核误差

企业领导者不可能对所有员工的信息资料做到详细了解与掌握，也不可能详细了解每一位员工的工作内容和绩效标准。这样造成了绩效考核中的信息不对称，由此也会带来误差。造成这种误差的原因是：一方面考核者并不一定深入了解员工工作的特点、绩效的体现、努力的难点等内容，在考核过程中，考核者就可能对被考核者给出不合适的分数；另一方面是员工有时也可能不全面了解企业对自己的期望和要求，因此在工作中搞错了努力的方向，或者不知道自己该如何提高绩效。

（三）绩效考核标准不明确

工作绩效考核标准不清是造成工作绩效考核工具失效的常见原因之一。有些考核工具看上去似乎很客观，但是它却很可能会导致不公正的评价。因为一张考核表对每一评价要素及其好坏程度的解释是开放式的，也就是说考核者会对同等标准产生截然不同的理解与解释。解决这个问题的一种办法是：用一些描述性的语言对绩效考核要素加以界定，这样就会使评价更具连贯性，并且使评价人更容易对评价结果进行解释。

（四）晕轮效应

在绩效考核中，晕轮效应是指由于对被考核者个别特性的评价而影响整体考核结果的倾向。有关晕轮效应的例子在我们的日常生活中经常见到，人们往往有根据某一局部印象得出整体印象的倾向。在绩效考核中，晕轮效应也十分常见。例如，某位管理者对某位下属的某一绩效要素(如"口头表达能力")的评价较高,导致其对这位员工其他所有绩效要素的评价也较高。反之,员工一般会对那些对下属和颜悦色、比较客气的上级有好感,这样的上级工作能力也许不强,但员工往往倾向于对该上级的其他方面给予较高的评价。晕轮效应会影响绩效考核的有效性。

(五) 宽大化倾向

宽大化倾向是绩效考核中常见的另一种考核误差。受这种行为倾向的影响,评价者对评价对象所做的评价往往高于其实际成绩。

在宽大化倾向的影响下,绩效评价的结果会产生极大的偏差。具体而言,对绩效出色的员工来说,他们会对评价的结果产生强烈的不满,从而影响他们的工作积极性。而对于绩效很差的员工来说,一方面他无法了解自己需要提高哪一方面的绩效,只能继续维持现状,导致绩效得不到提高,绩效管理的目的无法实现;另一方面,由于该员工有一个令人满意的评价记录,即使管理人员想解雇他,也会由于缺乏理由而无法实现。

(六) 严格化倾向

严格化倾向是与宽大化倾向相反的另一种评价者误差行为,是指评价者对员工工作业绩的评价过分严格的倾向。现实中,有些评价者在评价其下属时,喜欢采用比企业制定的标准更加严苛的标准。

如果一名部门的管理者对整个部门评价过分严格,则该部门的员工在加薪和提升方面都将受到影响;如果对某一特定的员工评价过分严格,则有可能受到这名员工的指控。因此,人力资源管理者必须采取措施,使评价者明白如何避免这种情况的发生。

(七) 居中趋势

在确定评价等级时,许多管理人员都很容易有一种中心化倾向。这种倾向是指评价者对一组评价对象做出的评价结果相差不大,或者都集中在评价尺度的中心附近,导致评价成绩拉不开差距。例如,在图示量表法中,设计者规定了从第一等级到第五等级的五个评价等级。管理者很可能会避开较高的等级(第五等级)和较低的等级(第一等级),而将他们的大多数下属都评定在第二、三、四这三个等级上。

(八) 近因效应

近因效应是指评价者只凭员工的近期行为表现,即员工在绩效评价期间的最后阶段绩效表现的好坏进行评价,导致评价者对其在整个评价期间的业绩表现得出相同的结论。例如,有的组织一年进行一次绩效评价。当评定某一个具体的评价要素时,评价者不可能回想起在整个评价阶段中发生的与该评价要素相关的员工行为。这种记忆衰退就会造成近因效应。另外,由于员工往往会在评价之前的几天或几周里表现积极,工作效率明显提高,因而评价者对近期行为的记忆往往要比对过去行为的记忆更加清晰。这种情况会使绩效评价得出不恰当的结论。例如,有的员工在最近一个月内表现不良,因而得到了较差的评价,实际上他在之前的若干个月内都保持着优异的绩效记录。

(九) 似我效应

似我效应是指评价者存在个人偏见,即评价者在进行各种评价时,可能在员工的个人特征,如种族、民族、性别、年龄、性格、爱好等方面存在偏见,或者偏爱与自己的行为或人格相近的人,造成人为的不公平。

评价者的个人偏见可能表现在:
(1) 对与自己关系不错、性格相投的人会给予较高的评价。
(2) 对女性、老年人等持有偏见,给予较低的评价等。

(十) 溢出效应

溢出效应是指因考核对象在评价期之前的绩效失误而降低其评价等级。如某位生产线上的员工在该绩效评价周期之前出现了生产事故,影响了他上一期的工作业绩;在本考核期间他并没有再犯类似的错误,但评价者可能会由于他上一个评价期间的表现不佳而在该期的评价中给出较低的评价等级。对于上一个评价期间表现不良的员工来说,在评价中出现溢出效应是很不公平的,将挫伤员工继续提高工作绩效的积极性。

二、解决问题的对策

(一) 确定恰当的考评标准

对职位进行工作分析,确定哪些绩效要素是成功地完成任务所必需的,以此来确定绩效考核指标;同时,绩效考核指标的选择还应准确、明白,必要时应用一些描述性语言对绩效考核要素加以界定,尽量使用量化的客观标准,比如数量、质量等指标,而不使用没有经过界定的、含糊不清的、不便于衡量的绩效要素标准,比如一般水平等,以减少考核者主观因素的干扰。

(二) 通过绩效面谈加强和员工的沟通

通过绩效面谈,一方面考核者能够就考核结果和员工进行面对面的沟通,将考核结果反馈给被考核的员工,了解他们对绩效考核的反应和看法;另一方面,通过绩效面谈,可以进一步了解员工的工作状态和他们工作的特点,从而更有利于今后客观公正地进行绩效评价。

(三) 选择正确的考评方法

每一种考评方法都有其自身的优缺点,如排序法可避免居中趋势的出现,但是在被考评者工作成绩都比较优秀的情况下,排序法则容易使被考评者产生不平衡的心理。所以一定要根据考评对象、考评目的等具体情况,选择有效的考评方法或者方法的组合。

(四) 对考评者进行相关的培训

对考评者进行培训,确保考评者对晕轮效应、居中趋势、宽大化倾向、严格化倾向等上述这些在绩效考核过程中容易出现的问题有清楚的了解,以避免此类问题的发生。

小　结

1. 绩效管理是人力资源管理体系的一个模块，指管理者用来确保员工的工作活动和工作产出与组织的目标保持一致的手段及过程。战略性人力资源体系中的绩效管理，它承接组织的战略，通过绩效管理四个环节的良性循环，确保员工的工作活动和工作产出与组织目标保持一致，不断改进员工和组织的绩效水平，促进组织战略目标的实现。绩效管理是人力资源管理工作的核心。

2. 平衡计分卡的设计包括四个层面：财务角度、顾客角度、内部经营流程、学习与成长。这几个角度分别代表企业三个主要的利益相关者：股东、顾客、员工。每个角度的重要性取决于角度的本身和指标的选择是否与公司战略相一致。关键绩效指标是指衡量企业战略实施效果的关键指标，它是企业战略目标经过层层分解产生的可操作性指标体系。其目的是建立一种机制，将企业战略转化为内部过程和活动，不断增强企业的核心竞争力，使企业能够得到持续的发展。关键绩效指标体系作为一种系统化的指标体系，包括三个层面的指标：企业级关键绩效指标、部门级关键绩效指标、个人关键绩效指标。

3. 绩效考评可分为相对评价和绝对评价。常用的相对评价的方法有排序法、配对比较法、强制分布法。常用的绝对评价的方法有图尺度量表法、行为锚定量表法、行为观察量表法。

4. 绩效管理系统通常包括四个环节：绩效计划、绩效监控、绩效评价、绩效反馈。此外，绩效沟通贯穿绩效管理的各个环节，促进绩效目标的达成。

5. 绩效考评的参与者由多方面人员组成，被考核者的上级、下属、同事、客户等都可作为绩效考评的参与人员。绩效考评周期的确定要综合考虑行业特点和职位职能类型的特点综合评定。员工绩效考评的内容大致可以分为德、能、勤、绩四个方面。

6. 对绩效管理中常见的问题进行剖析，以使我们在工作中尽量避免这些问题的产生，使绩效管理真正起到有效激励的作用。

复习思考题

1. 简述绩效、绩效管理、战略性绩效管理的概念。
2. 简述平衡计分卡的核心思想及主要特点。
3. 试述关键绩效指标体系的构建过程。
4. 绩效考评主要有哪些方法，各有什么优缺点？
5. 试述绩效沟通在绩效管理中的重要性。
6. 试述绩效管理中常见的问题及对策。

案例讨论

索尼褪色,绩效考核之过?

索尼,曾经是无数企业学习的榜样。然而,索尼近年来的发展颇为不顺。全球频频出现的产品质量问题让这个电子巨人光华褪色。被寄予厚望的PS3游戏机,面对微软、任天堂的挑战,也出师不利、亏损严重。到底是什么原因让索尼陷入今天的困局?

一、考核业绩引发短视,索尼"挑战精神"消失

索尼公司前常务董事天外伺郎在一篇名为《绩效主义毁了索尼》的文章中,认为导致索尼竞争力下降的主要原因,恰恰是公司自1995年开始推行的绩效主义主导下的业绩考核。这篇文章如同一颗重磅炸弹,激发了人们对绩效治理的思考。绩效考核是把双刃剑,它既可以改善组织的绩效,同时也能使组织的绩效向不好的方向发展,搞不好是要伤到企业的,索尼公司就是个例子。

下面不妨对该文做一个简单的介绍,看看天外伺郎是如何描述索尼公司的绩效考核的。《绩效主义毁了索尼》以作者的亲历和感受着重描述了索尼公司实施绩效主义前后的反差,归纳了索尼公司实施绩效主义的严重后果:"激情集团"消失了,"挑战精神"消失了,"团队精神"消失了,创新先锋沦为落伍者。

文章指出:所谓绩效主义,就是"业务成果和金钱报酬直接挂钩,职工是为了拿到更多报酬而努力工作"。为衡量业绩,首先必须把各种工作要素量化,但是工作是无法简单量化的。公司为统计业绩,花费了大量的精力和时间,而在真正的工作上却敷衍了事,出现了本末倒置的倾向。因为要考核业绩,几乎所有人都提出轻易实现的低目标,可以说索尼精神的核心即"挑战精神"消失了。

因实行绩效主义,索尼公司内追求眼前利益的风气蔓延。这样一来,短期内难见效益的工作,比如产品质量检验以及"老化处理"工序都受到轻视。索尼公司不仅对每个人进行考核,还对每个业务部门进行经济考核,由此决定整个业务部门的报酬。最后导致的结果是,业务部门相互拆台,都想方设法从公司的整体利益中为本部门多捞取好处。绩效主义企图把人的能力量化,以此做出客观、公正的评价。但我认为事实上做不到,它的最大弊端是搞坏了公司内的气氛。上司不把部下当有感情的人看待,而是一切都看指标、用"评价的目光"审阅部下。

二、绩效考评的完成并不代表着绩效治理的结束

事实上,质疑绩效治理的不只天外伺郎一个人,蒂莫·谢尔哈特曾在《华尔街日报》上发表报告,指出九成以上企业的绩效考核制度并不成功。美国管理大师彼得·斯科尔特斯怀疑实际情况可能比这更糟。国内的情况似乎也好不到哪儿去。问题到底出在哪里?绩效治理在实施过程中有哪些缺陷?为什么绝大多数企业至今还采用它呢?

绩效治理本身并没有错,它倡导经理和员工之间保持高效的沟通,倡导经理与员工就绩效目标达成一致理解,经理应该尊重和支持员工,应该和员工成为绩效合作伙伴,等等,这些对企业都是有益的,假如企业真正按照它说的去做了,成功或许仅仅只是个时间的问题。吉姆·柯林斯说:"只要练习有素的人在车上,你就不用担心,车一定会到达你想要去的地方。"这句用在绩效治理上最合适不过。

大家通常认为绩效考评就等同于绩效治理的工作。实际上,这种想法是不全面的。在绩效考评结束后,作为直线经理,仍有大量的工作需要做,因为绩效考评的完成并不代表着绩效治理的结束!

作为一个完善的绩效治理系统,仍有大量工作等待着经理们去处理、去完善,其实绩效治理到绩效考评这个环节不是结束而是刚刚渐入佳境。假如后期的工作不能及时跟进,不做或者不尽心去做,那么前面的工作都将徒劳无功,白费时间。那么,在绩效考评结束之后,直线经理还要做哪些工作?

专家指出,主要有三个方面的内容。

一是研究绩效考评结果的使用,使绩效考评结果得到有效的使用,为企业的人事决策提供信息来源和决策依据,这是一个重要的方面。

二是绩效反馈,绩效考评作为经理和员工双向沟通的结果,经理必须与员工进行绩效考评沟通,将员工的绩效考评结果通知员工,并与员工就绩效考评的内容和结果达成一致。

三是绩效治理系统的诊断,这可能是许多直线经理比较忽略的一个方面,任何一个绩效治理系统都不是最完善的,都需要调整和改善。所以,直线经理必须有针对性地对其进行系统的诊断,找出其中存在的问题和不足,加以改善和发展,使绩效治理系统不断保持活力,在未来的治理工作中发挥更大的作用。

绩效考评只是绩效治理中诸多环节的一个方面,它并非意味着绩效治理的结束,在其之后,还有大量的工作需要去完成。作为对员工发展负责的经理,必须认真研究绩效考评结束之后的工作,使之不断完善和发展!

(资料来源:阿里巴巴管理咨询网)

讨论:
1. 索尼绩效管理中存在哪些问题?应如何避免?
2. 绩效管理对企业经营管理的影响如何?

第八章　薪酬管理

【学习目的与要求】

1. 掌握薪酬构成和分类。
2. 熟悉基本薪酬体系设计的内容、原则与方法。
3. 了解激励薪酬计划的内容。
4. 了解福利的概念和功能、福利的主要形式。

【教学重点与难点】

1. 薪酬的概念与实质、薪酬管理的内容与原则。
2. 基本薪酬体系的设计。

【引导案例】

薪酬制度调整确保员工工作热情

　　F公司是一家生产电信产品的公司，在创业初期，依靠一批志同道合的朋友，大家不怕苦不怕累，从早到晚拼命干，公司发展迅速，几年之后，员工由原来的十几人发展到几百人，业务收入由原来的每月10多万元发展到每月1 000多万元，企业大了，人也多了，但公司领导明显感觉到，大家的工作积极性越来越低，也越来越计较报酬。

　　F公司的总经理黄先生想，公司发展了，确实应该考虑提高员工的待遇，这一方面是对老员工为公司辛勤工作的回报，另一方面也是吸引高素质人才加盟公司的需要。为此，F公司聘请一家知名的咨询公司为企业重新设计了一套符合公司老总要求的薪酬制度，大幅度提高了公司各类员工的薪酬水平，并对工作场所进行了全面整修，改善了各级员工的劳动环境和工作条件。

　　新的薪酬制度推行以后，效果立竿见影，F公司很快就吸引了一大批有才华有能力的人，所有的员工都很满意，工作十分努力，工作热情高涨，公司的精神面貌焕然一新。但这种好势头没有持续多久，员工的旧病复发，又逐渐地恢复到以前懒洋洋、慢吞吞的状态。

　　公司的高薪没有换来员工持续的高效率，公司领导陷入两难的困境，既痛苦又彷徨，问题的症结到底在哪儿呢？该公司应采取哪些措施对员工的薪酬制度进行再设计、再改进？为了让公司员工持续保持旺盛的斗志，应当采取哪些配套的激励措施？

（资料来源：《人力资源案例分析》，百度文库）

薪酬管理是企业人力资源管理中的重要工作。薪酬是员工从事劳动的物质利益前提，也是一种根本动力和源泉，薪酬水平的高低直接影响到员工的切身利益。同时，从成本构成的角度来看，薪酬作为劳动成本，在企业总成本中占有较大比重，薪酬的增加必然引起总成本的增加，从而导致企业盈利水平和竞争能力的下降。因此，如何制定科学合理的薪酬制度，客观、公平、公正地报偿为企业做出贡献的员工，吸引、激励和留住员工，同时又能恰当地处理成本和薪酬的关系，为企业创造最佳效益成为人力资源管理的一项重要内容。

第一节 薪酬与薪酬管理

一、薪酬的内涵

（一）薪酬的概念

薪酬本质上是劳动者和雇主之间公平的交易价格，劳动者提供劳动，雇主向劳动者支付报酬。广义薪酬（又称报酬）可定义为企业依据员工对企业所做的贡献付给的相应的回报，包括经济性报酬和非经济性报酬，经济性报酬又可分为直接经济性报酬和间接经济性报酬，如图 8-1 所示。狭义薪酬指的是其中的经济性报酬。一个有效的报酬系统会根据员工所做的贡献，而给他们提供合理和公平的回报。

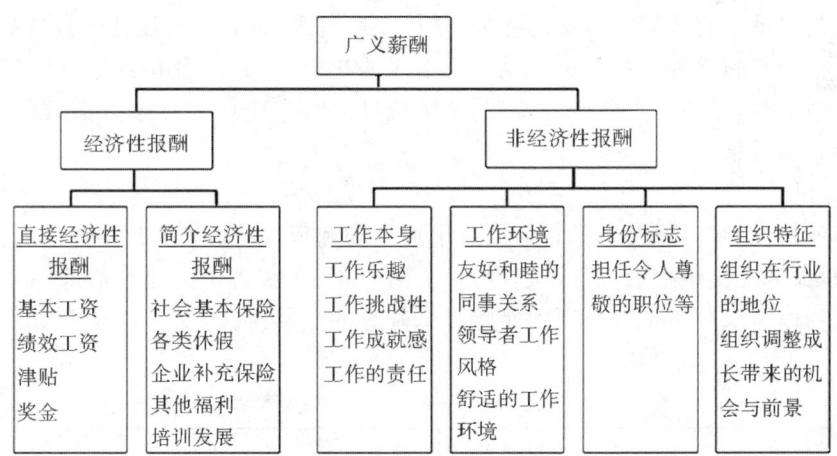

图 8-1 广义薪酬的构成

（1）直接经济性报酬：直接以现金的形式支付的薪酬，包括基本薪酬、各种奖金等。

（2）间接经济性报酬：主要指福利和服务，以间接的方式提供外在的薪酬，与劳动者的能力和绩效没有什么关系的收入，如社会基本保险、各类休假、企业补充保险、其他福利、培训发展等。

（3）非经济性报酬（Nonfinancial Compensation）：主要指来自工作本身、工作环境、身份标志、组织特征几个方面带来的心理效应。工作本身带来的心理效应包括：工作乐趣、工作挑战性、工作成就感、工作的责任等；工作环境带来的心理效应包括：友好和睦的同事关系、领导者的品格与工作风格、舒适的工作环境条件等；身份标志带来的心理效应包括：担任令人尊敬的职位等；组织特征带来的心理效应包括：组织在业界的品牌与名气、组织在行业的领先地位、组织高速成长带来的机会与前景等。这些非经济性报酬的心理效应同样是影响人们进行工作选择和职业选择的重要因素，成为组织吸引人才、保留人才的重要手段。如果没有特别说明，本书所指薪酬是指狭义薪酬，即经济性报酬。

（二）薪酬的构成

薪酬构成是指在薪酬中，基本薪酬、奖金及福利等所占的比重。在决定企业薪酬构成的过程中，主要考虑三个因素。一是激励性。一般认为，奖金的激励性最强，基本工资次之，福利最弱。二是灵活性。薪酬是有刚性的，易涨难降，奖金的灵活性最强，福利次之，基本工资最弱。三是工作性质。员工的工作性质不同，其薪酬构成也应当有所差别，比如销售人员的薪酬中奖金的比重比较大，而基础性研发人员奖金比重就较小。

1. 基本薪酬

基本薪酬是企业按照一定的时间周期，定期向员工发放的固定报酬。通常情况下，组织会根据员工所承担的工作本身的重要性、难度或对组织的价值，或者根据员工所拥有的完成工作的技能或能力的高低来确定基本薪酬。此外，员工的资历也会影响其基本薪酬的高低。一般来说，基本薪酬的变动性较小，是企业主要的固定成本之一。对员工而言，基本薪酬的主要功能体现为稳定性和保障性。

2. 奖金

奖金是对员工有效超额劳动的报酬，是可变性薪酬，和业绩直接挂钩并且具有一定的弹性。奖金的实施是为了更好地调动员工工作的积极性，管理者在具体设置奖金方案和实施奖金举措时，必须根据奖金的特点，慎重选择适合本企业的奖金方案，以便每项奖金均能达到激励效果。

3. 福利

福利就是一种间接薪酬，是企业通过增加福利和设施、建立各类补贴制度、举办文化体育活动，为员工提供生活方便、减轻员工生活负担、丰富员工文化生活等一系列事业的总称。福利作为培养员工对企业归属感和忠诚心的独特手段，历来被企业家和管理者们所重视。

表 8-1　薪酬构成各部分的特征解释

薪酬构成	功能	决定因素	变动性	特点
基本薪酬	基本保障、体现岗位价值	职位价值、技能、能力、资历	较小	稳定性 保障性
奖金	对员工良好业绩的回报	个人、团队和组织的绩效	较大	激励性 持续性
福利	提高员工满意度	就业、法律	较小	法定福利：强制性和保障性 企业福利：激励性和个性化

(三) 薪酬的功能

1. 保障功能

员工作为企业的人力资源,通过劳动取得薪酬来维持自身的衣食住行等基本需要,保证自身劳动力的生产。同时,员工还要利用部分薪酬来进修学习、养育子女,实现劳动力的增值再生产。因此,员工的薪酬决定着他们的生存、营养和文化教育条件,是企业人力资源生产和再生产的重要保证。

2. 激励功能

薪酬不仅决定员工的物质条件,而且还是一个人社会地位的重要标志,是满足员工多种需要的经济基础。薪酬管理通过员工利益的调整,对正确的行为进行正强化,对发生偏差的行为进行负强化,从而发挥引导员工行为的作用,引导员工做出与公司目标一致的行为。因此,激励是通过提高员工的工作满意度,来达到提高所有员工工作积极性这个最终目标。

3. 调节功能

薪酬差异是人力资源流动与配置的重要"调节器"。在通常情况下,企业一方面可以通过调整内部薪酬水平来引导内部人员流动;另一方面,可以利用薪酬的差异对外吸引急需的人才。国家亦可以通过薪酬调整人们的利益分配,形成社会分配的总体平衡,实现人力资源的宏观合理配置。

4. 凝聚功能

企业通过制定公平合理的薪酬制度可以调动员工的积极性和激发员工的创造力,使员工体会到自身的被关心和自我价值的被认可,增加对企业的情感依恋,自觉地与企业同甘共苦,为自身的发展与企业目标的实现而努力工作。

5. 信息传递功能

薪酬水平的变动,可以将企业的组织目标、发展战略以及管理者的意图等及时有效地传递给员工。比如,薪酬的提升意味着公司对员工所做业绩的肯定;采用绩效薪酬制度,或提高绩效薪酬的比重意味着公司鼓励员工之间或部门之间的竞争;采用年薪制意味着公司希望员工长期在本企业效劳,希望减少员工的流动等。

二、薪酬管理的内涵

(一) 薪酬管理的概念

薪酬管理是指企业在经营战略和发展规划的指导下,综合考虑企业内外部因素的影响,确定自身的薪酬水平、薪酬结构和薪酬形式,并进行薪酬调整和薪酬控制的整个过程。其目的在于吸引和留住企业需要的员工,并激发他们的工作热情和工作潜能,最终实现企业的经营目标。劳动的不可测性、需求与薪酬工具的多样性、企业资源的有限性和外部竞争性,是企业薪酬管理必须面对的四个困境。

(二) 薪酬管理的作用

总的来说,薪酬管理的目的是能吸引来、保留住和激励起企业所需的人力资源。其主要作用有：

（1）保证薪酬在劳动力市场上具有竞争性，吸引优秀人才。

（2）对员工的贡献给予相应的回报，激励并留住员工。

（3）通过薪酬机制，将短、中、长期经济利益相结合，促进公司与员工结成利益共同体关系。

（4）合理控制人工成本，保证企业产品竞争力。

（5）通过薪酬管理塑造良好的企业文化。合理的薪酬制度可以作为构建企业文化的制度性基础，对企业文化的发展具有重要的引导作用。

（三）薪酬管理的原则

1. 战略性

薪酬管理要以企业发展战略和经营规划为指导，作为人力资源管理的一项重要职能，薪酬管理必须服从和服务于企业的经营战略，全力支持企业的战略目标。

2. 竞争性

这是指在社会和人才市场中，企业的薪酬标准要有吸引力，才足以战胜其他企业，招到所需人才。一家企业的薪酬标准在市场中应该处于什么样的水平，要根据该企业的支付能力、所需要人才的可获得性等具体条件而定。要有竞争力，薪酬水平至少不应低于市场平均水准。据一些企业薪酬设计的经验，在一般情况下，企业员工的薪酬水平应该比行业的平均水平高15%，这样既不会使企业的负担过重，又可以达到吸引、激励和保留员工的目的。外部竞争性主要通过外部相关劳动力市场界定、市场薪酬调查、建立薪酬决策线并在此基础上调整薪酬结构来实现。

3. 公平性

公平就是人们对一个人的所做（投入）和所得（产出）关系的合理性的感受。企业职工对薪酬分配的公平感，是设计薪酬制度和进行薪酬管理时首要考虑的问题。员工不仅关心薪酬的绝对量，而且还关心薪酬的相对量。因此，他要进行种种比较来确定自己所获薪酬是否公平合理，而比较的结果将直接影响到今后工作的积极性。

薪酬公平包括外部公平和内部公平。外部公平是指公司员工所获得的薪酬比得上其他公司完成相类似工作的员工的薪酬。内部公平是指在组织内部依照员工所从事工作的相对价值而支付的薪酬。内部公平主要通过工作分析、职位描述、职位评价以及建立职位等级结构来实现。

4. 激励性

薪酬管理不仅是让员工获得一定的经济收入使他们能够维持并不断提高自身的生活水平，而且要引导员工的工作行为，激发其工作热情，不断提高工作绩效。薪酬的激励性就是差别性，即根据工作的差别确定薪酬的差别，体现薪酬分配的导向作用及多劳多得的原则。这要求在企业内部各类各级职位上的薪酬水平要有适当的差距，真正体现按照贡献大小分配的原则。

5. 动态性

通过薪酬制度的变革，对适应环境变化并不断创新的员工给予鼓励。因此薪酬管理应根据经营战略和环境确定权变方案，强调薪酬管理的动态性，定期对薪酬方案进行调整。

6. 经济性

提高企业的薪酬水准,固然可提高其竞争性与激励性,但同时不可避免地导致人工成本的上升,所以薪酬制度不能不受经济性的制约。人工成本还与企业所在行业的性质有关,在劳动密集型行业,有的企业人工成本在总成本中占 60%～70%;但在技术密集型行业,人工成本却只占总成本的 8%～10%,而且企业中科技人员的工作创造性对企业在市场中的生存与发展起着关键作用。因此,企业在控制薪酬成本时要考虑行业属性。经济性主要是通过计划、预算、沟通、评估等手段实现的。

7. 合法性

大量的法律和规定都会影响关于基本薪酬、奖金和福利的决策。在设计和实施薪酬方案时,企业必须牢记各种法律的限制,如国家对最低薪酬标准、工作时间、经济补偿金、加班加点付薪的有关规定等。

第二节　基本薪酬体系设计

基本薪酬主要反映员工所承担的职位价值或者员工所具备的技能价值,因此这部分薪酬又划分为两种类型:一是基于职位的薪酬体系,二是基于员工个人的薪酬体系。在实践中,企业可以只选用一种薪酬体系,也可以对不同类型的员工采用不同的薪酬体系。

一、基本薪酬体系

(一) 职位薪酬体系

基于职位的薪酬体系,又称岗位工资制,是以员工在生产经营工作中的职位为基础确定薪酬等级和薪酬标准,进行薪酬发放的薪酬体系。

其假设前提是每一个职位上的人都是合格的,不存在任何职位不匹配的情况。不同的岗位将创造不同的价值,因此对于不同的岗位将给予不同的工资报酬;同时企业应该将合适的人放在合适的岗位上,使人的能力素质与岗位要求相匹配,由于是针对岗位的价值支付报酬,所以对于超过岗位任职要求的能力不给予额外报酬;为了确保薪酬具有外部竞争力,往往在薪酬调查的基础上再确定不同等级薪酬的具体数额。

(二) 技能薪酬体系

技能薪酬体系是根据员工所掌握的与工作有关的且组织认可的技能、能力以及知识的深度和广度确定基本薪酬的一种报酬制度。技能薪酬体系包括两类薪酬方案:一是知识薪酬,即以员工个人所拥有的专业知识作为组织支付薪酬的依据的方案;二是技术薪酬,即以员工个人所拥有的专业技术作为组织支付薪酬的依据的方案。技能薪酬体系与职位薪酬体系不同,它强调根据员工的个人能力提供薪酬,而且只有确定员工达到了某种技术能力标准以后,才能为员工提供与这种能力相对应的薪酬。技能薪酬体系通常适用于所从事的工作比较具体而且能够被界定出来的操作人员、技术人员及办公室工作人员，目的在于促进他们掌握更多、更专业的与工作相关的技术。

技能薪酬体系的特点是员工的薪酬与知识、一种或多种技能以及能力水平的高低相关而不是跟职位价值相关，且工资的上涨也是取决于员工所掌握的技能水平的上升或者是已有技能的改善。以技能为导向的工资结构的优点是有利于激励员工提高技术、能力；但也有不足，它忽略了工作绩效及能力的实际发挥程度等因素，企业人工成本也比较高，而且适用范围窄，只适用于技术复杂程度高、劳动熟练程度差别大的企业，或者是处在艰难期，急需提高企业核心能力的企业。

基于技能的薪酬体系的假设条件包括：

（1）员工的知识和技能对组织的贡献是可以测度的。

（2）员工的知识和技能与其付给组织的劳动投入密切相关。

（3）员工的知识和技能既是生产投入，也是生产结果。

（4）在一定时间内，知识和技能的价值是相对稳定的。

二、基本薪酬体系设计

（一）职位薪酬体系设计

1. 确定薪酬政策

薪酬政策是企业薪酬体系设计所要遵循的原则。它是企业为了把握员工的薪酬总额、薪酬结构和薪酬形式，所确立的薪酬管理导向和基本思路的文字说明或者统一意向。具体来说，薪酬政策体现为企业对薪酬管理运行的目标、任务和手段的选择，包括薪酬水平政策、薪酬结构政策、薪酬体系政策、薪酬管理政策等内容。

2. 职位评价

在职位薪酬体系设计过程中，要进行职位评价。职位评价是指组织基于职位分析的结果，通过对工作本身难易程度、责任大小、环境及相对价值进行判断，系统地确定职位之间的相对价值从而建立一个职位结构的过程。职位评价方法可分为量化的和非量化的评价方法两种。非量化的评价方法主要有排序法、分类法两种；量化的评价方法有要素计点法和要素比较法两种。

（1）排序法。排序法是根据各种职位的相对价值或它们各自对组织的相对贡献来由高到低地进行排列。需要考虑的要素包括职位的工作量及工作所负责任、上岗条件、工作环境等。常用的排序方法有直接排序法、交替排序法和配对比较法。直接排序法就是根据职位的相对价值大小，直接从高到低（或从低到高）对职位进行排序的方法；交替排序法是评价者从所有职位中选出职位价值最高和最低的职位，然后再从剩下的职位中选出次高和次低价值的职位，依次类推，直至所有的职位都已排列在内；配对比较法是评价者将每个职位与其他职位进行逐一比较，并将每次比较中的优胜者选出，最后根据每一职位净胜次数多少进行排序的方法。

排序法要求评价者对所有职位都非常了解，这往往难以达到。另外一个弊端是当所使用的标准或因素定义不明时，评价本身就成了主观的看法和判断，因此主观性很大。此外,排序并不能保证所分的级别由相等的间距组成,最高职位和次高职位之间的区别可能和最低职位和次低职位之间的差距并不相同,因此分级的可靠度比较低,主要用于小型简单的组织。

(2)分类法。分类法是指按照一定的标准将职位归入事先确定的等级中的评价方法。该方法的原理是一个等级包括多个职位,各职位由于因素的评定结果相同所以被归为一个薪酬等级,因此在一个企业内会有若干个工作类别下的工作等级序列。在使用该方法时,首先应根据工作性质和工作说明书区分职位的类别,如管理类、市场类、技术类和操作类等。其次要确定企业的职位等级数量,根据企业的组织结构和职位设置情况设计相应的职位等级。等级设置一般考虑两个因素:一是组织结构状况,传统的组织结构等级多,扁平组织等级少;二是要注意不同职位和工作系列中层级设置的协调。第三,要选择等级评价指标,并对职位等级进行定义,一般根据该职位所需的知识技能、监督控制、决策职责、工作复杂性和工作努力程度等对职位等级进行明确定义。第四,根据职位说明书匹配相应的职位等级,组成职位等级序列。最后,将同一等级的职位对应相同的薪酬标准,组成职位薪酬等级序列。分类法如表8-2所示。

表8-2 分类法举例:某公司的职位分类系统

职位等级	职位类别			
	管理类	专业类	技术类	行政事务类
10级	首席执行官			
9级	副总裁			
8级	高层经理职位			
7级	中层经理职位	专业4级职位		
6级	主管级职位	专业3级职位	技术5级职位	
5级		专业2级职位	技术4级职位	
4级		专业1级职位	技术3级职位	行政事务4级
3级			技术2级职位	行政事务3级
2级			技术1级职位	行政事务2级
1级				行政事务1级

分类法具有简单明了的特点,此外还有较高的灵活性,一定程度上减少了评价人员的主观性,比较适合较大规模公司对管理和业务系统的工作评价;主要缺点是当职位类型差别较大时,很难建立通用的职位等级,此外和排序法一样,无法准确衡量各职位之间的价值差距。

(3)要素计点法。要素计点法是职位评价的第一量化方法,主要是根据各个职位在薪酬要素上的得分来确定它们相对价值的一种方法。具体步骤是:

第一,确定薪酬要素,并划分每个薪酬要素的等级。

一般将薪酬要素归为四类:工作责任、工作技能、工作条件和努力程度。每个要素类别内可以设置多个二级要素指标。确定要素指标后,再根据重要程度将每个要素指标划分为若干等级。等级的划分取决于组织内部各职位在该要素指标方面的差异程度,差异程度越大,划分的等级就越多。此外,还应对薪酬要素及各要素相应等级的含义做出明确的界定,如表8-3所示。

表8-3 监督指导责任的等级划分及含义界定

要素编号:A03
要素名称:监督指导责任
要素类别:工作责任
要素定义:指任职者在正常的权力范围内所承担的正式指导、监督、评价等方面的责任。责任的大小根据任职者直接指导和监督的人数及层次来划分

等级	等级说明
1	不监督任何人,只对自己的工作负责
2	指导、监督4名以下第一级别人员(含4名)
3	指导、监督5～10名第一级别人员,或1～3名第二级别人员
4	指导、监督4～6名第二级别人员,或1～3名第三级别人员
5	指导、监督5～6名第三级别人员,或1～3名第四级别人员

第二,确定每个薪酬要素及其等级的点值。

首先应当确定总的评价点数。总点数的大小以能够清楚地反映各职位之间差异为宜。一般来说企业内的职位种类越多、种类之间的差异度越大,总点数也就越大。然后将总点数依次分配到各个薪酬要素大类、薪酬要素指标以及要素指标的各个等级。分配点数依据的是要素大类、要素指标以及各个等级的权重。权重可以通过经验方法或统计方法得出。如表8-4所示,假定总点数为800分,四个大类平均分配,则分配给工作职责大类的点数就是200分。然后依据工作职责各要素指标以及各个等级的权重,再将大类总分分配到各个要素指标以及等级上去。

表8-4 工作职责要素指标及其等级的评价点数

编号	要素名称	要素类别	权重	最高点数	等级划分	等级点数
A01	战略实现责任	工作责任	30%	60	1	12
					2	24
					3	36
					4	48
					5	60
A02	风险控制责任	工作责任	25%	50	1	10
					2	20
					3	30
					4	40
					5	50

续　表

编号	要素名称	要素类别	权重	最高点数	等级划分	等级点数
A03	监督指导责任	工作责任	25%	50	1	10
					2	20
					3	30
					4	40
					5	50
A04	沟通责任	工作责任	20%	40	1	10
					2	20
					3	30
					4	40
合计			100%	200	—	—

第三，确定组织内每个职位的点值。

前述步骤为职位评价确定了基本标准，接下来就是按照这套标准体系来对组织内各个职位进行具体的评价，并计算出每个职位相应的点数。具体方法是对照职位说明书，确定被评价职位所包含的薪酬要素指标以及所处的等级，从而确定各薪酬要素指标的实际评价点数，然后将全部薪酬要素指标的实际评价点数加总，就得到该职位的最终评价点数。比较各职位的最终评价点数，就可以确定它们之间相对价值的大小。如表8-5所示，对某组织中的职位A和职位B进行评价。为简便起见，我们仅对工作责任这个大类的薪酬要素指标和等级进行较详细的评价，其他大类可以用类似方法进行评价。

表8-5　组织内各职位评价结果

薪酬要素			职位名称计点值			
			职位A		职位B	
要素编号	要素名称	要素大类	所处等级	对应点数	所处等级	对应点数
A01	战略实现责任	工作责任	5	60	3	48
A02	风险控制责任	工作责任	4	40	3	30
A03	监督指导责任	工作责任	3	30	3	30
A04	沟通责任	工作责任	4	40	4	40
工作责任点数合计				170		148
工作技能点数合计				180		130
努力程度点数合计				180		160
工作条件点数合计				120		150
点数总计				650		588

理论上讲，只有应用要素计点法对组织内所有职位进行评价，职位之间的相对价值才是可信的，但这样做的成本会比较高。在实际工作中通常是选择各类职位的典型职位进行评价，然后再通过比较其他职位与典型职位来确定所有职位的相对价值。

与前两种方法相比,要素计点法是一种量化方法,它可以准确衡量出各职位之间的价值差距。其缺点是操作起来比较麻烦,此外这种方法也不可能绝对杜绝主观因素的影响,例如要素指标的选择、权重和点数分配都会受到主观判断的左右。

(4) 要素比较法。要素比较法综合了排序法和分类法的优点,不过排序和分类的标准和方法更为复杂,比较适用于工作职位种类比较多的大型企业。要素比较法是根据不同的薪酬要素对典型职位进行多次排序,以确定典型职位之间的相对价值,然后再通过比较其他职位与典型职位的差异,来确定所有职位的相对价值。而且在职位排序的时候,要素比较法已不再是单纯地比较职位之间的相对价值,而是把薪酬的因素也考虑进来。因此尽管要素比较法比较客观明确,但是操作起来非常复杂,这里不再做过多介绍。

3. 薪酬市场调查

薪酬调查是指企业采用科学的方法,通过各种途径采集有关企业各类人员的工资福利待遇以及支付状况的信息,并进行必要处理分析的过程。企业进行薪酬市场调查,不仅可以弄清自己当前的薪酬水平相对于竞争对手在目前劳动力市场上所处的位置,而且可以根据人力资源发展战略的要求,及时地调整自己企业的薪酬结构和水平。

薪酬市场调查一般包括以下步骤。

(1) 确定调查目的。在进行薪酬市场调查时,首先应当明确调查的目的要求和调查结果的用途,然后再开始组织薪酬调查。一般而言,调查的结果可以为以下工作提供参考依据:寻找薪酬设计的参考依据;比较组织现行薪酬结构与市场结构的差异进而对本组织薪酬结构进行调整,以保持本组织薪酬的竞争力,避免人才流失;显示不同职级之间的薪酬差异,为本组织制定薪酬决策提供必要的依据;为组织确定合理的人工费用提供必要的参考资料。

(2) 确定调查范围。首先确定调查的企业。根据调查目的以及调查成本,要确定调查哪些企业,调查多少企业,以获得合适的数据资料。其次确定调查的岗位。企业岗位包括管理岗、操作岗、技术岗等。选择确定的调查岗位,应在工作性质、难易复杂程度、岗位职责、工作权限、任职资格、能力要求、劳动强度、环境条件等方面与本企业需调查的岗位具有可比性。最后确定需要调查的薪酬信息。在初步选定了调查的范围和对象之后,调查者还应确定需要将哪些项目作为薪酬调查的组成部分。

(3) 信息采集。由于目标不同、对象不同、信息不同,企业所选择的采集信息的调查方式也就会有所不同。一般来说,企业常用的调查方式有:企业之间相互调查,委托中介机构进行调查,采集社会公开的信息,问卷调查等。对企业来说,前三种方式是比较简便易行的调查方法,它们对少数规范性岗位的薪酬调查是切实可行的,但是对于大量的、复杂的岗位就不太适合。事实上,在薪酬调查中,有20%~25%的企业采用正式的问卷调查的方式。

(4) 数据分析和提交报告。为了提高统计分析的信度和效度,薪酬调查所提供的数据一定要全面、真实。调查结果要以调查报告形式提供,报告内容应包括:薪酬调查的组织实施情况分析、薪酬数据分析、策略分析、趋势分析、企业薪酬状况与市场状况对比分析以及薪酬水平或制度调整的建议等。

4. 薪酬结构设计

(1) 选择薪酬策略。企业需要根据外部产品与劳动力市场的变动情况以及自身的资源条件,选择具有竞争性的薪酬策略。

① 领先型薪酬策略。领先型薪酬策略强调高薪用人,突出高回报,以高于市场竞争对手的高薪水平增强企业薪酬的竞争力。领先型薪酬策略能最大限度地发挥组织吸纳和留住员工的作用,同时把员工对薪酬的不满意度降到最低水平。但该策略也可能带来一系列问题:人工成本加大,产生财务压力,影响到产品或者服务的竞争力,还可能将高薪转嫁到消费者身上。

企业采取领先策略后,求职者的质量提高,数量上升,跳槽率和缺勤率降低,但是国外的一些专家研究证明,这种策略对资产回报率几乎没有影响。一种完善措施是不规定较高的基本工资而采用灵活的薪酬形式,如奖金、激励工资、股票、工作安全和福利等,能更有效地引导员工的行为,调动员工的积极性、主动性和创造性。

② 追随型薪酬策略。追随型薪酬策略的内涵是本企业的薪酬成本接近产品竞争对手的薪酬成本,同时使本企业吸纳员工的能力接近产品竞争对手的水平。

追随型薪酬策略是企业最常用的策略,这是因为:第一,薪酬水平低于竞争对手会引起企业员工的不满,导致生产效率下降;第二,薪酬水平低还会制约和影响企业在劳动力市场上的招聘能力;第三,关注同行业的市场薪酬水平是企业高层决策者的责任,薪酬水平的合理不仅关系到外部的竞争力,还关系内部人工成本合理确定的问题。

这种策略能使企业避免在产品定价和保留高素质员工方面处于劣势地位,适用于处于平稳发展期的企业。

③ 滞后型薪酬策略。滞后型薪酬策略强调企业薪酬低于或落后于市场的薪酬水平及其增速,实行本策略也许会影响企业吸纳和留住所需要的人才。但是如果企业能保证员工在未来可以得到更高的收入,如享受年终分红、股权、期权、期股及员工参股等,则员工责任感会提高,团队精神会增强,劳动生产率也会提高。本策略宜在经济萧条时期或者企业处于创业、转型、衰退等特殊时期时来使用。

④ 混合型薪酬策略。混合型薪酬策略是根据不同的员工群体制定不同的薪酬策略。如根据不同的工作岗位人员制定不同的薪酬,中高级专业技术人员、管理人员或者中高级技能人员的薪酬水平高于市场平均水平,其他一般员工的薪酬水平等于或者低于市场平均水平。又如基本工资和绩效工资略低于市场平均水平,而激励薪酬远远高于市场平均水平,也能保证全员总薪酬水平高于市场竞争对手。

(2) 确定薪酬曲线。薪酬调查结束后,将调查分析的结果和工作评价的结果结合起来,就可以建立企业的薪酬曲线。薪酬曲线是各职位的市场薪酬水平和内部岗位等级之间的关系曲线。薪酬曲线就是要在企业内部形成比较规范的收入分配秩序。这一分配秩序既能体现劳动者市场价值,又能体现劳动者的企业内部价值;既能体现劳动者个体收入与市场价值收入相对应的公平性,又能体现劳动者之间收入分配的公平性。

(3) 确定薪酬等级。薪酬等级主要反映不同职位之间在薪酬结构中的差别,它以职位评价结果为依据,并使薪酬等级与职位等级一一对应。

(4) 确定薪酬幅度。薪酬幅度是指在同一个薪酬等级中,最高档次的薪酬与最低档次之间的薪酬差距,也可以指中点档次的薪酬水平与最低档次或最高档次之间的薪酬差距。由于高薪酬等级的内部劳动差别大于低薪酬等级的劳动差别,所以高薪酬等级的薪酬浮动幅度要大于低薪酬等级的薪酬浮动幅度。

确定薪酬等级的上限和下限,它们分别代表企业愿意支付给该等级职位的最低薪酬和最高薪酬。由上限和下限所决定的区间即为该等级的薪酬区间。上下限之差就是薪酬幅度,上下限之差除以下限即为薪等的浮动幅度。一般先确定该等级的浮动幅度,再根据中点计算出薪等的上下限。浮动幅度的大小受职位价值、职位层级、企业文化和管理倾向的影响。

(5) 薪幅重叠。在确定了所有薪酬等级的薪酬区间后,薪等之间的重叠程度就自然而然地确定了。薪幅重叠是指各个相邻的薪酬等级浮动幅度在数值上的交叉程度。一般来说,各个薪酬等级薪酬浮动的幅度越大,等级重叠度也就越高,反之亦然。从严格的意义上说,分层式薪酬等级设计,各个薪酬等级之间几乎没有重叠,而宽带式薪酬等级设计,各个薪酬等级之间存在等级重叠问题。

(6) 建立薪酬结构。薪酬结构包括针对每一职位等级的薪酬区间,包括中点薪酬、最高薪酬、最低薪酬。它使得企业能够建立起对薪酬进行管理的结构,并从事相同工作但拥有不同能力水平和工作绩效的员工能够获得不同的报酬,如图8-2所示。

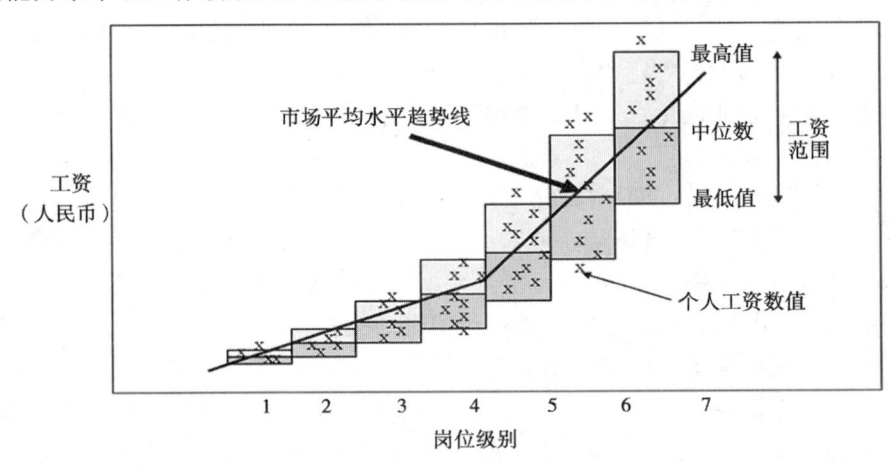

图 8-2　薪酬结构

(二) 技能薪酬体系设计

1. 技能分析

根据员工所从事工作的性质、员工所掌握的技能可以从两个维度进行考察:技能宽度和技能深度。技能宽度是员工掌握的与某项具体工作相关的技能种类。员工掌握多种技能可以在多个职位上进行轮换,同时可以帮助其他员工完成工作。那些能够掌握多种技能的员工通常被称为通才。技能深度是指员工所掌握的特定技能专业水平的高低。技能深度越浅,说明技能越简单,员工掌握起来越容易;技能深度越深,技能越复杂,员工掌握起来也越困难。那些能够掌握深度技能的员工通常被称为专才。

2. 技能模块界定和定价

所谓技能模块,是指员工为了按照既定的标准完成工作任务而必须能够执行的一个工作任务单位或者一种工作职能。根据技能模块所包含的工作任务的内容来对技能模块进行等级评定。技能模块一般由三种技能要素构成，包括基础技能、核心技能和选择技能。基础技能是特定技能模块的入门技能，是员工获得该技能模块核心技能前所必须具备的技能。核心技能是完成特定工作任务必须达到的关键性技能要求。选择技能是附加的某些管理技能，如判断能力、应变能力和沟通能力等。

对技能模块进行定价就是确定每一个技能单位的货币价值，这一步要做两个方面的工作。

（1）确定技能模块的相对价值，这是薪酬内部一致性的体现。技能模块的相对价值可以从两个方面进行评价。首先是技能获得的难度，难度越大，价值越高。技能获得的难度可以从培训时间，培训费用，接受培训的生理、心理、资历和基础知识条件，通过培训检测的难易程度等多个方面进行考察。其次是技能模块相对于组织的重要性，可以从技能的价值贡献、监督责任、教育责任等多方面考察。技能模块相对价值的评价方法可参照职位薪酬工作评价的方法。

（2）进行技能薪酬调查，保证薪酬的外部竞争性。与职位薪酬类似，技能薪酬也需要进行外部市场调查，从而确定组织内技能模块的市场薪酬线和薪酬决策线，并最终结合企业内部技能模块的相对价值评价结果对各技能模块进行定价。

3. 员工技能鉴定

员工技能的鉴定需要确定三个方面的内容：鉴定者、鉴定内容及鉴定方法。鉴定者可以来自企业内部，如员工的直接上级、同事、下级等，也可以来自企业的外部，如政府机构、培训机构、学校及业内专家等，多方专业人士可以组成技能鉴定委员会，保证鉴定结果更加公正、客观、可信。鉴定内容通常根据企业的技能模块的要求来设计。鉴定的方法包括笔试测验、现场操作、情景模拟等，以确定员工当前处于何种技能水平上，并将技能鉴定的结果与工资挂钩，为进行薪酬结构设定做准备。

4. 建立技能薪酬结构

由于不同组织对技能等级内的基础技能、核心技能和选择技能的具体要求各不相同，从而也就形成不同内涵的技能薪酬结构设计，主要有以下几种类型。

（1）阶梯模型。阶梯模型不仅是指技能等级的薪酬水平像楼梯一样，随着技能等级所包含技能的难度、复杂性的提高而提高，而且是指员工在沿着技能等级阶梯上升时，不能出现跳级现象。阶梯模型基本上保证了员工中技能分布与组织任务之间的匹配，因而与职位薪酬结构最为接近。

（2）技能模块模型。技能模块模型是指员工在掌握入门技能后，就可以根据自己的实际情况选择技能等级，参加相应的培训和技能鉴定。虽然各个技能等级有相应的基础技能、核心技能和选择技能的要求，但是较高等级和较低等级在技能要求上并不具有严格的递进关系，组织也不要求员工严格按照等级阶梯循序渐进。因此，它与阶梯模型不同的是它允许员工跳级。此外，与阶梯模型相比，技能模块模型更能体现员工的能力水平，也更有利于激发员工学习技能的积极性，但是在组织运行稳定性方面相对较差。

（3）积分累计模型。该方法并不严格规定每个技能等级的课程内容，而是规定每项技能课程的学分，以及每个技能等级所要求达到的学分总分，这样员工可以按照自己的偏好在多种技能中进行选择和组合。只要这些课程组合的总分达到某一等级的学分要求并通过相应的能力鉴定,就可以获得该等级的薪酬收入。为了保证特定技能的普及,组织可以加大这些技能的分值,引导员工在进行技能选择和组合时,优先选择这类技能。

第三节 激励薪酬

激励薪酬旨在将员工报酬与产出挂钩,它是对员工超过常规期望的工作表现的一种鼓励性报酬。激励薪酬制度通常以下列简单的逻辑为基础:某些工作对企业的贡献要大于其他工作,有些人比其他人工作做得更好,贡献多的员工应该得到的也多。

一、个人激励计划

个人激励计划旨在将个人努力与其收入联系起来。实施个人激励计划能够有效提高员工工作积极性。但也要注意可能带来的不良影响,有的员工为了追求对个人的奖励,可能会对别的员工封锁信息,暗中破坏其竞争对手的各种努力,拒绝从事任何与奖励性回报没有直接关系的事情。

1. 计件工资制

生产性的企业或部门大都采用计件工资制。直接计件工资制(Straight Piece Work)是一种个人激励制,薪酬的决定根据单位时间生产的产品数量而浮动。工作标准内按照计件工资率乘以完成的件数计算工资,超过工作标准的员工将根据额外计件工资率获得更高的工资。工作标准通过工作测量研究决定,并通过集体的讨价还价加以调整。实际的单位计件工资率通过薪酬调查数据得到。这种激励系统对员工来说容易理解,但设定工作标准却非常困难。如表8-6所示。

表8-6 直接计件工资制度

员工	标准件数(件)	实际件数(件)	超额件数(件)	标准薪酬(元)	奖励薪酬率(元/件)	奖励薪酬(元)
A	15	10	0	450	20	0
B	15	15	0	450	20	0
C	15	20	5	450	20	100
D	15	25	10	450	20	200

直接计件工资制的另一种形式是差别计件工资制(Differential Piece Rate)或称泰勒制(Taylor Plan)。差别计件工资制运用两套独立的计件工资制:其中一套用于那些生产量低于标准或刚达到标准的人,另一套用于超过标准的人。这套系统的设计用以奖励生产率高的工人并且惩罚生产率低的工人。举例来说,在一家制衣厂中,对于每小时产量低于25件的员工而言,他们每生产一件衬衣可以获得2元;而同样时间内产量高于25件的员工的计件工资率则会更高一些,可能会达到每件3元。显然,这种薪酬体系对于员工达

成较高生产率的刺激更大。

标准计时工资制(Standard-hour Plan)是一种间接计件工资制,它是将工资建立在某段预期时间内完成一项工作或任务的基础上。按照完成一项工作的标准时间来确定报酬,提前完工的工人也按工作的标准时间计算报酬。举例来说,对一位达到平均技术水平的汽车修理工来说,为小汽车补一个轮胎平均需要花费的时间可能是1小时,但是如果某位修理工的工作效率较高,他可能在半小时内就完成工作了,企业在支付薪酬的时候,仍然是根据1小时来支付的。标准计时工资制对于操作周期长和需要高度技巧、不重复的工作来说是理想的薪酬制度。

2. 佣金

佣金即销售提成工资,是销售工作中广泛采用的一种奖励制度。它是一种按销售数量或销售额的某一百分比来计算的报酬。佣金制包括直接佣金制和佣金与薪金混合制。

在直接佣金制度下,销售代表得到其销售总额的某一比例。不过,最通行的做法是佣金与薪金混合制。这种方法将薪金的稳定性与佣金注重业绩的一面结合为一体。

佣金制的优点比较好理解,它可以充分地调动营销人员的营销积极性,可以使营销人员觉察到自己的工作投入对企业的重要性,从而对营销人员有一定的激励作用。但是佣金制的缺点也不容忽视,它会使营销人员和企业之间产生较大的离心力。

3. 绩效工资

绩效工资是将员工的薪酬收入与员工的绩效结合起来的一种薪酬支付方式。组织支付薪酬的依据是员工个人和所在团体的绩效水平。绩效工资的前提是企业必须建立起分层分类的、基于战略的关键业绩指标体系和绩效管理系统。

绩效工资注重个人绩效差异的评定。绩效工资假定这种绩效的差异反映了个人能力和工作动机方面的差异,有利于员工工资与可量化的业绩挂钩,将激励机制融于企业目标和个人业绩的联系之中,有利于工资向业绩优秀者倾斜,提高企业效率和节省工资成本。

【资料阅读】

YT公司的薪酬体系设计

YT公司是一家大型电子公司。2010年,该公司实行了公司薪酬与档案薪酬脱钩,与岗位、技能、贡献和效益挂钩的"一脱四挂钩"薪酬、奖金分配制度,主要体现在两个方面。一是以实现劳动价值为依据,确定岗位等级和分配标准。岗位等级和分配标准经职代会通过形成。公司将全部岗位划分为科研、管理和生产三大类,每类又划分出10多个等级,每个等级都有相应的薪酬和奖金分配标准。科研人员实行职称薪酬,管理人员实行职务薪酬,生产工人实行岗位技术薪酬。科研岗位的平均薪酬是管理岗位的2倍,是生产岗位的4倍。二是以岗位性质和任务完成情况为依据,确定奖金分配数额。公司每年对科研、管理和生产工作中有突出贡献的人员给予重奖,最高的达到8万元。总体上看,该公司加大了奖金分配的力度,进一步拉开了薪酬差距。

YT公司注重公平竞争,以此作为拉开薪酬差距的前提,如对科研人员实行职称聘任制,每年一聘,这样既稳定了科研人员队伍,又鼓励优秀人员脱颖而出,为企业长远发展提供源源不断的智力支持。

(资料来源:根据国家人力资源资格认证考试试题改编)

二、群体激励计划

群体激励计划包括团队奖励和全员奖励。当个人产量不容易区分时,常常要用群体激励计划取代个人激励计划。当生产效率来自于小组的共同努力时,就必须在小组中使用奖励,这样可以提高士气或鼓励某些特定行为。企业全员奖励是根据整个企业的经营效果给全体员工以奖励。全员奖励的依据是,全体员工为共同目标而努力工作将会使企业的收益增加,从而这种增长就可由大家来分享。

1. 利润分享计划

利润分享指将企业的部分利润在员工间进行分配。分配给员工的利润的百分比,一般在年底分配之前由协议来确定。利润分享计划使员工认识到自己的利益和公司的利益是一致的。这些计划通常是三个方面的结合。

(1) 利润被决定后不久,现金和当期分配计划就要向参与者提供完整的回报,通常是季度的或年度的。

(2) 延期计划将一部分当期利润归入员工的账户,当他们退休、因故致残、离职或死亡时支付。

(3) 当期和延期选择权的结合。

2. 收益分享计划

收益分享是让员工参与分享超过常规收益的那部分额外收益。收益分享的目的是力图提高员工可自由斟酌的努力程度,也就是让员工在最高可达到的努力极限和为保证不被开除所需的最低努力下限之间,尽可能主动地向上努力。

收益分享部分的派发可以按月份、季度、半年和年度进行,具体情况取决于管理理念和对工作业绩的衡量方式。额外收益的分配越频繁,员工对奖励的感受度就越高。因此,在可能的情况下,多数具有收益分享计划的企业都选择比年度分配要频繁的分配次数。全员收益分享可以采用以下四种分配方式。

(1) 所有员工获得同等数量的奖励。

(2) 所有员工按基本工薪的同一比例获得奖励。

(3) 不同类的员工按不同的比例分享额外收益。

(4) 根据分配标准,不同的表现获得不同的比例或数量。

收益分享计划包括斯坎隆计划和鲁卡尔计划两种形式。

斯坎隆计划的操作步骤:第一,确定收益增加的来源,将所有来源的收益增加额加总;第二,确定收益增加净额和可分配收益总额;第三,用可分配收益总额除以工资总额得出分配的单价,用员工个人工资额乘以单价,就可以得到该员工分享收益的总额。

鲁卡尔计划的操作步骤:第一,确定员工对价值增加的贡献率;第二,确定预期生产价值;第三,确定生产成本节约总额;第四,确定可分享的生产成本节约总额;第五,根据员工实际工资占总额的比例分享上述净值。

3. 成功分享计划

成功分享计划又称为目标分享计划,它的主要内容是运用平衡计分卡方法来为某个经营单位制定目标,然后对超越目标的情况进行衡量,并根据衡量结果对经营单位提供绩效奖励。这里的经营单位既可以是整个组织,也可以是组织内部的一个事业部、一个部门,还可以是某个员工群体。无论如何,成功分享计划的报酬支付基础是经营单位的实际工作绩效与预定绩效目标之间的比较,也就是既定绩效目标的实现情况或者绩效改善的程度。此外,成功分享计划所涉及的目标可能包括在财务绩效、质量和客户满意度、学习与成长以及流程等各种绩效方面的改善。在成功分享计划中,每一项绩效目标都是相互独立的,经营单位每超越一项绩效目标就会单独获得一份奖励,经营单位所获得的总奖励金额等于其在每一项绩效目标上所获得的奖励的总和。

成功分享计划成功的关键在于为每个经营单位确定一整套公平的目标,这种目标要求经营单位通过努力去超越它们自己在上一个绩效周期(通常是一年)内所达到的某些绩效目标。此外,成功分享计划还要让员工们理解他们是如何对组织经营目标的实现产生影响的,因此,实施该项计划会让员工也参与到目标的制定过程中来,从而使所有员工都能认可企业的绩效目标。

与其他两种群体激励计划相比,成功分享计划存在明显的区别。利润分享计划关注的是组织目标尤其是财务目标是否实现,收益分享计划关注的主要是生产力和质量指标,与直接的利润指标无关,而成功分享计划关注的绩效目标更为宽泛,所涉及的目标包括财务绩效、质量和客户满意度、学习与成长以及流程等多个方面。

第四节　员工福利

一、福利的内涵

完善的福利系统对吸引和保留员工非常重要,它也是公司人力资源系统是否健全的一个重要标志。福利项目设计得好,不仅能给员工带来方便,解除其后顾之忧,增加其对公司的忠诚度,而且可以节省在个人所得税上的支出,同时提高公司的社会声望。

(一) 福利的概念

员工福利指企业向所有员工提供的,用来创造良好工作环境和方便员工生活的间接薪酬,如退休金、健康保险、带薪假期以及其他福利项目等。

(二) 福利的功能

(1) 协助吸引优秀员工。优秀员工是组织发展的顶梁柱。以前一直认为,组织主要靠高薪酬来吸引优秀员工,现在许多企业家认识到,良好的福利有时比高薪酬更能吸引优秀员工。

（2）提高员工的士气。良好的福利使员工无后顾之忧，使员工有与组织共荣辱之感，士气必然会高涨。

（3）降低员工辞职率。员工过高的辞职率必然会使组织的工作受到一定损失，而良好的福利会使很多可能流动的员工打消辞职的念头。

（4）激励员工。良好的福利会使员工产生由衷的工作满意感，进而激发员工自觉为组织目标而奋斗的动力。

（5）凝聚员工。组织的凝聚力由许多因素组成，但良好的福利无疑是一个重要因素，因为良好的福利体现了组织的高层管理者以人为本的经营思想。

（6）提高企业经济效益。良好的福利一方面可以使员工得到更多的实惠，另一方面用在员工身上的投资会产生更多的回报。

（三）福利的影响因素

影响福利的因素有很多，但其中的主要因素有以下几个。

1. 高层管理者的经营理念

若高层管理者认为员工福利能省则省，则福利不会丰厚；反之，若高层管理者认为福利应该尽可能好，则福利就会好。

2. 政府的政策法规

国家和地区针对福利有明文规定，员工应该享受哪些福利，并认为若组织不按规定实施福利则视为犯法，但不同国家和地区的福利法规有差异。

3. 薪酬的控制

由于要交所得税，所以一般组织将薪酬控制在一定的范围内，而改用提供良好的福利来补偿员工的付出和为组织所创造的价值。

4. 竞争性

现代信息传达的迅速性和广泛性，使一个组织的员工很快知道其他许多企业的福利状况，这使组织迫于福利竞争压力而设法提供与其他组织尤其是同类组织相近的福利，否则会影响员工的积极性。

5. 工会的压力

工会是员工的代表，是员工利益的维护者，它经常为员工福利问题与企业资方谈判，资方迫于压力也为了化解或防止劳资双方的冲突，而不得不提供某些福利。

二、福利内容分类

（一）法定福利与补充福利

1. 法定福利

法定福利亦称基本福利，是指按照国家法律法规和政策规定必须发生的福利项目，其特点是只要企业建立并存在，就有义务、有责任且必须按照国家统一规定的福利项目和支付标准支付，不受企业所有制性质、经济效益和支付能力的影响。法定福利包括：

(1) 社会保险，包括生育保险、养老保险、医疗保险、工伤保险、失业保险以及疾病、伤残、遗属三种津贴。

(2) 法定节假日。

(3) 特殊情况下的薪酬支付，是指除属于社会保险如病假薪酬或疾病救济费（疾病津贴）、产假薪酬（生育津贴）之外的特殊情况下的薪酬支付，如婚丧假薪酬、探亲假薪酬。

(4) 薪酬性津贴，包括上下班交通费补贴、洗理费、书报费等。

(5) 薪酬总额外补贴项目，包括计划生育独生子女补贴、冬季取暖补贴。

2. 补充福利

补充福利是指在国家法定的基本福利之外，由企业自定的福利项目。企业补充福利项目的多少、标准的高低，在很大程度上要受到企业经济效益和支付能力的影响以及企业出于自身某种目的的考虑。常包括以下一些形式：

(1) 非工作时间薪酬：带薪的节日休息、带薪休假、个人原因的休假、病假、家庭原因的休假。

(2) 雇主购买的保险：健康保险、人寿保险、丧失劳动能力者收入替代保险。

(3) 退休收入：来自储蓄和工作的退休收入、个人退休账户、个人养老金。

(4) 雇员服务：股票所有权计划、教育培训计划、退休计划、儿童看护、老年人护理、财务服务、社会和娱乐计划。

(二) 集体福利与个人福利

1. 集体福利

集体福利主要是指全部职工可以享受的公共福利设施。例如职工集体生活设施，如职工食堂、托儿所、幼儿园等；集体文化体育设施，如图书馆、阅览室、健身室、浴池、体育场（馆）；医疗设施，如医院、医疗室等。

2. 个人福利

个人福利是指在个人具备国家及所在企业规定的条件时可以享受的福利。如探亲假、冬季取暖补贴、子女医疗补助、生活困难补助、房租补贴等。

(三) 经济性福利与非经济性福利

1. 经济性福利

(1) 住房性福利：以成本价向员工出售住房，房租补贴等。

(2) 交通性福利：为员工免费购买公共汽车月票或地铁月票，用班车接送员工上下班。

(3) 饮食性福利：免费供应午餐、慰问性的水果等。

(4) 教育培训性福利：员工的脱产进修、短期培训等。

(5) 医疗保健性福利：免费为员工进行例行体检，或者打预防针等。

(6) 有薪节假：节日、假日以及事假、探亲假、带薪休假等。

(7) 文化旅游性福利：为员工过生日而举办的活动，集体的旅游，体育设施的购置等。

(8) 金融性福利：为员工购买住房提供的低息贷款等。

(9) 其他生活性福利：直接提供的工作服等。

（10）企业补充保险与商业保险。补充保险包括补充养老保险、补充医疗保险等。商业保险包括：安全与健康保险，包括人寿保险、意外死亡与肢体残伤保险、医疗保险、病假职业病疗养、特殊工作津贴等；养老保险金计划；家庭财产保险等。

2. 非经济性福利

企业提供的非经济性福利，基本的目的在于全面改善员工的"工作生活质量"。这类福利形式包括以下几项。

（1）咨询性服务：比如免费提供法律咨询和员工心理健康咨询等。

（2）保护性服务：平等就业权利保护（反性别、年龄歧视等）、隐私权保护等。

（3）工作环境保护：比如实行弹性工作时间，缩短工作时间，员工参与民主化管理等。

三、弹性福利计划

（一）弹性福利计划的含义

弹性福利计划有时也称为"自助餐"计划，即根据员工的特点和具体需求，列出一些福利项目，并规定一定的福利总值，让员工自由选择，各取所需。这种方式区别于传统的整齐划一的福利计划，具有很强的灵活性。由于劳动力构成不断变化且越来越呈多样性，弹性福利计划正越来越有市场。

（二）弹性福利计划的设计原则

1. 战略导向原则

传统的福利项目往往是普惠的，福利基本属于保健因素，它只可以消除员工的不满，却不能带来更大的激励作用。弹性福利某种程度增加了福利的激励性，福利项目的设计和方案的实施范围要与组织的战略发展目标相结合，以保证企业战略发展目标的实现。

2. 成本控制原则

在现代企业中，福利在薪酬总额中的比例越来越大，企业要满足员工对多元化福利的需求，同时也要对福利成本进行合理的控制，应有切实可行的成本预算，在可接受的成本支出情况下，尽可能为员工提供高品质的福利项目。

3. 系统性设计原则

弹性福利设计不仅要考虑不同福利项目的匹配，更要注意福利导向与直接报酬激励的一致性，弹性福利设计时要考虑福利总额与企业整体绩效相结合，尽量实现有限的成本和效益最大化。

4. 遵纪守法原则

设立福利项目必须符合国家相关法律对于福利金提取使用等要求，按照国家规定比例走税前列支，非税前列支福利项目需要将其纳入员工个人收入中。

5. 动态调整原则

弹性福利不是一成不变的，员工的需求在不同时期往往有着显著的差异，必须及时根据新的情况做出相应的调整，维持短、中、长期结合的福利体系的平衡，保持一定的弹性和自由度，建立动态纠偏制度，以适应员工需求。

(三) 弹性福利计划的种类

1. 附加福利计划

附加福利计划是在不降低原有薪酬和福利水平的基础上，提供给员工一张特殊的信用卡，员工可根据自己的需要自行购买福利项目，但不能提取现金。发给员工的信用卡的金钱额度取决于员工的任职年限、绩效水平等。

2. 混合匹配福利计划

实施混合匹配福利计划时，员工可以按照自己的意愿在企业提供的福利领域内决定每种福利的多少，但是总福利水平不变，该种福利计划使员工有更多的选择福利的权利。

3. 核心福利项目计划

核心福利项目计划是指为员工提供包括五险一金、健康保险以及其他一系列企业认为所有员工都必须拥有的福利项目的福利组合。企业会将所有这些福利项目的水平都降低到各项标准要求的最低水平上，然后让员工根据自己的爱好和需要选择其他福利项目，或者增加某种核心福利项目的保障水平。

4. 标准福利计划

标准福利计划是指员工面对着多种不同的福利组合，可以在这些组合之间自由进行选择，但是没有权利来自行构建自己认为合适的福利项目组合。每一种福利组合之间是有差异的，可以是福利项目的构成不同或者是相同的福利项目但水平存在差异。

四、福利的规划与管理

由于企业拥有如此多种多样的福利，而政府对此又制定了大量的规定，因此不难理解，为什么企业一般必须从事各种协调工作来管理福利计划。

(一) 建立福利制度需要注意的问题

1. 员工福利的增加要和企业的盈利能力相适应

福利具有高刚性的特点，一旦上去就很难削减下来。所以，企业对员工增加福利问题必须慎重。企业规模越大，员工福利的管理就越重要。员工福利管理不当，常会导致企业陷入财务困境。

2. 福利计划要考虑员工的福利偏好

企业的福利结构如果设计得不好，则会事倍功半，出现花钱多而效果差的现象。同样的福利预算对于企业来说成本都是一样的，但不同的组合对于员工来说效果却大不相同。员工的需要只有他们自己清楚，所以在福利计划中实行民主制度可以提高资金的利用效率。

3. 要使员工了解组织福利制度和有关计划

员工通常对他们从企业所获福利的价值和成本知之不多，为此，许多企业建立了专门的福利信息发布制度，以使员工了解他们所获福利的价值和成本。通常所采取的有关措施包括：在迎新介绍时向新员工阐述福利计划、举行定期的会议、设计专门的宣传品、利用企业内的出版物传递有关福利的信息等。这些措施都可增进员工对各种福利的了解。

(二) 福利规划

首先,企业要根据内外部调查的结果和企业的自身状况,确定出需要提供的福利项目。规划员工福利应考虑企业的经营战略、企业的规模、所处的地区环境、盈利能力及行业竞争对手的情况等,既要考虑员工的眼前需要与长期需要,还要调动大部分员工的积极性,吸引优秀人才,并将其成本控制在企业可能承担的范围之内。

其次,对福利成本进行预算。通过了解其他企业所提供的福利种类和福利水平,企业可以核算自己达到什么福利水平才算合理,结合员工偏好,计算本企业的福利成本,同样要做到对外具有竞争力,对内具有吸引力。

再次,确定福利的保障对象。为了降低福利成本,企业不必向所有员工提供一样的福利,可以根据工龄、员工对企业的贡献、是否是在职以及每周的工作时间等标准来加以区别对待。

最后,要制订出详细的福利实施计划,如福利产品的购买、发放时间,购买的程序、管理制度等。

(三) 企业福利管理内容

1. 明确实施福利的目标

一般的福利管理目标包括以下内容:符合国家与地方的法律政策;使福利管理的成本最小化,符合企业长远发展的目标;有较强的竞争力;考虑员工的眼前需求和长远需求,能激励大部分员工等。

2. 福利的成本核算

成本是影响到福利效果和效益的重要方面,所以福利管理者必须花时间与精力做福利的成本核算。福利的成本核算主要内容包括:计算公司可能支出的最高福利总费用;与外部竞争对手福利相比,在保证本企业福利竞争优势的前提下,尽量减少福利支出;做主要福利项目的预算;确定每一位员工福利项目的成本;制订相应的福利项目成本计划;尽可能在满足福利目标的前提下降低成本。

3. 福利调查

福利调查主要涉及以下三种调查:福利项目制定前的调查,主要了解员工对某一福利项目的态度、看法与需求;员工年度福利调查,主要了解员工在一个财政年度内享受的福利项目、数额和满意度;福利反馈调查,主要调查员工对某一福利项目实施的反应如何,是否需要进一步改进,或是否要取消。

4. 福利沟通

通过调查了解员工的需要,将企业制定的福利项目及时与员工进行沟通,使企业福利支出的每一分钱都用在刀刃上,福利的效益才能体现出来。福利沟通的主要方法有:问卷法、面谈法了解员工的福利需求;公布并介绍一些福利项目让员工自己挑选;收集员工对各种福利项目的反馈。

5. 评价福利措施的实施效果

实施过程中应注意的是,根据目标去实施,按照各个福利项目的计划有步骤实施,定期检查实施情况。

小　结

1. 广义薪酬可定义为企业依据员工对企业所做的贡献所付给的相应的回报,包括直接经济性报酬、间接经济性报酬和非经济性报酬。狭义薪酬指的是其中的经济性报酬。狭义薪酬一般包括基本薪酬、奖金、福利等。总的来说,薪酬管理的目的是能吸引来、保留住和激励起企业所需的人力资源。薪酬的运作模式有高弹模式、高稳定模式和折中模式。

2. 基于职位的薪酬体系是以员工在生产经营工作中的职位为基础确定薪酬等级和薪酬标准,进行薪酬发放的薪酬体系。技能薪酬体系是一种以员工的技术和能力为基础的薪酬体系。

3. 激励薪酬旨在将员工报酬与产出挂钩,它是对员工超过常规期望的工作表现的一种鼓励性报酬。个人激励计划旨在将个人努力与其收入联系起来。实施个人激励计划能够有效提高员工工作积极性。群体激励计划包括团队奖励和全员奖励。当个人产量不容易区分时,常常要用群体激励计划取代个人激励计划。

4. 员工福利指企业向所有员工提供的,用来创造良好工作环境和方便员工生活的间接薪酬,如退休金、健康保险、带薪假期以及其他等。法定福利亦称基本福利,是指按照国家法律法规和政策规定必须发生的福利项目,其特点是只要企业建立并存在,就有义务、有责任且必须按照国家统一规定的福利项目和支付标准支付,不受企业所有制性质、经济效益和支付能力的影响。补充福利是指在国家法定的基本福利之外,由企业自定的福利项目。

复习思考题

1. 薪酬的构成有哪几部分,各具有什么作用?
2. 简述薪酬管理的原则。
3. 职位薪酬体系的设计过程。
4. 技能薪酬体系的设计过程。
5. 简述个人激励计划和群体激励计划包括哪些内容。
6. 分析员工福利的基本结构。

案例讨论

早晨 8:00,一上班,康赛普管理顾问公司的陈顾问打开公司的邮箱,就发现了中科公司主管市场营销的张经理刚发来的一封电子邮件,邮件的内容大致意思是:

中科公司今天上午 10:00 准备对最近完成的一项技术革新工作进行适当的物质奖励,由张经理全权负责,只是在奖金分配上不知怎样分配更加合理……

事情的经过是这样的,中科公司最近对自主研发的一台室内工业仪表进行了外观上的改进,以保证野外现场恶劣环境下数据采集工作的正常进行。为此,公司对仪表的外观设计工作采取了招标的方式,即在公司内部张榜招标,择优录取。张经理根据自己多年的工作经验和心得也设计了一个方案参加了此次招标工作,同时参加投标的还有技术部和生产部的五个工程师。

经过公司内部各部门专家组成的招标小组几个回合的筛选,招标小组一致认为:张经理设计的方案外观新颖,与国外的同类产品相比不分伯仲;功能齐全,完全可以在野外现场恶劣的环境下正常工作;可操作性强,且制造工艺简单可行,易于大批量生产。最终该方案一举中标。接下来,公司指派张经理、技术部的李工和生产部的杨工组成了技术革新小组对仪表进行了改进。李工的工作主要是将原来仪表的线路板重新布线、调试后装入新的仪表外型中;杨工的工作主要是生产这个新的仪表外型,杨工和张经理经过讨论,在生产中还调整了原方案中设计不妥的地方,使之更加合理。果然新改进的仪表在工业现场测试中得到用户的一致好评,为公司创造了一定的经济效益。

为此,公司出资两万元,奖励此次产品革新工作中有贡献的三位员工,并指定由张经理统一发放。

这一下,可让张经理挠了头——

张经理的第一反应是自己拿10 000元,李工和杨工各拿5 000元。因为是自己设计的方案一举中标嘛,再说公司发奖金的目的主要也是鼓励创新!其他两位工程师只是做了分内的工作,拿少点也算说得过去。可转念又一想,奖金自己多分点少分点倒是没什么,关键是如何让其他两位工程师也觉得奖金分配得公平合理呢?

(资料来源:中国人力资源开发网)

讨论:

1. 请就案例中奖金分配问题提出意见和建议。
2. 根据以上案例,分析在实际工作中绩效奖励应坚持什么原则。

第九章　劳动关系管理

【学习目的与要求】

1. 掌握劳动关系的含义和劳动关系管理的概念、原则和目的。
2. 掌握劳动合同的含义、特征以及订立、履行、变更与终止的主要内容。
3. 掌握劳动争议处理的原则、方式和程序。
4. 熟悉劳动关系管理相关法律法规。

【教学重点与难点】

1. 劳动合同的订立、履行、变更与终止。
2. 劳动争议的调解、仲裁、申诉的主要内容。

【引导案例】

核心员工辞退难题

中外合资的兴达空调公司，是集制造、销售和服务为一体的合资企业。身为兴达公司高级管理人员的外籍总经理希尔先生，最近正全身心投入到公司刚研制成功的产品——兴达3615空调的试销工作。

市场部经理李平年轻有为，自前年被兴达公司聘用后，感到自己有了施展才能的机会，曾在打开公司品牌2516系列空调的全国市场网络销售中出了不少力，工作正干得得心应手。也许是在外联系工作较多，加之交通不便，公司总部召开的各种会议小李常派人出席，即使自己去也常迟到，人事部经理曾在与他个别交谈时，把这提到纪律松懈的高度，他也没放在心上。近日来，李经理从市场情况反馈中获悉，新产品3615空调的销路很不顺利，库存也居高不下，要打开销路有不少困难。

这天在外籍总经理希尔亲自主持的部门经理研讨新产品销售策略的例会时，李平又迟到了，这次正撞在枪口上。"怎么你又迟到了？"希尔先生看到正准备入座的李平，大声地问道。"堵车，我急也飞不到这儿。"小李不在乎地解释着。也许是联想到市场部在新产品的推销工作中不卖力，希尔先生终于发火了，他指责李平应负推销不力的责任，血气方刚的李平为自己辩解而顶撞了希尔先生。"你不愿意干就走！"当希尔先生大声地说出免职的决定时，会场上一片愕然和默然，李平顿时离座，拂袖而去。他离开会场，回到市场部，召集起部门全体业务员开会，讲了因迟到和外籍总经理发生争执以致被免职的事情经过。也许是出于共事的友情，也许是被外籍总经理炒鱿鱼激起的义愤，副经理当即起草了一份抗议书,部门 30 多个员工全体签上自己的姓名,要求总经理立即收回对李平的免职决定,不然全体辞职,同时把这份由市场部全体成员签名的抗议贴到了兴达公司办公楼的墙上。

希尔当即给公司工会主席老周打了电话,要工会出面解决此事。而市场部员工代表也找到老周,要求工会帮职工讲话,维护职工利益,不能让外籍总经理随意开除员工,而且要求与之对话。

面对事态的发展和变化,工会主席老周感到不能激化和扩大矛盾,但要解决和处理这场外籍总经理和中方部门经理之间的纠纷,则是公司工会义不容辞的责任。事情是由迟到引起的,但实际上的原因并没这么简单。外籍总经理在会议上当场拍板宣布了对部门经理做出的免职处理,他会因员工的抗议放弃和更改自己的决定吗?李平不能为新产品打开市场,该不该免职?他到部门扩大事态,以致部门全体员工签名抗议,又在上班时间到公司贴抗议书,要求总经理出面对话,这在中外合资企业行得通吗?

(资料来源:《人力资源案例分析》,百度文库)

第一节 劳动关系管理概述

一、劳动与劳动关系

(一)劳动的概念

劳动是一切财富的源泉。劳动的含义一般从两个方面来理解:一是劳动的物质规定性,它强调的是劳动者和自然界的关系,指人们在物质生产过程中,使用劳动力,运用劳动资料,改变劳动对象,创造使用价值以满足人们需要的有意识、有目的的活动;二是劳动的社会规定性,它是指人们在创造物质财富过程中会结成一定的社会关系,它强调的是人与人之间的关系,突出劳动的社会性质。正是由于劳动所具有的社会规定性才决定了劳动关系的存在与内涵。

(二)劳动关系的概念

劳动关系是指劳动者与所在单位之间在劳动过程中发生的,企业所有者、经营者、普通职工及其工会组织之间在企业的生产经营活动中形成的各种责、权、利关系。劳动关系不仅是人力资源管理中的一个概念,同时也是一个法律概念,具有明确的法律内涵。在我国,直接调整劳动关系的两部重要法律是《中华人民共和国劳动法》(以下简称《劳动法》)和《中华人民共和国劳动合同法》(以下简称《劳动合同法》)。它们调整劳动关系以及与劳动关系密切联系的其他法律关系,其作用是从法律角度确立和规范劳动关系。在法律意义上,《劳动法》对劳动关系做了明确的界定:劳动关系不是泛指一切劳动者在社会劳动时形成的所有劳动关系,而仅指劳动者与其所在单位之间在劳动过程中所发生的关系。

(三) 劳动关系的基本内容

劳动关系的基本内容包括:劳动者与用人单位之间在工作时间、休息时间、劳动报酬、劳动安全卫生、劳动纪律与奖罚、社会保障、职业培训等方面形成的关系。此外,与劳动关系密不可分的关系,还包括劳动管理部门与用人单位、劳动者在劳动就业、劳动争议和社会保险等方面的关系,工会与用人单位、职工之间履行工会的职责和职权,代表和维护职工合法权益而发生的关系等。

二、劳动关系管理

(一) 劳动关系管理的概念

劳动关系管理是指以促进组织经营活动的正常开展为前提,以缓和、协调组织劳动关系的冲突为基础,通过规范化、制度化的管理,使劳动关系双方(企业和员工)的行为得到规范,权益得到保障,维护稳定和谐的劳动关系,促使企业经营稳定运行。

劳动关系管理的基本领域主要有两个方面:一是促进劳动关系的合作,二是缓和、解决劳动关系的冲突。具体来说,劳动关系管理的对象主要包括五个方面:员工的罢工、怠工和抵制等;因用人单位关闭工厂、处分和排斥员工而引发的劳动关系问题;员工参与管理;双方协议制度;集体谈判制度。前两个方面属于劳动关系冲突的范畴,后三个方面属于劳动关系合作的范畴。

(二) 劳动关系管理的基本原则和目的

劳动关系管理的基本原则有兼顾各方利益原则、协商解决争议原则、以法律为准绳原则、劳动争议以预防为主原则。

劳动关系管理的目的是缓和、调解、消除企业劳动关系的矛盾和冲突,在劳动者和用人单位之间建立起合作的关系,保证企业经营活动的正常进行,保障劳动者的基本权益,实现双方的共赢。

第二节 劳动合同管理

一、劳动合同的概念

劳动合同制度是市场经济条件下确认和形成劳动关系的基本制度。在市场经济条件下,劳动关系是通过双向选择签订劳动合同得以确定和形成的,劳动合同是劳动关系的核心,也是企业人力资源管理的重要手段和工具。熟悉劳动合同的订立、履行、变更与终止的基本程序,了解相关的法律法规,正确处理劳动合同的有关事宜,是做好人力资源管理工作的关键。

劳动合同是劳动者和用人单位之间关于订立、履行、变更、解除或者终止劳动权利义务关系的协议。劳动合同法是规范劳动关系的一部重要法律,重在保护劳动者的合法权益,自 2008 年 1 月 1 日起施行的《劳动合同法》是我国第一部较完整的调整劳动合同关系的法律。劳动合同制度是我国基本的劳动制度,劳动合同关系是劳动法律关系最主要的形式。

二、劳动合同的特征

劳动合同除具有合同的一般特征之外,还有其自身的基本特征。

(1) 劳动合同的主体是特定的。必须一方是用人单位,另一方是劳动者,都具有法律的特定性。用人单位是依法具有使用劳动力的权利能力和行为能力的企业、事业组织,国家机关,个体经济组织,社会团体等。劳动者是依法具有劳动权利能力和劳动行为能力的自然人。

(2) 劳动合同是确立劳动关系的法律凭证,具有较强的法定性。劳动合同一经订立,就成为规范双方当事人劳动权利和义务的法律依据。任何一方违反劳动合同,都有可能受到法律的约束和制裁。

(3) 劳动合同主体意志具有一定的限制性。劳动合同的建立除需经双方当事人平等、自愿、协商达成一致意见外,还受国家干预的影响,包括劳动合同的内容、形式、期限和订立、履行、变更、终止、解除的原则和程序等多个方面。国家通过干预对用人单位施加限制,对劳动者及其供养的直系亲属予以救济,使"劳动合同具有以国家意志为主导、当事人意志为主体的特征"。

(4) 劳动合同的内容主要以劳动法律、法规为依据。劳动权利和义务具有统一性和对应性。任何一方行使权利都必须以履行义务为前提,且双方的权利义务必须是对等的。

三、劳动合同的订立

根据《劳动合同法》的规定,劳动合同的订立是指劳动者和用人单位双方就各自的权利义务协商一致而签订的对双方具有约束力的,并以书面形式明确双方责任、义务以及权利的法律行为。

建立劳动关系,应当订立书面劳动合同。已建立劳动关系,未同时订立书面劳动合同的,应当自用工之日起 1 个月内订立书面劳动合同。用人单位与劳动者在用工前订立劳动合同的,劳动关系自用工之时起建立。用人单位自用工之日起超过 1 个月不满 1 年未与劳动者订立书面劳动合同的,自第 2 个月起应当向劳动者每月支付两倍的工资。非全日制用工可以不订立书面劳动合同,非全日制用工双方当事人可以订立口头协议并建立劳动关系。

(一) 订立劳动合同的原则

订立劳动合同,应当遵循合法、公平、平等自愿、协商一致、诚实信用的原则。

（二）劳动合同的内容

劳动合同的内容包括法定条款与约定条款。法定必备条款主要是：劳动合同当事人、劳动合同期限、工作内容和工作地点、工作时间和休息休假、劳动报酬、社会保险、劳动保护、劳动条件和职业危害防护。协商约定条款指双方根据具体情况协商约定的权利、义务条款，没有协商约定的条款不影响合同的成立。约定条款主要有试用期、培训、保守秘密、补充保险和福利待遇及服务期和竞业限制。

四、劳动合同的履行

劳动合同的履行是指劳动合同订立后，劳动者和用人单位双方按照合同条款的要求，共同实现劳动过程和相互履行权利和义务的行为过程。劳动合同的履行应当遵循以下原则。

1. 实际履行原则

实际履行原则是指双方当事人要按照合同规定的标的履行自己的义务和实现自己的权利，不得以其他标的和方式来代替。这主要表现为两个方面。

（1）一方当事人即使违约，也不能以罚金或赔偿损失来代替合同标的的履行，除非违约方对合同标的的履行对另一方当事人已无实际意义。

（2）一方当事人不履行合同时，另一方当事人有权请求法院或仲裁机构强制或敦促其履行。

实际履行原则要求劳动者一方要给管理者提供一定数量或质量的劳动，以保证企业生产经营活动的正常开展；管理者一方要为劳动者支付必要的劳动报酬和提供必要的劳动条件等，以保障劳动者正常的生活和工作的需要。

2. 亲自履行原则

亲自履行原则是指双方当事人要以自己的行为履行合同规定的义务和实现合同规定的权利，不得由他人代为履行。

3. 正确履行原则

正确履行原则要求当事人履行合同既要实际履行又要亲自履行，同时还要全面履行。这一原则是指当事人要按照合同规定的内容原原本本地全面履行，不得打折扣，不得改变合同的任何内容和条款。

4. 协作履行原则

这一原则是根据劳动合同客体——劳动行为的特征提出的，劳动行为是指运用劳动力实现劳动过程中发生的行为，只有当事人双方协作才能完成任务。协作履行原则是指双方当事人在合同履行过程中要发扬协作精神，要互相帮助，共同完成合同规定的义务，共同实现合同规定的权利。协作履行原则大体包括以下几个方面的内容。

（1）任何一方都要保证自己能够实际、亲自、全面、正确地履行合同的内容和条款。任何一方完成自己的任务，都为合同的履行打下了良好的基础，也是协作的前提条件。

（2）在合同履行过程中，双方当事人要互相关心，并进行必要的相互检查和监督；遇到问题，双方都要寻找解决问题的办法，提出合理化建议。

(3) 合同没有得到正确的履行或发生不适当履行时,任何一方违约,另一方都要帮助其尽量纠正。若劳动者违约,管理者要立足于说服教育,帮助其纠正;若管理者违约,劳动者也要及时反映问题,并协助其纠正。

五、劳动合同的变更

劳动合同的变更是指对依法订立而尚未履行或完全履行的劳动合同,因主客观情况发生,说服当事人依法协商一致,进行修订、补充劳动合同的行为。劳动合同未变更的部分继续有效。

劳动合同的变更主要反映在四个方面:一是生产或者工作任务的增加或减少,二是劳动合同期限的延长或缩短,三是劳动者工种或职务的变化或变动,四是对劳动者支付的劳动报酬的增加或减少。

劳动合同的变更仅限于条款内容的变更,不包括合同当事人的变更。劳动合同变更的程序一般分为三个步骤。

(1) 一方及时提出变更合同的要求。
(2) 对方按期做出答复。
(3) 双方达成书面协议。

变更劳动合同应当由双方协商,达成一致意见后,在劳动合同书中"劳动合同变更记录"栏内填写有关变更内容。变更后的劳动合同应到劳动争议仲裁机构签证。

六、劳动合同的终止

劳动合同的终止,指劳动合同的法律效力因一定法律事实而归于无效。劳动合同终止的事由主要有:劳动合同期满,劳动者被除名、开除、劳动教养或判刑,劳动者完全丧失劳动力或死亡,劳动者退休,用人单位主体消灭,双方约定的终止条件出现或合同目的已实现,法律规定的其他情形。

但当法律规定的特殊情形出现时,一些劳动合同到期也不能终止,而应依法顺延一定期限或长期顺延,主要情形有:劳动者患病或负伤并在规定的医疗期内,劳动者因工丧失部分劳动能力,女员工在孕期、产期、哺乳期内。劳动合同终止后,合同双方当事人仍负有一定的后续义务。其中,用人单位的主要义务是给劳动者出具劳动合同的证明书,作为劳动者享受失业保险待遇的失业登记、求职凭证,并在7日内报失业保险经办机构备案。用人单位是国有企业的,还应给劳动者按每工作1年支付1个月工资的标准给予生活补助,但最多不超过12个月。劳动者的主要义务是继续为用人单位保守商业秘密。

第三节 劳动争议与处理

一、劳动争议处理概述

（一）劳动争议的概念

劳动争议亦称劳动纠纷，是指劳动关系双方当事人之间因劳动权利和劳动义务的认定与实现所发生的纠纷。劳动争议实质上是劳动关系当事人之间利益矛盾、利益冲突的表现。

（二）劳动争议的分类

按照不同的标准，可将劳动争议做如下的分类。

1. 按照劳动争议的主体划分

（1）个别争议。劳动者一方的争议当事人人数未达到集体争议当事人人数的法定要求。

（2）集体争议。职工一方当事人人数为10人以上，有共同争议理由的。

（3）团体争议。工会与用人单位因签订或履行集体合同发生的争议。

2. 按照劳动争议的性质划分

（1）权利争议，又称既定权利争议，指劳动关系当事人基于劳动法律、法规的规定或集体合同、劳动合同约定的权利与义务所发生的争议。在当事人权利、义务既定的情况下，只要当事人双方都按照法律或合同的规定或约定行使权利、履行义务，一般不会发生争议；若当事人不按照规定行为，侵犯另一方既定权利，或者当事人对如何行使权利、义务理解上存在分歧，争议就会发生。

（2）利益争议，指当事人因主张有待确定的权利和义务所发生的争议。在劳动关系当事人的权利、义务尚未确定的情况下，双方对权利、义务有不同的主张，即就当事人的利益未来如何分配而发生争议。显然，只有在存在劳动关系的情况下，才会发生此类争议。它通常表现为签订、变更集体合同所发生的争议。

3. 按照劳动争议的标的划分

（1）劳动合同争议。解除、终止劳动合同而发生的争议。因开除、除名、辞职等对适用条件的不同理解与实施而发生的争议。

（2）关于劳动安全卫生、工作时间、休息休假、保险福利而发生的争议。

（3）关于劳动报酬、培训、奖惩等因适用条件的不同理解与实施而发生的争议等。

（三）劳动争议处理的原则

劳动争议处理的原则是劳动争议处理机构在处理劳动争议时必须遵循的基本准则，贯穿劳动争议处理的全过程，即劳动争议的调解程序、仲裁程序都要遵循。但是在不同的劳动争议处理程序中,每道程序都有反映该程序特点的具体原则。具体原则的落实,保障了总体原则在劳动争议处理全过程中的实现。劳动争议处理原则的内容如下:

1. 着重调解及时处理的原则

劳动争议的调解贯穿于劳动争议处理的各个程序,企业劳动争议处理工作程序的全过程都属于调解,其他处理程序也都必须坚持先行调解,调解不成时才能进行裁决或判决。及时处理强调各道处理程序的时间限制:受理、调解、仲裁、判决、结案都应在法律、法规规定的时限内完成,及时保护当事人的合法权益,防止矛盾激化。

2. 在查清事实的基础上依法处理的原则

此项原则就是合法原则,劳动争议处理机构处理劳动争议的所有活动和决定都要以事实为根据,以法律为准绳。

3. 当事人在适用法律上一律平等的原则

此项原则就是公正原则,劳动争议处理机构在处理劳动争议时必须保证争议双方当事人处于平等的法律地位,具有平等的权利、义务,不得偏袒任何一方。

(四)劳动争议处理的四种方式

(1)根据我国劳动立法的有关规定,当发生劳动争议时,争议双方应协商解决。

(2)不愿协商或协商不成,当事人可以向具有劳动争议调解职能的组织申请调解。

(3)调解不成或不愿调解,当事人申请劳动争议仲裁机构仲裁。

(4)当事人一方或双方不服仲裁裁定,则申诉到人民法院,由人民法院依法审理并做出最终判决。

二、劳动争议处理的程序

(一)协商

协商是劳动争议双方当事人采取自治的方法解决纠纷。双方在自愿的基础上进行协商,达成协议,解决纠纷。这是最佳的解决劳动争议的途径,当事人双方都可以很方便快捷地解决争议,既节约时间成本又有利于双方之间的团结,不至于将关系搞得太僵。

(二)调解委员会调解

调解是以第三方介入的方式解决纠纷。当劳动争议双方当事人不愿意自行协商或者达不成协议的,可自愿向第三方——企业劳动争议调解委员会,基层人民调解组织,乡镇、街道设立的具有劳动争议调解职能的组织申请调解。

通过调解的形式处理劳动争议应按以下程序进行。

1. 申请和受理

当事人申请劳动争议调解可以书面申请,也可以口头申请。口头申请的,调解组织应当当场记录申请人基本情况,申请调解的争议事项、理由和时间。

2. 调查和调解

调解劳动争议,应当充分听取双方当事人对事实和理由的陈述,耐心疏导,帮助其达成协议。经调解达成协议的,应当制作调解协议书。调解协议书由双方当事人签名或者盖章,经调解员签名并加盖调解组织印章后生效,对双方当事人具有约束力,当事人应当履行。

自劳动争议调解组织收到调解申请之日起15日内未达成调解协议的,当事人可以依法申请仲裁。达成调解协议后,一方当事人在协议约定期限内不履行调解协议的,另一方当事人可以依法申请仲裁。因支付拖欠劳动报酬、工伤医疗费、经济补偿或者赔偿金事项达成调解协议,用人单位在协议约定期限内不履行的,劳动者可以持调解协议书依法向人民法院申请支付令,人民法院应当依法发出支付令。

(三) 劳动争议仲裁

劳动争议仲裁是指劳动争议仲裁委员会对用人单位与劳动者之间发生的劳动争议,在查明事实、明确是非、分清责任的情况下,依法做出裁决的活动。劳动争议仲裁委员会由劳动行政部门代表、工会代表和企业方面代表组成。劳动争议仲裁委员会的组成人员应当是单数。

劳动争议仲裁应按以下程序进行。

1. 申请和受理

《中华人民共和国劳动争议调节仲裁法》(以下简称《劳动争议调节仲裁法》)规定,劳动争议申请仲裁的时效期间为1年。申请仲裁时效期间从当事人知道或者应当知道其权利被侵害之日起计算,因当事人一方向对方当事人主张权利,或者向有关部门请求权利救济,或者对方当事人同意履行义务而中断。从中断时起,仲裁时效期间重新计算。因不可抗力或者有其他正当理由,当事人不能在仲裁时效期间申请仲裁的,仲裁时效中止。从中止时效的原因消除之日起,仲裁时效期间继续计算。

劳动关系存续期间因拖欠劳动报酬发生争议的,劳动者申请仲裁不受本条申诉时效期间的限制;但是,劳动关系终止的,应当自劳动关系终止之日起1年内提出。

申请人申请仲裁应当提交书面仲裁申请,仲裁申请书应当载明下列事项:劳动者的姓名、性别、年龄、职业、工作单位和住所,用人单位的名称、地址和法定代表人或者主要负责人的姓名、职务;仲裁请求和所根据的事实、理由;证据和证据来源,证人姓名和住所。书写仲裁申请确有困难的,可以口头申请,由劳动争议仲裁委员会记入笔录,并告知对方当事人。

劳动争议仲裁委员会收到仲裁申请之日起5日内,认为符合受理条件的,应当受理并通知申请人;认为不符合受理条件的,应当书面通知申请人不予受理,并说明理由。对劳动争议仲裁委员会不予受理或者逾期未做出决定的,申请人可以就该劳动争议事项向人民法院提起诉讼。

劳动争议仲裁委员会受理仲裁申请后,应当在5日内将仲裁申请书副本送达被申请人。被申请人收到仲裁申请书副本后,应当在10日内向劳动争议仲裁委员会提交答辩书。劳动争议仲裁委员会收到答辩书后,应当在5日内将答辩书副本送达申请人。被申请人未提交答辩书的,不影响仲裁程序的进行。

2. 案件仲裁准备

劳动争议仲裁委员会裁决劳动争议案件实行仲裁庭制。仲裁庭由3名仲裁员组成,设首席仲裁员。简单劳动争议案件可以由1名仲裁员独任仲裁。劳动争议仲裁委员会应当在受理仲裁申请之日起 5 日内将仲裁庭的组成情况书面通知当事人。仲裁庭应当在开庭 5 日前,将开庭日期、地点书面通知双方当事人。当事人有正当理由的,可以在开庭 3 日前请求延期开庭。是否延期,由劳动争议仲裁委员会决定。

3. 开庭审理和裁决

开庭审理和裁决应按照以下步骤进行:送达开庭通知,开庭审理,申诉人和被诉人答辩,当庭再行调解,休庭合议并做出裁决,复庭并宣布仲裁裁决。

申请人收到书面通知;无正当理由拒不到庭或者未经仲裁庭同意中途退庭的,可以视为撤回仲裁申请。被申请人收到书面通知,无正当理由拒不到庭或者未经仲裁庭同意中途退庭的,可以缺席裁决。

当事人在仲裁过程中有权进行质证和辩论。质证和辩论终结时,首席仲裁员或者独任仲裁员应当征询当事人的最后意见。

当事人申请劳动争议仲裁后,可以自行和解。达成和解协议的,可以撤回仲裁申请。仲裁庭在做出裁决前,应当先行调解。调解达成协议的,仲裁庭应当制作调解书。调解书应当写明仲裁请求和当事人协议的结果。调解书由仲裁员签名,加盖劳动争议仲裁委员会印章,送达双方当事人。调解书经双方当事人签收后,发生法律效力。调解不成或者调解书送达前,一方当事人反悔的,仲裁庭应当及时做出裁决。

劳动争议的仲裁时效为 45 日,即仲裁裁决应在收到仲裁申请的 45 日内做出;案情复杂需要延期的,经仲裁委员会批准可以适当延期,但延期不得超过 15 日。劳动争议仲裁不收费,经费由财政予以保障。逾期未做出仲裁裁决的,当事人可以就该劳动争议事项向人民法院提起诉讼。

4. 仲裁文书的送达

仲裁调解书一经送达当事人且当事人不反悔的,即发生法律效力;仲裁裁决书自双方当事人收到之日起的 15 日内不向人民法院起诉的,即发生法律效力。仲裁文书的送达方式为直接送达、留置送达、委托送达、邮寄送达、公告送达。

部分案件实行有条件的"一裁终局"制度。即对因追索劳动报酬、工伤医疗费、经济补偿或赔偿金不超过当地月最低工资标准 12 个月金额的争议,以及因执行国家劳动标准在工作时间、休息休假、社会保险等方面发生争议等案件的裁决,在劳动者在法定期限内不向法院提起诉讼,用人单位向法院提起撤销仲裁裁决的申请被驳回的情况下,仲裁裁决为终局裁决,裁决书自做出之日起发生法律效力。

(四) 法院诉讼

诉讼解决是指劳动争议当事人不服劳动争议仲裁委员会的裁决,在规定的期限内向人民法院起诉,人民法院依照民事诉讼程序,依法对劳动争议案件进行审理的活动。劳动争议法律诉讼一般由起诉与受理、调查取证、调解、开庭审理和判决执行五个阶段组成。

当事人对仲裁裁决不服的,可以自收到仲裁裁决书之日起 15 日内向有管辖权的人民法院提起诉讼。人民法院根据《中华人民共和国民事诉讼法》的有关规定,受理和审理劳动争议案件。人民法院审理案件遵循权利同等原则、以事实为依据原则、以法律为准绳原则、独立行使审判权原则、调解原则和回避原则。人民法院适用普通程序审理的案件,应当在立案之日起 6 个月内审结。有特殊情况需要延长的,由本院院长批准,可以延长 6 个月;还需要延长的,报请上级人民法院批准。人民法院适用简易程序审理的案件,应当在立案之日起 3 个月内审结。人民法院实行两审终审制。当事人对人民法院一审裁决不服的,可以依法提起上诉,二审法院应当在第二审立案之日起 3 个月内审结。二审判决是生效判决,当事人必须执行。

此外,劳动争议的诉讼还包括当事人一方不履行劳动仲裁委员会已经发生法律效力的裁决书或调解书,另一方当事人申请人民法院强制执行的活动。劳动争议诉讼是处理劳动争议的最终程序,它通过司法程序保证了劳动争议的最终彻底解决。

由人民法院参与处理劳动争议,从根本上将劳动争议处理工作纳入了法律轨道,有利于保障当事人的诉讼权,有助于监督仲裁委员会的裁决,有利于生效的调解协议、仲裁裁决和法院判决的执行。

三、集体劳动争议

集体劳动争议是指有共同理由,劳动者一方当事人在 10 人以上的劳动争议。劳动者一方当事人在 30 人以上的集体劳动争议,根据国家劳动法律、法规的规定适用劳动争议处理的特别程序。

特别程序与普通程序相比,其特点表现在以下几个方面。

(1) 劳动争议仲裁庭为特别合议仲裁庭,由 3 人以上的单数仲裁员组成。

(2) 劳动者一方当事人应当推举代表参加仲裁活动,代表人数由仲裁委员会确定。

(3) 影响范围重大的集体劳动争议案件由省级劳动争议仲裁委员会管辖。

(4) 集体劳动争议应自组成仲裁庭之日起的 15 日内结束,需要延期的,延长的期限不得超过 15 日。

(5) 仲裁庭应按照就地、就近的原则进行处理,开庭场所可设在发生争议的企业或其他便于及时办案的地方。

(6) 劳动争议仲裁委员会对受理的劳动争议及其处理结果应及时向当地政府汇报等。

四、团体劳动争议

团体劳动争议是指工会组织或集体协商的职工代表因签订集体合同和履行集体合同而与用人单位所发生的争议。

(一) 因签订和变更集体合同发生争议的处理方法

(1) 当事人协商。

(2) 由劳动争议协调处理机构协调处理,包括以下四个方面。

① 申请和受理。当事人一方或双方可以向劳动保障行政部门的劳动争议协调处理机构书面提出协调处理申请;未提出申请的,劳动保障行政部门认为必要时,自动立案受理。

② 劳动争议协调处理机构在调查了解争议情况的基础上,拟订协调处理方案。

③ 协调处理。劳动争议协调处理机构组织同级工会代表、企业方面代表及其他代表与团体争议当事人各方首席代表共同进行协调。

④ 制作协调处理协议书。协调处理结束后,由劳动保障行政部门制作协调处理协议书,双方首席代表和协调处理负责人共同签字,并且成为集体合同的有效组成部分,对集体合同的双方当事人具有约束力。

此类争议应自决定受理的15日内结束,争议复杂或其他客观因素影响需要延期的,延期最长不得超过15日。

(二) 因履行集体合同发生争议的处理方法

(1) 当事人协商。

(2) 劳动争议仲裁委员会仲裁。履行集体合同的团体争议的处理适用集体劳动争议处理的特别程序。

(3) 法院审理。对仲裁裁决不服的,当事人可以自收到裁决书之日起15日内向法院提起诉讼,通过法院审理使争议得以解决。

【资料阅读】

用工违法不签约公司要付双倍薪

2008年8月,20岁的农村女青年林某到某市打工,进入一公司工作,约定每月工资1 200元。3个月后,林某要求与公司签订劳动合同,老板总是以各种借口予以拒绝。

2009年2月1日,林某领取工资后再次要求与公司签订劳动合同,遭拒绝后愤而辞职,并要求公司另多支付5个月的1倍工资。公司同意林某辞职,但不同意多付1倍工资。林某遂申请劳动仲裁。2009年3月底,劳动争议仲裁委员会做出裁决,认为公司没有证据证实不签订劳动合同是林某自身的原因,故公司未与林某签订劳动合同违反我国《劳动合同法》的规定,因双方同意解除劳动关系,依法应由公司再支付林某工资6 000元。

法理评析:

我国《劳动合同法》第10条规定:"建立劳动关系,应当订立书面劳动合同。已建立劳动关系,未同时订立书面劳动合同的,应当自用工之日起1个月内订立书面劳动合同。用人单位与劳动者在用工前订立劳动合同的,劳动关系自用工之日起建立。"第82条规定:"用人单位自用工之日起超过1个月不满1年未与劳动者订立书面劳动合同的,应当向劳动者每月支付2倍的工资。用人单位违反本法规定不与劳动者订立无固定期限劳动合同的,自应当订立无固定期限劳动合同之日起向劳动者每月支付2倍的工资。"公司聘用林某,应依法与其签订劳动合同。公司在与林某建立事实劳动关系5个月后仍不愿意签订劳动合同,显然违反法律规定,损害了林某的合法权益,林某有权要求解除劳动关系,公司依法应承担相应的法律责任,支付林某双倍的工资。

(资料来源:《法治快报》)

第四节 劳动关系相关法律法规

目前,我国调整劳动关系的法律法规和行政规章较多,不同的法律法规和行政规章从不同的角度来维护劳动者和用人单位双方的权利。

一、《劳动法》——调整劳动关系的综合性法律

《劳动法》于1994年7月5日由第八届全国人民代表大会常务委员会第八次会议通过,自1995年1月1日起施行。《劳动法》共分13章107条,包括:总则、促进就业、劳动合同和集体合同、工作时间和休假时间、工资、劳动安全卫生、女职工和未成年工特殊保护、职业培训、社会保险和福利、劳动争议、监督检查、法律责任、附则。

《劳动法》是关于劳动关系调整的综合性法律,也是劳动关系法律法规的核心。其立法宗旨是为了保护劳动者的合法权益,调整劳动关系,建立和维护适应社会主义市场经济的劳动制度,促进经济发展和社会进步,是根据宪法而制定的。

《劳动法》是通过平衡劳动者和用人单位双方之间的权利、义务关系达到调整劳动关系的目的,通过规定劳动者和用人单位双方的权利、义务关系,将其行为纳入法制的轨道。《劳动法》第3条规定,劳动者享有平等就业和选择职业的权利、取得劳动报酬的权利、休息休假的权利、获得劳动安全卫生保护的权利、接受职业技能培训的权利、享受社会保险和福利的权利、提请劳动争议处理的权利以及法律规定的其他劳动权利。同时,劳动者应当完成劳动任务,提高职业技能,执行劳动安全卫生规程,遵守劳动纪律和职业道德。

权利与义务是一致的、相对应的。劳动者的权利,即是用人单位的义务;反之,劳动者的义务,即是用人单位的权利。为了强调用人单位的义务,《劳动法》第4条特别规定:"用人单位应当依法建立和完善规章制度,保障劳动者享有劳动权利和履行劳动义务。"

二、《劳动合同法》——调整劳动者和用人单位之间劳动关系的专门法律

《劳动合同法》于2007年6月29日由第十届全国人民代表大会常务委员会第二十八次会议通过,自2008年1月1日起施行。《劳动合同法》共分8章98条,包括:总则、劳动合同的订立、劳动合同的履行和变更、劳动合同的解除和终止、特别规定(集体合同、劳务派遣、非全日制用工)、监督检查、法律责任、附则。

《劳动合同法》在中国特色社会主义法律体系中属于社会法。其立法宗旨是完善劳动合同制度,明确劳动合同双方当事人的权利和义务,保护劳动者的合法权益,构建和发展和谐稳定的劳动关系。

《劳动合同法》扩大了法律适用的范围,使更多游离在《劳动法》之外的劳动者享受到

了劳动法律的保护,同时也对用人单位的用工管理提出挑战。在用人范围上,《劳动合同法》规定企业、个体经济组织、民办非企业单位、事业单位、国家机关属于用人单位。

三、《劳动争议调解仲裁法》——解决劳动争议的重要法律

《劳动争议调解仲裁法》于2007年12月29日由第十届全国人民代表大会常务委员会第三十一次会议通过,自2008年5月1日起施行。《劳动争议调解仲裁法》共分4章54条,包括:总则、调解、仲裁、附则。

《劳动争议调解仲裁法》的立法宗旨是公正及时解决劳动争议,保护当事人合法权益,促进劳动关系和谐稳定。它调整法律关系的范围主要包括:因确认劳动关系发生的争议;因订立、履行、变更、解除和终止劳动合同发生的争议;因除名、辞退和辞职、离职发生的争议;因工作时间、休息休假、社会保险、福利、培训以及劳动保护发生的争议;因劳动报酬、工伤医疗费、经济补偿或者赔偿金等发生的争议;法律、法规规定的其他劳动争议。该法规着重强调在解决劳动争议时,应当根据事实,遵循合法、公正、及时、着重调解的原则,依法保护当事人的合法权益。

四、《公司法》——对劳动关系有关内容进行一般性规定的法律

《中华人民共和国公司法》(以下简称《公司法》)于1993年12月29日由第八届全国人民代表大会常务委员会第五次会议通过,自1994年7月1日起施行,2005年10月27日第十届全国人民代表大会常务委员会第十八次会议对其进行了修订,自2006年1月1日起正式实施。

《公司法》是建立社会主义市场经济体制的一部重要法律,它为建立新型企业组织提供了法律依据。《公司法》第17条规定:"公司必须保护职工的合法权益,依法与职工签订劳动合同,参加社会保险,加强劳动保护,实现安全生产。公司应当采用多种形式,加强公司职工的职业教育和岗位培训,提高职工素质。"第18条规定:"公司职工依照《中华人民共和国工会法》组织工会,开展工会活动,维护职工合法权益。公司应当为本公司工会提供必要的活动条件。公司工会代表职工就职工的劳动报酬、工作时间、福利、保险和劳动安全卫生等事项依法与公司签订集体合同。公司依照宪法和有关法律的规定,通过职工代表大会或者其他形式,实行民主管理。公司研究决定改制以及经营方面的重大问题、制定重要的规章制度时,应当听取公司工会的意见,并通过职工代表大会或者其他形式听取职工的意见和建议。"

五、其他相关法律法规和行政规章制度的规定

由于劳动关系涉及的内容非常广泛,所以其他专门的法律分别对劳动关系的内容进行了专门规定。例如《中华人民共和国工会法》(1992年4月3日第七届全国人民代表大会第五次会议通过,2001年10月27日第九届全国人民代表大会常务委员会第二十四次

会议修正)、《中华人民共和国残疾人保障法》(1990年12月28日第七届全国人民代表大会常务委员会第十七次会议通过,2008年4月24日第十一届全国人民代表大会常务委员会第二次会议修订)等,分别对工会活动、残疾人保障等问题进行了具体规定。

除了调整劳动关系的法律之外,国务院近年来制定和发布了一些以条例、规定、办法命名的有关劳动方面的规范性文件,国务院各部委也发布了一些部门规章。这些法规和规章是依据宪法、法律制定的,是劳动法律的具体化,对规范劳动关系具有十分重要的现实意义。这些法规和行政规章主要有《女职工劳动保护规定》《禁止使用童工规定》《工伤保险条例》《劳动人事争议仲裁办案规则》《企业劳动争议处理条例》《外国人在中国就业管理规定》《工资集体协商试行办法》《最低工资规定》《国务院关于职工工作时间的规定》等。

小 结

1. 劳动关系是指劳动者与所在单位之间在劳动过程中发生的,企业所有者、经营者、普通职工及其工会组织之间在企业的生产经营活动中形成的各种责、权、利关系。劳动关系管理是指以促进组织经营活动的正常开展为前提,以缓和、协调组织劳动关系的冲突为基础,通过规范化、制度化的管理,使劳动关系双方(企业和员工)的行为得到规范,权益得到保障,维护稳定和谐的劳动关系,促使企业经营稳定运行。

2. 劳动合同是劳动者和用人单位之间关于订立、履行、变更、解除或者终止劳动权利义务关系的协议。熟悉劳动合同的订立、履行、变更与终止的基本程序,了解相关的法律法规,正确处理劳动合同的有关事宜,是做好人力资源管理工作的关键。

3. 劳动争议亦称劳动纠纷,是指劳动关系双方当事人之间因劳动权利和劳动义务的认定与实现所发生的纠纷。劳动争议实质上是劳动关系当事人之间利益矛盾、利益冲突的表现。劳动争议按争议主体可分为个别争议、集体争议和团体争议。劳动争议处理的四种方式是:协商、调解、仲裁和申诉。

4. 我国调整劳动关系的法律法规和行政规章较多,不同的法律法规和行政规章从不同的角度来维护劳动者和用人单位双方的权利。

案例讨论

案例一

小罗在某网络公司工作。2008年3月,他发现自己的劳动合同即将到期,于是,要求公司人事部与自己续签劳动合同。"公司正准备换CEO,等新的CEO来了再说吧。"人事经理给了他这样一个答复。半个月过去了,小罗的合同已经过期,公司还没有跟他续签合同。又过了一个多月,新CEO终于上任了。新官上任三把火,这位新官的第一把火就烧在了人的身上——决定大幅裁员。小罗跟其他一些员工一样,收到了公司发出的终止劳动合同通知书。小罗办完离职手续后找到人事部,要求公司向自己支付经济补偿金,没想到却遭到了人事经理的拒绝。"你的劳动合同是到期终止,不是中途解除,所以没有经济补偿金。"人事经理这样解释道。"可是,我的合同是一个月前到期的,你们当时没有终止呀。"小罗觉得有点委屈。"不管怎么说,合同到期后,公司没有再跟你续,就可以随时跟你终止劳动关系。"人事经理态度很强硬。小罗走在回家的路上,脑子还是转不过弯来:难道劳动合同过期后,公司不立即终止也不续签,以后就可以随时解除,甚至连补偿金也可以不给?小罗该怎么做?

案例二

2006年5月10日,某公司女员工李某在休完公司规定的50天产假后回到公司工作,却发现其工作岗位已经被别人代替。李某在回公司工作后,连续一周无事可做。这时,恰好她请的保姆家中有急事回去,李某就在家中照顾孩子没有去上班,连续在家待了20天。6月10日,公司以李某无故旷工20天为由,做出对李某予以除名的决定。李某不服公司的决定向劳动争议仲裁委员会提出申诉,请求:

(1) 撤销用人单位关于对其除名的决定,恢复劳动关系。

(2) 依法享有有关的生育保险待遇。

劳动争议仲裁委员会经调查发现,被诉人公司内部规章中包含了以下规定:

(1) 女职工产假为50天。

(2) 产假期间单位不支付任何工资报酬。

(3) 女职工因生育所产生的任何费用公司一概不予承担。

(资料来源:《员工关系管理案例集》,百度文库)

讨论:

1. 李某是否已构成无故旷工?

2. 公司对李某做出除名的决定是否合法?

3. 劳动仲裁委员会应当做出怎样的仲裁裁决?

参考文献

[1] 陈树文.人力资源管理.北京:清华大学出版社,2010.
[2] 涂云海.人力资源管理原理与应用.大连:东北财经大学出版社,2008.
[3] 加里·德斯勒.人力资源管理.12版.刘昕,吴雯芳,译.北京:中国人民大学出版社,2012.
[4] 萧鸣政.工作分析的方法与技术.4版.北京:中国人民大学出版社,2013.
[5] 袁蔚,杨加陆,方青云,孙慧.人力资源管理教程.上海:复旦大学出版社,2008.
[6] 李常仓.如何管理核心员工.北京:北京大学出版社,2005.
[7] 郝德芳.员工关系管理.北京:高等教育出版社,2008.
[8] 王长城,关培兰.员工关系管理.武汉:武汉大学出版社,2010.
[9] 廖泉文.人力资源管理.北京:高等教育出版社,2011.
[10] 张德.人力资源开发与管理.3版.北京:清华大学出版社,2007.
[11] 廖三余,曹会勇.人力资源管理.北京:清华大学出版社,2006.
[12] 张爱卿,钱振波.人力资源管理:理论与实践.2版.北京:清华大学出版社,2008.
[13] 王海光.人力资源管理.大连:东北财经大学出版社,2008.
[14] 方振邦.战略性绩效管理.2版.北京:中国人民大学出版社,2007.
[15] 刘昕.薪酬管理.3版.北京:中国人民大学出版社,2011.
[16] 文跃然.薪酬管理原理.上海:复旦大学出版社,2006.
[17] R.韦恩·蒙迪,罗伯特·M.诺埃.人力资源管理.葛新权,郑兆红,王斌,译.北京:经济科学出版社,1998.
[18] 李宝元.绩效管理原理、方法、实践.北京:机械工业出版社,2009.
[19] 罗伯特·S.卡普兰,大卫·P.诺顿.战略地图:化无形资产为有形成果.刘俊勇,孙薇,译.广州:广东经济出版社,2005.
[20] 廖泉文.人力资源考评系统.济南:山东人民出版社,2000.
[21] 杰弗里·H.格林豪斯,杰勒德·A.卡拉南,维罗妮卡·M.戈德谢克.职业生涯管理.3版.王伟,译.北京:清华大学出版社,2006.
[22] 罗伯特·C.里尔登,珍妮特·G.伦兹,小詹姆斯·P.桑普森,等.职业生涯发展与规划.3版.北京:中国人民大学出版社,2010.
[23] 哈里·莱文森.职业生涯的设计和管理.李特朗,侯剑,译.北京:商务印书馆,2010.
[24] 钟谷兰,杨开.大学生职业生涯发展与规划.上海:华东师范大学出版社,2008.
[25] 周文霞.职业生涯管理.上海:复旦大学出版社,2006.

[26] 朱光,杭州夏天岛影视动漫制作公司.壹百度2:人生可以走直线.南京:江苏文艺出版社,2010.

[27] 彭剑锋.人力资源管理概论.2版.上海:复旦大学出版社,2011.

[28] 程延园.劳动关系.3版.北京:中国人民大学出版社,2011.

[29] 林新奇.国际人力资源管理.2版.上海:复旦大学出版社,2011.

[30] 吴国存,李新建.人力资源开发与管理概论.天津:南开大学出版社,2001.

[31] 陈国海.员工培训与开发.北京:清华大学出版社,2012.